中国人民大学研究报告系列

中国能源国际合作报告

——能源文化的国际视野比较

2013 / 2014

CHINA INTERNATIONAL ENERGY COOPERATION REPORT

THE COMPARISON OF ENERGY CULTURE UNDER THE INTERNATIONAL PERSPECTIVE

主　编　许勤华（Xu Qinhua）
副主编　刘　旭（Liu Xu）
中国人民大学国际能源战略研究中心

中国人民大学出版社
· 北京 ·

总序

陈雨露

当前中国的各类研究报告层出不穷，种类繁多，写法各异，呈百舸争流、各领风骚之势。中国人民大学经过精心组织、整合设计，隆重推出由人大学者协同编撰的“研究报告系列”。这一系列主要是应用对策型研究报告，集中推出的本意在于，直面重大社会现实问题，开展动态分析和评估预测，建言献策于咨政与学术。

“学术领先、内容原创、关注时事、咨政助企”是中国人民大学“研究报告系列”的基本定位与功能。研究报告是一种科研成果载体，它承载了人大学者立足创新，致力于建设学术高地和咨询智库的学术责任和社会关怀；研究报告是一种研究模式，它以相关领域指标和统计数据为基础，评估现状，预测未来，推动人文社会科学研究成果的转化应用；研究报告还是一种学术品牌，它持续聚焦经济社会发展中的热点、焦点和重大战略问题，以扎实有力的研究成果服务于党和政府以及企业的计划、决策，服务于专门领域的研究，并以其专题性、周期性和翔实性赢得读者的识别与关注。

中国人民大学推出“研究报告系列”，有自己的学术积淀和学术思考。我校素以人文社会科学见长，注重学术研究咨政育人、服务社会的作用，曾陆续推出若干有影响力的研究报告。譬如自2002年始，我们组织跨学科课题组研究编写的《中国经济发展研究报告》、《中国社会发展研究报告》、《中国人文社会科学发展研究报告》，紧密联系和真实反映我国经济、社会和人文社会科学发展领域的重大现实问题，十年不辍，近年又推出《中国法律发展报告》等，与前三种合称为“四大报告”。此外还有一些散在的不同学科的专题研究报告也连续多年，在学界和社会上形成了一定的影响。这些研究报告都是观察分析、评估预测政治经济、社会文化等领域重大问题的专题研究，其中既有客观数据和事例，又有深度分析和战略预测，兼具实证性、前瞻性和学术性。我们把这些研究报告整合起来，与人民大学出版资源相结合，再做新的策划、征集、遴选，形成了这个“研究报告系列”，以期放大规模效应，扩展社会服务功能。这个系列是开放的，未来会依情势有所增减，使其动态成长。

中国人民大学推出“研究报告系列”，还具有关注学科建设、强化育人功能、推进协同创新等多重意义。作为连续性出版物，研究报告可以成为本学科学者展示、交流学术成果的平台。编写一部好的研究报告，通常需要集结力量，精诚携手，合作者随报告之连续而成为稳定团队，亦可增益学科实力。研究报告立足于丰厚素材，常常动员学生参与，可使他们在系统研究中得到学术训练，增长才干。此外，面向社会实践的研究报告必然要与政府、企业保持密切联系，关注社会的状况与需要，从而带动高校与行业企业、政府、学界以及国外科研机构之间的深度合作，收“协同创新”之效。

为适应信息化、数字化、网络化的发展趋势，中国人民大学的“研究报告系列”在出版纸质版本的同时将开发相应的文献数据库，形成丰富的数字资源，借助知识管理工具实现信息关联和知识挖掘，方便网络查询和跨专题检索，为广大读者提供方便适用的增值服务。

中国人民大学的“研究报告系列”是我们在整合科研力量，促进成果转化方面的新探索，我们将紧扣时代脉搏，敏锐捕捉经济社会发展的重点、热点、焦点问题，力争使每一种研究报告和整个系列都成为精品，都适应读者需要，从而铸造高质量的学术品牌、形成核心学术价值，更好地担当学术服务社会的职责。

序　言

伴随着对非传统化石能源与新可再生能源的开发，有关代替化石能源的新型国际合作不断开展，国际能源秩序和能源治理方式也随之发生转变。此种转变并不意味着更多合作的展开，相反，世界主要国家竞相推行的可持续发展战略和绿色增长计划导致了各国之间的经济民族主义矛盾的产生。另外，人类基于道德德性（moral virtue）已达成了应对气候变化与开发清洁能源的共识，但在技术转移、共同应对气候变化等实质性合作的推进过程中却在各国之间产生了竞争与矛盾。为消除此类竞争与矛盾，通过国际合作理解各国的能源文化、形成积极的能源环境，具有重要且深远的意义。

中国是全球最大的能源消费国，对可再生能源领域的投资也位居全球首位。通过不断在缩减利用化石能源、应对气候变化领域做出努力，中国的能源文化对其他国家起到了表率作用。中国还代表着非洲和东南亚等发展中国家的立场，实施了一系列为其他发展中国家提供能源相关领域援助的政策措施。这与中国政府通过国际合作谋求共同繁荣的意志是一致的。

韩国和中国隔海相望、比邻而居，为东北亚地区的稳定和繁荣不断做出努力，更在能源领域开展了形式多样的合作。韩中两国都是能源对外依赖度高、化石能源消费占比高的国家，因此在解决能源问题方面，既在所推进的政策上高度相似，又在技术上各有千秋。由此可见，韩国和中国在能源领域的合作不仅具有极为广阔的空间和前景，更是两国实现可持续发展的重大助力，同时还是东北亚剧变局势下维系两国紧密关系的重要契机。

中国古语讲“和而不同”，这个词很好地诠释了韩中两国的能源文化理念，两国在充分肯定各国能源文化多样性的前提下，谋求更为和谐一致的能源文化，寻求能源领域更为紧密、更具实质性、更可持续的国际合作。

中韩议员协会韩方副会长
中韩能源合作研究领导小组主席
姜琪正

Preface

With the growing development of unconventional fossil fuels and new renewable energy sources, new joint efforts to search for alternatives to replace fossil fuels have prompted changes in the international energy order and energy governance. Such changes in the energy sector have not necessarily triggered collaboration. The green growth and sustainable development promoted competitively by developed economies often lead to a new form of conflict-economic nationalism. While it is a general consensus that the efforts to address climate change and develop clean energy should be made based on moral virtue, further competition and conflicts often ensue while engaging in actual collaborations such as transferring technologies and taking concerted measures. To resolve such competition and conflicts, it is critical to understand the energy culture of each country and create a positive energy environment through international collaboration.

While China is the world's top energy consumer, it is also the largest investor in renewable energy. With constant efforts to reduce fossil fuel consumption and combat climate change, it is taking the lead in creating a positive energy culture. China also plays an important role in speaking for developing economies such as those in Africa and Southeast Asia and proactively provides the support they need in the field of energy. This is consistent with the policy of the Chinese government to seek common prosperity through international partnerships rather than reckless competition.

As neighbors in Northeast Asia, the Republic of Korea and China have continuously collaborated for the stability and prosperity of the region and have been involved in a variety of alliances in the energy sector as well. Our two nations are similar in that we are both highly dependent on foreign energy sources and have a high proportion of fossil fuels in our energy portfolios. Our policy approaches to address energy problems are also similar. Yet, we have different competitive edges. This offers the two nations extensive opportunities for collaboration. Our joint efforts in the energy sector will not only enhance the sustainable development of the two nations, but also help us maintain even more close relations in the fast-changing political environment of Northeast Asia.

As the old Chinese idiom Hwa-ee-bu-dong, meaning "harmony in diversity," appropriately expresses, we hope that the Republic of Korea and China will pursue and harmonize the diversity of each country's energy culture and thereby promote a closer, more practical, and more sustainable collaboration in the energy sector.

Vice President of the China-ROK Parliamentary Diplomacy Council
Representative of the Parliamentary Research Group for
China-ROK Energy Collaboration
Kang Gi Jung

前言

21世纪的前20年，被视为中国和平发展的“战略机遇期”。在此期间，中国经济与社会有望保持较好的发展态势。稳定、充足、经济的能源供应是中国发展的重要基础。同时，更大的能源需求和更严重的对外依赖，也将是这一进程的必然结果。进一步增强对我国开展国际能源合作重要性、必要性和紧迫性的认识，准确把握国际能源合作的现实性、可能性和机遇性，牢牢把握今后几年重要的战略发展机遇期，牢固树立和落实互利合作、多元发展、协同保障的新能源安全观，坚持统筹国内发展和积极开展国际能源合作，提高把握国际能源市场机遇和规避市场风险的能力，建立多元、稳定、可靠的能源供给保障体系，在开放的格局中维护国家能源安全，是我国当前和今后较长一个时期内的重大战略选择。

进入21世纪，中国能源国际合作的大背景即国际能源形势发生了重大的变化，国际能源发展中的核心问题也有了一定意义上的转移，主要表现为：全球石油市场的建立和完善，使得石油、天然气可以在全球范围内流通和交易；国际地区层面上的能源管理机制如石油输出国组织（OPEC）、国际能源署（IEA）在协调能源政策方面的作用不断显现；作为能源安全重要组成部分的环境安全的实现，更需要地区内国家的合作；随着科学技术的发展，能源利用的品种及方式也逐渐发生变革。因此，能源安全越来越需要依靠能源市场的相互依赖和国际合作来实现。

同时，国际合作的内容随着能源安全概念的逐渐扩展而不断增加，不仅包括能源供应安全，也包括能源使用安全问题，即对环境的影响问题。随着石油的广泛使用，在石油开采、运输、消费过程中产生的环境问题，如气候变暖、臭氧层破坏、酸雨、油轮漏油等，开始引起人们的注意。可以说，现代意义上的能源安全是与永续发展紧密联系在一起的，是实现一个国家或地区国民经济持续发展和社会进步所必需的能源保障的一种状态，是能源性、经济性、环境性和安全性的有机统一。

本报告将在国家层面、国家间互动关系的层面以及国家与市场互动的层面上展开，试图进行跟踪式的调查与研究，了解国际能源整体形势的变化对中国能源国际合作的影响过程、影响程度、主要影响因素及主要影响方式等，以及中国应该在理论和实践上如何做出相应的回应：中国是否能够通过国际合作解决自身能源安全问题？中国开展国际能源合作有哪些可以优先考虑的合作模式？如何开展多边能源合作？开展双边和多边能源合作的利与弊是什么？开展能源合作的重点是什么？中国对能源合作的战略选择有哪些限制性因素？……因为每年国际能源形势都会有较大的变动，因此有必要对中国能源国际合作进行长期的跟踪性研究和国际政治经济学的研究，这具有较大的理论价值和现实意义。在人文社会科学领域居优势地位的中国人民大学，在解答上述问题方面的确是责无旁贷的。

2009年报告在对全球各重点地区及国家展开的对外能源合作整体描述的基础上，着重关注了2008—2009年金融危机对我们考察对象国家及地区的能源政策及对外能源战略的影响，特别是金融危机下全球能源国际合作的变化和新动态。2010/2011年报告在对全球重点地区和国家能源发展的政治经济变化、能源政策及战略变化、对外国际合作实践变化进行梳理的基础上，将关注目光投向影响能源国际合作的各种因素，尝试分析如政治、经济、社会、宗教、自然、人才、科学研究等因素对中国能源对外合作的影响。2011/2012年报告依循上年报告的基本结构，选择了“迈向低碳时期的全球及地区能源治理”为主题，在主题篇中展开了对全球、地区和次地区能源治理机制的探讨。

2012/2013年报告突出了对非洲和原苏联地区2012年能源发展及中国与之能源合作的现状和前景的描述，前者已成为全球能源资源投资的热点且投资在快速增量，后者与中国的合作，特别是中俄油气合作有了突破性的进展。报告还对中缅能源合作进行了剖析，以回应当时国内外对中缅能源合作前景的种种怀疑。此外，随着能源日益金融化，中国“走出去”战略的实施越来越需要金融的支持，出现了能源金融一体化。某种程度上，中国能源国际合作也是中国现代国际能源金融化的过程。目前，国际能源金融已渐成体系，其金融属性及属性背后的资源配置效应和政治话语作用将日益凸显。抓住当前国际能源金融格局尚在形成过程中、西方大国尚未垄断话语权的契机，因此中国应利用金融的各种风险规避措施如共创政府间合作基金、丰富能源产品合约等，突出能源金融“准政治属性”，建构新的能源格局。2012/2013年报告从国际能源金融化、石油定价权、战略能源储备体系、新能源融资制度以及俄罗斯如何利用金融复兴油气五个角度对报告主题“国际能源金融发展与中国”进行了较为深刻的分析。

2014年是亚太经合组织（APEC）中国年，9月将在北京召开APEC能源峰会。APEC 共有 21 个经济体，呈现了丰富多彩的能源文化共生的景象。《中国能源国际合作报告 2013/2014》将在对中外能源文化理解差异性描述的基础上，以“能源文化的国际视野比较”为主题，从中国能源发展核心价值的再建构、中国石油和煤炭企业国际化经营的跨文化管理和海外投资文化环境影响、APEC 地区建设低碳社会区域合作以及“国际能源合作倡议”等方面进行阐述，以期实现“跨越能源文化差异、促进能源国际合作”的宗旨。

目录

引篇

主题篇

地区篇

CONTENTS

Opening Chapter

Theme Chapter

Region Chapter

引篇

跨越能源文化差异，促进能源国际合作

许勤华*

能源国际合作需要跨越不同能源文化的差异性，获得对能源的共同认知。所谓能源文化，是指与能源生产和消费有关的所有理念、政治经济制度以及行为方式的总和，这种总和构成了一种特殊的认知即能源文化。能源文化的差异性①源于各个国家不同的价值观、不同的经济发展水平、不同的能源工业发展阶段、不同的能源消费偏好以及不同的技术研发能力。这些不同导致了各个国家对能源的一些核心概念的差异性理解，从而产生了不同能源文化的边界。不同的能源文化塑造了不同的能源发展战略，不同的能源发展战略又会外溢为不同的能源对外合作战略。同时，不同的能源文化会建构不同的国与国之间的能源关系，而不同的能源关系也会内化为影响能源发展的各种政策因素。本文仅以能源发展理念、能源安全、能源政策、能源效率、"走出去"战略、能源自给率、企业所有制等概念为例，尝试对中西能源文化进行国际语境下的比较。②

一、能源发展理念：传统经济模式与低碳经济模式

随着就气候变化问题而在全球展开的日益激烈的讨论，一场新的工业革命已

---

* 许勤华，中国人民大学国际关系学院教授，中国人民大学国际能源战略研究中心主任。

① 一般来讲，一个大国内部不同地区也会有能源文化的差异，但是由于在社会制度、经济体制、经济运行规则和国家金融、财政、税收等宏观经济政策方面基本上是一致的，一国之内地区间的差异性不大。参见史丹：《中国能源效率的地区差异与节能潜力分析》，载《中国工业经济》，2006（10）。

② 因篇幅所限，本文只阐述能源文化核心概念的中西理解差异，不分析差异的产生原因及影响，后者会在笔者中文专著《能源政治学》中做进一步阐述。本文亦是笔者与钟兆伟博士合著的英文专著 *China Energy Policy in International Perspective: A Study fore-and-aft 18th National Congress* 的中文节选。

初现端倪，它将彻底改变世界经济和人们的生活方式。能源作为生产力中最为活跃的部分，其生产和利用方式的转变即新能源经济革命正在促使生产力的再一次提升。第三次工业革命的宗旨，一是要大量创造出新的及可再生的能源。过去以碳燃烧为基础的工业模式已走到了转折点，这就产生了新能源经济革命，即促进风能、太阳能、生物质能发展，推动新能源汽车、节能建筑和产品的广泛应用，加快用新能源和节能环保技术改造传统产业，推动能源乃至整个产业结构的调整。二是改变传统的固定的能源利用方式即大型的集中供能方式，而向更为安全、更为高效、更低排放的低能耗方式转变。

新能源经济革命和第三次工业革命对能源工业的冲击已成定势，但是由于经济发展水平和能源资源禀赋的差异，各国对能源经济革命与第三次工业革命重要意义的理解及接受度亦有很大不同；新能源革命和第三次工业革命在不同经济发展模式国家中的影响力各不相同，这些国家产生经济模式之新理念和新实践的机遇也非常不同。犹如原苏联地区制度转型国家在从计划经济转型至市场经济的最初时期，需要从凯恩斯和哈耶克两种不同经济发展模式理论中选取一种作为变革的指导思想一样，摆在中国面前的也有两种经济发展模式即欧盟式和美国式，中国可以或是跟随其中的一种发展，或是借助第三次工业革命、借助智能电网开创出一种具有中国特色的经济发展模式。

应该看到的是，原来区分欧盟式和美国式经济发展模式的唯一指标是经济成分市场性和自由性的程度，而今决定经济发展模式不同的最根本因素已经从市场因素更多地转移到了环境因素和可持续性因素上。对于在2005年就提出了“低碳经济”的新发展理念的欧洲人来讲，他们不但对环境可容性低的核能提高了成员国建站的门槛，对新型能源品种页岩气更是抱着谨慎的态度。欧洲人正在尝试将实践升华到对经济发展模式的理论创新中，一种超越低碳经济的建立在将互联网、发电技术、可再生能源、新型储电设备、电动汽车等集合在一起的基础之上的后经济社会正在酝酿而生。① 而正在通过页岩气商业化生产实现其能源革命的美国人，被能源供给独立的巨大成功所鼓舞，更愿意徘徊于以油气等传统能源为基础的传统经济发展模式中，探讨着从中东石油依赖中摆脱出来的国家能源自主的经济的光明前景。② 对于中国而言，无论欧盟模式还是美国模式都各有其优劣之处，中国人需要思考的是如何利用中国能源经济正在自然转型的机遇，利用新能源经济革命与第三次工业革

---

① J. Rifkin, “The third industrial revolution,” *Engineering & Technology*, 2008, 3 (7): 26-27.

② Anne Korin and Gal Luft, *Petropoly: The Collapse of America's Energy Security Paradigm*, Greatespace, 2012, p. 156.

命对能源发展的正面效应。

二、能源安全：供应安全与社会安全

能源安全概念最初源于20世纪70年代石油危机时期人们由于担心石油供应不足而产生的心理不安全感。国际能源署对于能源安全的定义最初建立在对石油安全的理解之上，即获得足够的廉价的可靠的石油资源[①]，当时的能源安全也可以直接理解为石油的供应安全。这种石油安全观后来虽然逐步扩展为石油供应安全内容的四个维度，即资源上游的可开发性（地理意义上的资源可获得性）、中游的可输送性（地缘政治意义上的可支取性）、下游的可支付性和消费时的环境可容性[②]，但重点依然为供应安全。随着各国能源消费结构内容的逐渐丰富，人们使用的能源品种从石油过渡到油气并重以及煤炭、石油、天然气传统能源与新能源及可再生能源的综合利用，能源使用方式也从大型集中化向小型分布式发展，“石油安全”概念更多地被“能源安全”概念所替代。

20世纪70年代的石油危机之后，大多数发达国家都致力于通过供应来源的多元化、节能和使用替代燃料减少对外部能源供应的依赖。随着自我供应能力的增强，能源安全的关键点已经从供应安全逐渐转型到能源、经济和环境三者的平衡发展即能源安全的“3E”性。2011年日本福岛核危机后，人们意识到就能源安全而言以往所有的考虑都缺乏一个关键要素即能源安全的社会安全性（social safety）。由此，能源安全的“3E”性进一步扩展为“3E＋S”性[③]。无论是“3E”性还是“3E＋S”性，都凸显了能源安全时代的相互依赖性。

能源安全的相互依赖性表现为以下三点：第一，能源安全与经济安全、环境安全、社会安全的关联性逐步加大，使得能源安全的重点日益从供应安全转移到能源、经济、环境和社会的安全平衡点，实现能源安全不再只是单纯地追求供应安全，而是实现能源、经济、环境和社会四者的综合安全。第二，由于能源资源地理分布的非均衡性，能源资源呈现出全球流动的状态，推动能源资源跨国界流动的是能源贸易、能源金融、能源通道和能源技术，能源资源与后面四者构成了全球能源安全的五大要素。因此，当今世界不再有真正意义上个体的、孤立的国家能源安

① IEA，“Topic：Energy Security，” available from http：//www. iea. org/topics/energysecurity/，2012，Paris.

② APERC，“Guest for Energy Security in the 21ST Century，” the Institute of Energy Economics，Tokyo，2007.

③ Yamashita，“Asia/World Energy Outlook 2011，” Boao Forum for Asia Global Energy & Resources Roundtable.

全，国家能源安全与全球能源安全紧密相连。第三，能源产业上、中、下游更加一体化，能源不同品种间的相互补充性和约束性也更加明显。任何一种能源资源的价格再也不能绝对影响全球能源市场。

虽然中国的能源安全观与西方国家的能源安全观有着相同的演进路径，但是经过了近半个世纪的能源工业发展，中国已经逐渐形成了与西方传统能源安全观有较大不同的新能源安全观，这种新能源安全观既包含了更多供应含义的"安全"（security）又包含了更多社会含义的"安全"（safety）。[①] 早在2006年，时任中国国家主席的胡锦涛同志就在俄罗斯圣彼得堡参加八国集团首脑会议时提出了带有中国和谐文化特色的综合能源安全观，也就是新能源安全观。新能源安全观对内强调能源效率和新能源及可再生能源[②]，对外主张全球能源安全的共赢[③]。新能源安全观阐述的中国能源发展战略为："把提高能源效率作为宗旨，基于自身多元发展，保护环境，加强国际能源的互利合作，建立稳定、经济和清洁的能源供应体系，保障全球能源安全。"[④]

三、能源政策：能源规章与能源法

能源政策是指国家政策中有关能源规划、能源生产、能源运输和能源使用的陈述，也包括有关能源的所有商业活动，如贸易、运输、储藏等的各项法律规定，还包括有关能源产品和服务的各项财税政策，如税收、免税、补助以及对于国有能源企业的相关资产和机构的指令。能源法是指有关能源的各项法律、法令、规则、规章和布告等。能源政策不等同于能源法，如果能源政策转变为法律，那么就具有了不可逆转的法律效力。

基于政治体制和文化的不同，中国与西方国家在能源政策领域主要存在三点不同之处：第一，能源政策表现形式不同。中国能源政策主要以能源规章制度的形式颁布而西方国家多采用能源法律法规的形式。第二，能源政策颁布的过程不同。中国一般先是推出相关的计划、条令，实施一段时间后再确立相关的法令，如《可再生能源法》的出台。西方国家主要是先推出比较详细的法规，然后细化为相关的规章。第三，能源政策的内容不同。中国对于能源政策的理解更为宽泛，能源政策既

---

① 参见王海滨、李彬：《中国对能源安全手段的选择与新安全观》，载《当代亚太》，2007（5）。

② Lundin Petroleum AB (publ), *Report for the Nine Months ended 30 September 2013*, available from https://www.lundin-petroleum.com/Documents/qr_3_2013_e.pdf., 2013, Stockholm.

③ 参见马延琛、吴兆雪：《中国新能源安全观与实现全球能源安全》，载《东北亚论坛》，2007（4）。

④ 徐寿波：《中国能源发展战略变革综述》，载《电网与清洁能源》，2008（11）。

包括各种规章制度、法令法规，也包括对能源发展的各种规划和目标，相比之下，西方国家的能源政策则更多地只包括法令法规。

在能源政策的性质方面，美国的能源政策即为能源法，美国各州会采用不同的政策以实现国家的整体利益，如加利福尼亚州 2006 年颁布的《全球温室效应治理法案》。欧盟的能源政策也为能源法，为了统一起见还颁布了共同能源政策。中国的能源政策则更多表现为一系列的目标、规章和指令，这些目标并不都会转变为法律。中国能源政策的依据是经济发展五年规划，各地方政府发布相应的能源发展五年规划以服务于中央政策统一制定的发展目标。如，中央把降低能源强度的总体指标在地区层面进行分解、落实，地区则把降低能源强度的指标与地区整体经济社会发展结合起来，并按照中央政策要求执行或者使国家条令附有法律效应。①

在能源政策的目标方面，美国 2005 年的《能源政策法案》明确表示“美国的能源政策以用安全、廉价和可靠的能源保障未来的工作为宗旨”②。2012 年，欧盟委员会明确表明欧盟的能源政策是为了“提供一个可持续性的、安全和廉价的能源系统并保护环境、应对气候变化以及改善能源网络”③。中国“十一五”规划明确指出中国的能源政策在于“落实节约资源和保护环境基本国策，建设低投入、高产出，低消耗、少排放，能循环、可持续的国民经济体系和资源节约型、环境友好型社会”④；“十二五”能源规划则强调了“绿色能源和能源效率”。

四、能源效率：能源效率与能源节约⑤

世界能源委员会（WEC）对能源效率（energy efficiency，简称能效）的定义为“减少提供同等服务的投入”⑥，这样的解释与能源节约（energy conservation/energy saving，简称节能）相似，后者是指对能源消费总量的控制，但能效与节能

① APERC, *Understanding Energy in China: Geographies of Energy Efficiency*, Paris, 2009.

② Energy Policy Act of 2005, available from http://energy.gov/sites/prod/files/edg/media/HR6PP%281%29.pdf, 14 July 2005.

③ European Commissions, *An Energy Policy for Europe*, available from http://europa.eu/legislation_summaries/energy/european_energy_policy/l27067_en.htm, 16 July 2012, Strasbourg.

④ 《中华人民共和国国民经济和社会发展第十一个五年规划纲要》，见新华网，2006-03-16。

⑤ 对于能效和节能概念理解的差异性最初来源于作者 2009 年在《中国地区节能研究》政府间工作报告写作过程中。参与写作的研究小组成员分别来自亚太经济合作组织的多个所属经济体：美国、俄罗斯、中国香港、中国台湾、印度尼西亚、越南等，包括中国。

⑥ WEC, *Energy Efficiency Policies and Technologies*, available from http://www.worldenergy.org/work-programme/energy-perspectives-studies-groups/energy-efficiency-technologies-and-policies/, 2013, London.

无论在目标还是手段上都有区别。从政策角度来看，节能的内涵和外延大于能效，能效更多指技术节能。目前，发达国家的节能政策集中在提高能源效率上。中国是一个能源消耗大国，能源消耗总量排在世界第二位，但能源效率仅为33%①，采取更为宏观的节能政策，集中在社会经济政策手段的使用上。

世界银行对发展中国家节能潜力的分析认为，技术因素在节能中发挥的作用约占50%，包括创新能力、装备水平、企业规模、原料路线、产品结构等，其中企业规模和装备水平是对能效影响最大的因素。② 能效和节能的成果都能在“能源强度”体现出来，能源强度是用于对比不同国家和地区能源综合利用效率的最常用指标之一，体现了能源利用的经济效益。能源强度最常用的计算方法有两种：一种是单位国内生产总值（GDP）所需消耗的能源，另一种是单位产值所需消耗的能源。

中国在“十一五”规划中提出了降低能源强度20%的目标，这是一个涉及自然条件、体制、行业、技术、经济、社会和政策法规的一揽子政策。例如，通过与地方和行业签订目标责任书，中国已经成功地关闭了超过了4 600万吨的落后钢铁生产能力。除此以外，有超过250个钢铁企业参加了千家企业节能活动，该活动要求企业在地方政府的监督下达到特定的降低能源强度的目标。在这一过程中，政府对技术规格和节能目标的设定十分清楚，企业兼并和吸收国外资金则为能效的提高提供了一定的财力支持。③ 由此可见，中国对于节能有自己独特的视角和处理方法，是能源效率（EE）与能源节约（EC）政策的整合，即所谓的EE & C。

五、“走出去”战略：“走出去”与国际能源合作

中国能源的“走出去”战略有两层含义，一为“走出去”，二为“引进来”，不能单单将其理解为简单的“走出国门”，更应形成一种国际能源合作的态势。④ 国外对中国“走出去”战略的误解不仅仅来自“走出去”与“国际能源合作”两者间的差异，还在于中外对“走出去”认识的不对应性。如果中国能更多地使用“国际能源合作”来表述我们今后能源的“走出去”，那么这种不必要的理解差异也会随之

---

① 参见李建武、王安建、王高尚：《中国能源效率及节能潜力分析》，载《地球学报》，2010（5）。

② 参见王庆一：《中国2007年终端能源消费和能源效率（下）》，载《节能与环保》，2009（2）。

③ Energy Policy Act of 2005, available from http://energy.gov/sites/prod/files/edg/media/HR6PP%281%29.pdf, 14 July 2005.

④ 参见陈岳、许勤华：《中国企业“走出去”战略及对国家经济安全的影响》，见《中国能源国际合作报告2010/2011》，北京，时事出版社，2011。

消失，因为“国际能源合作”意味着一种竞合关系的确立。

对于中国而言，“走出去”意味着国家能源安全被加强了的心理预期，这其中有一些被放大了的假想效应，原因有三：中国原油进口超过中国海外权益油生产的不平衡性；海外资源运回国内的非经济性；供应危机发生而海外资源运不回国内的高可能性。

对于外国而言，“走出去”意味着全球资源正被中国“掠尽”的心理恐惧，这其中有一些根本没有必要的担忧，原因亦有三：中国全球海外区块生产总量无法与任何一个超级老牌能源跨国寡头相比较；中国投资者出现在地缘政治较为动荡的地区，开采发达国家公司不愿意过多涉入的区块，是对国际能源市场的贡献；中国国内原油生产依然排在世界第五位，中国能源消费仍然以自我供应为主。

六、能源自给率：能源对外依存度与原油对外依存度

能源自给率是指一个国家一次能源（煤炭、石油、天然气、核能、水电和其他可再生能源）的自我供给能力，与能源自给率相对应的是能源对外依存度，即一个国家能源净进口量占本国能源消费量的比例，体现了一国能源消费对国外能源的依赖程度。如果能源自给率为百分之百的话，就说明该国国内的能源供应完全能够满足能源消费的需求，同时也说明该国的能源对外依存度为零。中国的能源自给率一直维持在高位，2013 年，在一次消费能源主要品种（石油、天然气）全面进口的情况下，中国的能源自给率依然保持在 91.4%，那么该年中国的能源对外依存度就应该只有 8.6% 。[①]

改革开放以来，中国能源自给率持续下降，2006 年首次跌破 90%，2007 年跌至最低的 88.2%的水平（见图 1）。此后再次回升，2010 年以来连续三年一直维持着 91.4%的自给水平。与此相反的是，中国的原油对外依存度却不断升高。2013 年 10 月上旬，美国能源信息署（EIA）在数天内发出两份报告，一份宣布美国在 2013 年将成为全球最大的非 OPEC 原油生产国；另一份则预测，9 月美国日均石油消费与产量差值为 624 万桶，而同期中国的差值为 630 万桶，中国自此超越美国成为最大原油进口国。[②] 2012 年中国原油对外依存度为 56.4%。

---

① 参见张旭东：《去年中国能源自给率 91.4%》，载《第一财经日报》，2013-02-01。

② 参见张环宇：《最大原油进口国之忧》，载《新世纪》周刊，2013（42）。

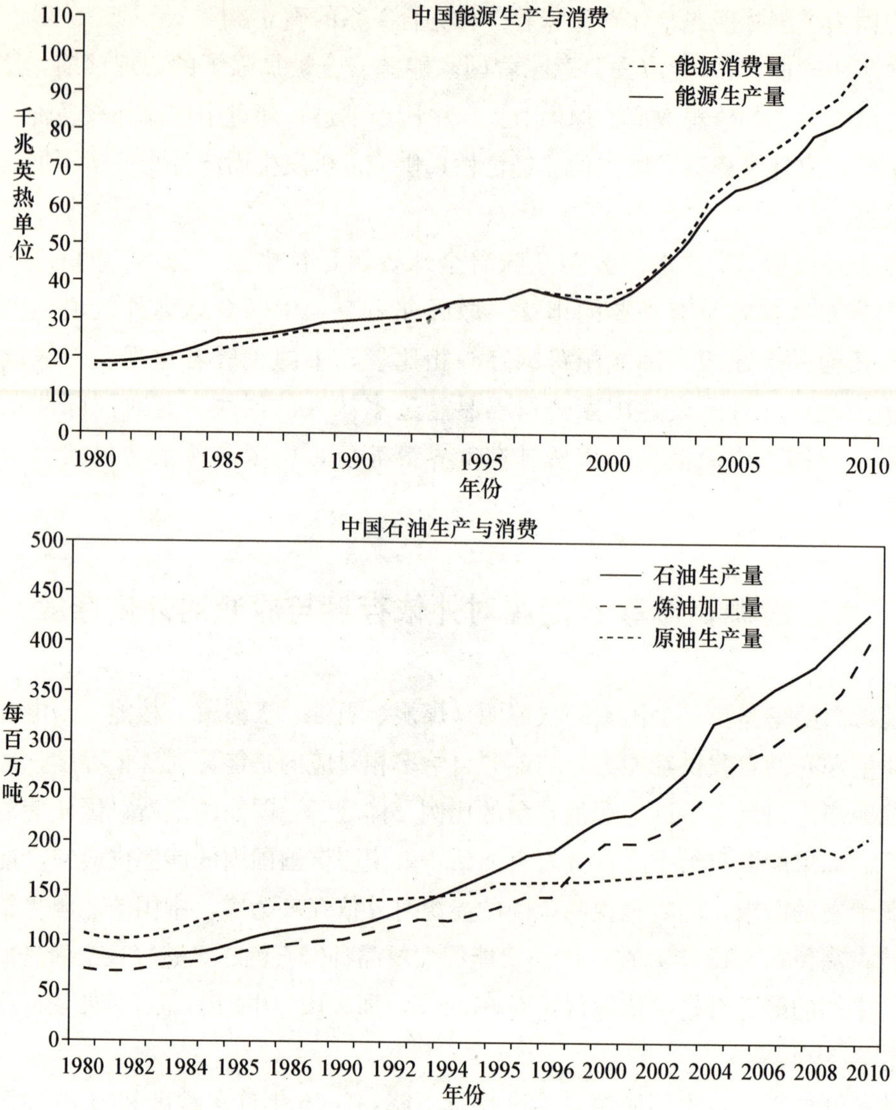

图1　中国能源/石油生产与消费

资料来源：钱兴坤、徐建山、林东龙：《2012年国内外油气行业发展报告》，中国石油集团经济技术研究院，2013。

国外研究者比较容易忽略中国的高能源自给率，经常将中国的能源对外依存度混同于中国的原油对外依存度，造成这种现象的原因有三个：首先，是基于石油在全球能源格局的权重地位及学术界由此形成的描述习惯；其次，是因为中国能源结构的不合理性即煤炭比重约占70%，而煤炭又是高碳能；再次，中国原油进口量与日俱增，一些言论通过加重中国资源对外依存度的描述以突出所谓的“中国能源威胁论”。尽管如此，一国的能源对外依存度并不等同于原油对外依存度，在表述上应该明确区分。

七、企业所有制：国有企业与国家企业

中国现今的企业所有制已经多元化，有国有/国家控股、集体所有、合作制、合资和股份制、私有、外商独资等多种形式。国际能源署于2011年发布的《中国石油公司海外投资驱动因素和影响分析》第一次把中国三大石油公司中国石油、中国石化和中国海油定位为国家企业，不再刻意强调这些公司的国有性，说明国外开始对中国的企业所有制有了更为清晰的认识。[1] 1998年，上述三家中国石油公司陆续上市，将原来的国有控股股权稀释了10%～20%，并由外资和民营资本参股，这样公司就不再是传统意义上的国有企业（state-owned enterprise）而转变为依然由国有资本控制绝对股权，但不再由国家决定其商业运作的国家企业（national enterprise）。

结　论

由于经济发展、创新力、制度、不同所有权制企业在行业内构成比例以及处理国际能源合作的方法不同，每个国家都有自己独特的能源文化（见表1）。经过近半个世纪的发展，中国的能源文化正处在转型的过程中，其政策影响主要体现在以下五方面：第一，在使用国内外两种能源资源的时候，市场将发挥更大的作用；第二，日益开放其上、中、下游领域给外来投资和技术[2]；第三，将更多投身于多边能源合作之中；第四，不断优化能源结构，使之更为清洁化和低碳化；第五，随着中国不断感知到自己在全球能源治理中的地位与未来作用，中国的对外能源政策正在逐步形成，不再仅仅局限于或突出表现为中国的能源外交政策。

---

① 参见《专家评说IEA〈中国石油公司海外投资驱动因素和影响分析〉报告》，见中国石油新闻中心网站，2011-04-12。

② Xu Qinhua, "Decoding the Changes of China Foreign Energy Policy after the 3rd Plenary Session from National to International," *Oxford Energy Forum*, vol. 1, Jan 2014.

表 1　　　　不同国家（地区）对能源核心概念的理解差异比较表

能源概念	美国	欧盟	中国
能源政策性质（nature of energy policy）	法案，如 2005 年《能源政策法案》	法案，如 2007 年《里斯本条约》规定了欧盟内部能源供应和能源政策变化的一体化	大多数能源政策颁布于相关能源法之前，到目前为止中国的能源法还没有正式出台，尚处于听证阶段
能源政策目标（objective of energy policy）	获取可支付的可靠的能源以保障未来的就业	可持续性、竞争性和供应安全	支持经济的可持续发展
节能与能效（energy conservation and efficiency）	更多使用高效能源利用技术以节省能源	更多使用高效能源利用技术以节省能源	用以节能的所有政策、活动以及技术的一揽子方案
一次能源构成（composition of primary energy）	包括化石能源、新能源、核能不包括电力	包括化石能源、新能源、核能不包括电力	包括化石能源、新能源、核能包括电力
"走出去"战略（going-out strategy）	专指为了能源安全保障的单向对外能源投资	专指为了能源安全保障的单向对外能源投资	为了能源安全保障的双向能源投资即对内吸引外商投资和对外扩大能源投资
能源安全（energy security）	更多的是能源供应安全	更多的是能源供应安全	能源供应安全加上能源社会安全的综合能源安全观
能源贫困（energy/fuel poverty）	指发展中国家对于能源的低拥有率或指使用有污染的能源和需要花费长时间去获取生活最低需求的能源供应	指其成员国无法用收入去支付燃料以供暖，原来这一概念主要在英国、爱尔兰等国流行，现在在欧洲受到广泛的讨论	特指电力贫困
国有企业（state-owned enterprise）	政府持有 100%的股份的企业	政府持有 100%的股份	已经没有政府持 100%股份的公司，多指政府占大多数股份的国家企业

主题篇

中国能源发展中的核心价值理念研究

王广辉　李立理　王　阳*

在人类几千年进化发展的历史中，能源扮演了极其重要的角色，对于进入现代文明的人类来说，其作用已经几乎与阳光、空气和水一样，成为不可或缺的“第四自然元素”。而且，与以往不同的是，如今的能源问题早已超越国界，成为一个全球性问题，这既是由气候变化和环境污染所引起的生态全球化所决定的，也是经济全球化浪潮下各国经贸、政治与文化联系日益紧密所带来的必然结果。但遗憾的是，人类尚未建立起与这一重要变化相适应的全球能源治理能力，这一挑战正越来越考验着人类的共同智慧。本文还没有能力对此做出全面的解读并提出解决方案，只能以笔者在能源领域工作的体会，从理念及引导方向上加以阐述，以起到破题的作用。本文的论述从三个方面展开，即重树全球能源信心，重建全球能源伦理和重整全球能源机制。

一、重树全球能源信心

近几十年来，随着“石油峰值论”广为流行与多次石油危机的爆发，加上偶有核泄漏、大停电等重大能源安全事件发生，能源危机论在全球有着广泛市场，并对各国能源政策产生了实质和深远的影响。但是，目前所流行的能源危机论能够代表人类的历史和未来吗？它们又是否能够帮助人们应对在能源领域所面临的全球性问题呢？

尽管对能源危机论的强调在一定程度上促进并推动了各国能效的提升和对新能源的开发，但从全球视角来看，过于强调能源危机论在很大程度上阻碍了全球能源

* 作者来自国网能源研究院。

向可持续发展的转型。这是因为，目前各国在讨论能源危机论时往往仅关注本国的能源供给和相关利益，这反而强化了国与国之间的能源合作壁垒。事实上，我们很少看到各国像寻求能源独立这样去寻求钢铁、矿产、稀土、半导体等关键资源的独立，能源独立不仅在全球化浪潮下显得十分突兀，而且造成了各国在选择能源可持续发展道路时的左右摇摆甚至倒退。

从根源上来看，能源危机论是马尔萨斯悲观主义在能源领域的具体表现。马尔萨斯悲观主义者的最大问题就是忽略了人作为万物之灵所具有的主观能动性，这使得他们的预测往往最终被历史证伪。医学发展、农业革命以及两次工业革命都有力证明了人类具备跳出马尔萨斯周期的能力。

回顾人类能源史，我们同样可以发现，在每一次逼近马尔萨斯周期的“上限”时，人类不仅能够凭借自身智慧实现化险为夷，而且往往能够在能源利用方面前进一大步。“危中有机”并不是阿Q式的精神胜利法，而是人类历史发展过程的真实写照。早在1 000多年前的北宋，当木材不足以支撑人类经济社会发展需要的时候，煤炭的广泛应用不仅解决了当时严重的燃料危机，而且使中国比欧洲早几百年就出现了手工业的大发展。而在17世纪，在英格兰浅层煤炭被消耗殆尽，而深层煤炭开采又因为排水难题而停滞不前的时候，蒸汽机的出现解决了排水难题，人类开始了真正大规模使用化石能源的时代。之后，随着人类对石油、天然气的规模化应用以及电力的发明，能源作为现代人类文明的重要基石，极大地推动了人类社会的进步与繁荣，马尔萨斯悲观主义在能源领域再次被证伪。

国际秩序失衡与地缘政治冲突是马尔萨斯悲观主义能够在能源领域大行其道的重要原因，这很大程度上掩盖了地球拥有足够的能源满足人类需求这一基本事实。“石油峰值论”是能源马尔萨斯悲观主义的典型观点，然而事实上，不仅所谓石油峰值的预测时间被一再推迟，而且人类随即又实现了天然气的大发展、非常规油气的重要突破，以及风、光等可再生能源的快速发展，而近年来以电动汽车为代表的交通电气化变革也有望彻底解决所谓的“石油峰值”危机，能源马尔萨斯悲观主义者最强有力的论据似乎也已经失效。事实上，现代社会中的能源危机并不是由全球能源总量不足所造成的，它们更多的是由内外部政治经济秩序失衡所造成的，中东战争对于全球石油供应的影响、不当的电力市场化改革进程造成加州能源危机等都是典型案例。

从全球角度来看，人类现代社会用“能源秩序失衡”来代替“能源危机”会更为准确。然而，能源危机论者却把二者混淆在一起，不去试图构建合理的全球能源秩序，而是简单将原因归结于能源自身的缺乏或不平衡。这不仅无助于解决真正的问题，反而让各国在国际能源合作中的狭隘与自私变得理直气壮、理所应当，破坏了人类作为一个共同体加强能源合作、共同推进全球可持续发展的主流氛围。

现在，是时候回归到地球拥有足够的能源供人类使用这一基本常识了。只有重新树立起各国对于全球能源的这一信心，才能真正建立起各国间的信任，使各国不再局限于一己私利，从人类共同体的命运出发，建立新的全球能源伦理，真正从全球和全人类的层面思考我们面对的能源问题和挑战，推动国际能源合作更好地适应全球化发展的浪潮，为打造新的全球能源秩序、实现人类可持续发展奠定坚实的基础。

二、重建全球能源伦理

“没有新的全球伦理，便没有新的全球秩序。”1997 年，世界宗教会议通过的《走向全球伦理宣言》做出了这一重要论断，原因在于“全球伦理可以提供单靠经济计划、政治纲领或法律条款不能得到的东西：内在取向的改变、整个心态的改变，以及从一种错误的途径向一种新的生命方向的转变”。同样，没有新的全球能源伦理，便没有可以满足人类可持续发展需要的新的全球能源秩序。然而，相比于依托能源实现快速发展的人类物质文明，作为人类精神文明追求的全球能源伦理进展迟缓。长期形成的单方面强调能源供给的发展理念更多地体现了人的“动物性”而非理性，既不能准确反映人类与自然的关系，也容易使各国因为能源问题发生冲突，这是造成当今全球主要能源问题的重要根源。

事实上，能源问题并不是孤立和抽象的存在，它是全球经济社会发展模式的不可持续与不平衡的表象和结果。就目前全球能源伦理的缺失来看，主要有两方面原因：一方面是西方传统哲学长期形成的“主客二分”思想使得人类过于注重物质文明的增长与经济规模的扩张，而忽视了生态文明和发展的可持续性；另一方面则是因为全球普世价值未能及时有效地延伸至能源领域，各国对能源合作缺乏共识，加剧了全球能源秩序的失衡与利益冲突。

发端于笛卡儿的以“主客二分”为基础的西方传统哲学是文艺复兴之后西方社会的主导哲学思想，它开创了人类的理性时代。这一哲学思想有其时代特征与进步意义，它把人与自然从神权的束缚下解放出来，极大地解放了当时人们的思想，对于自然科学的快速发展、人类物质文明的繁荣、民主制度的建立都有过重要贡献。但与此同时，这一强调“主客二分”的哲学思想也助长了“人定胜天”的自负，使得人类中心主义意识得以强化，以近代科学技术为基础的工业文明一味地以开发索取为手段，加剧了人与自然的对立，让人类付出了巨大的生态文明代价，已经威胁到了人类的生存与发展。

面对根源于西方传统哲学的经济社会发展危机，人类已经有所反思并试图从哲学层面寻找解决之道。以海德格尔、胡塞尔等为代表的现当代西方人文主义哲学家对“主客二分”的哲学思维范式进行了深入批判，倡导采用“主客融合”的哲学思维范式去认识世界和人类自身，认为人既不是自然的主人也不是自然的奴隶，强调人类与世界的一体性，这与中国传统文化中的“民胞物与”、“万物一体”的思想理念有诸多相通之处，为构建全球能源伦理提供了重要的哲学与思想基础。习近平同志“宁要绿水青山，不要金山银山，而且绿水青山就是金山银山”的论述也表明了中国新一届政府将更加注重人与自然的和谐发展。

以联合国《世界人权宣言》为标志，以“人权”为核心的普世伦理价值在第二次世界大战后迅速在全球范围内赢得广泛共识，成为全球伦理体系的重要基础，为维护全球秩序的稳定作出了重要贡献。然而，与能源已成为人类生存发展所必需的“第四自然元素”这一地位并不相称的是，能源权利尚未充分融入自由、平等、尊重生命与人道主义等普世伦理价值当中。以国际通用的联合国人类发展指数（HDI）为例，其在强调全球人均收入、人均寿命、受教育程度的区域不平衡的同时，却忽视了人均能源拥有量和消费量的巨大的区域不平衡。国际社会对于发达国家人均能源消费水平远高于发展中国家的事实无动于衷，对于某些国家或集团为一己私利操纵国际能源市场以及将能源作为国际政治斗争的工具习以为常，对于全球能源秩序失衡下最无辜的受害者——穷苦人和我们的下一代漠不关心。目前的全球能源伦理现状无法满足人类可持续发展的需要，我们必须建立新的全球能源伦理来解决目前的困局并为新的全球能源秩序的建立提供坚实基础。

地球上所有的能源都来自太阳，是太阳能的各种形式的转化。当我们开始理解地球村，理解“同一个世界，同一个梦想”时，也要从“同一个太阳”的角度来理解能源，看到能源不可分割的整体性，我们把这种理解简单地概括为“同一个太阳，同一个地球，同一种能源”（One Sun，One Earth，One Energy），也就是简称为“3ONEs”的全球能源伦理观念。我们相信，如果人类能够从能源的角度更多地获得命运共同体的意识，人均能源权就能够像生命权一样成为人权不可分割的重要组成部分，能源消费大国与资源大国就能担负起它们对全球能源的责任，能源贫乏与落后国家就能平等地享有全球能源的共同福利。这样就能有效建立起各国在能源领域的信任互助与利益平衡，有效改变目前依靠武力和冲突来解决全球能源问题的现状。

三、重整全球能源机制

对全球能源的坚定信心和伦理共识将使得全球能源机制变得更为高效和顺畅，而合理的全球能源机制又能反过来使人们坚定能源信心并凝聚更多的能源伦理共识，这本可以形成一个螺旋式的正反馈上升局面，然而，遗憾的是，在过去十余年间，全球的能源保护主义有所抬头，尤其是美国提出的“能源独立”战略与其作为全球最大发达国家在全球能源秩序中的担当并不相符，这对其他国家起到了不好的示范作用。随着能源这一全球性问题日益突出，各个国家和个人必须担负起其对全人类的特殊责任，重整全球能源机制变得愈发迫切和重要。

首先，应确立市场经济机制在全球能源机制中的决定性作用。当前全球能源市场与合作中的种种问题，与发达国家强势的国家干预不无关系，这使得市场机制在全球能源资源配置中的作用发挥得并不充分，甚至很多时候还被严重扭曲，反过来又加剧了全球的能源保护主义。中国的中共十八届三中全会强调了市场的决定性作用，这同样适用于全球能源机制的改革与转型。没有什么比一个依靠市场机制的能源未来更可靠、更值得信赖。虽然它并不完美，但比完全由国家操纵要好，比国家干预与市场机制的混合体要好。只有建设统一开放、竞争有序的国际能源市场体系，才能够真正在全球范围正确地配置能源资源，改变过去以满足需求和刺激生产为主导的技术取向，推动形成以节能减排为主导的技术取向，长远地解决能源的可持续发展问题。

其次，应加快全球能源治理机构建设，确保全球能源市场的有效建立与可靠运行。目前主要的国际性能源机构有代表美欧发达消费国家的国际能源署、代表生产国的石油输出国组织与天然气输出国组织（GENE）、代表较为贫困的发展中国家利益的由联合国与世界银行主导的能源扶贫与能力建设机制，以及发挥协调与桥梁作用的世界贸易组织（WTO）、《能源宪章条约》（ECT）、国际能源论坛（IEF）等，全球能源治理机构多元且分散的格局已经越来越难以满足全球能源市场一体化发展的需要。因此，一方面，应按照自上而下的集中治理思路，研究在已有国际性能源机构的基础上，通过发挥20国集团（G20）首脑峰会等高层机制，建立一个与WTO类似的全球能源治理机构，为全球能源市场的形成和可靠运行提供坚实保障。另一方面，也要注重采取自下而上的策略，积极推动双边和多边能源务实合作，通过加强区域能源治理逐步扩展至全球能源治理。

最后，应突出生态全球化在全球能源治理机制中的地位，构建符合普世伦理价值的全球能源消费与排放控制机制。应明确将人均能源使用权与人均排放权的平等作为构建全球能源消费与排放控制机制的伦理基础，尽快在《联合国气候变化框架公约》下形成有约束力的多边能源消费与排放控制机制。同时，应充分发挥市场机制在抑制全球能源消费与排放控制方面的作用，并以构建全球碳排放交易市场为契机，统筹推进全球能源市场机制与全球治理机构的建设，形成全球能源市场机制与全球治理机构相互促进、融合发展的有利局面。

大型石油企业国际化经营的跨文化管理实践

陆如泉　赵　林　罗永灿*

跨国投资业务涉及国家多、业务环节多、利益相关方多。由于不同国家在价值理念、沟通方式和语言、宗教信仰和风俗习惯、项目管理模式等方面存在差异，跨国投资业务在生产经营目标、管理方式、文化理念等问题上存在冲突。有调查表明，约82%的跨国企业失败是由跨文化管理失败引起的。成功的跨文化管理能够减少项目发展与运营中由文化摩擦和冲突带来的管理成本，形成文化合力，带给项目新的活力，助力海外项目的成功运营。

自1993年起，中国石油天然气股份有限公司（CNPC，简称中国石油）开始走出国门，实施国际化经营。20多年来，中国石油的海外业务经历了探索发展、基础发展、快速发展和规模发展四个阶段，实现了从无到有、从小到大、从弱到强的跨越式发展。特别是2011年海外油气作业产量突破1亿吨，权益产量达到5 175万吨，利润总额近70亿美元，高水平高质量建成"海外大庆"，成为中国石油工业发展的重要里程碑，有效保障了国家能源供应安全。截至2013年底，中国石油海外业务在34个国家运营管理着89个油气项目。中国石油所取得的成绩离不开企业在跨文化管理上的成功实践。在海外投资过程中，中国石油不断总结经验，针对不同资源国的文化特点、不同项目的股权结构等，有的放矢，采取差异化策略，跨文化管理成效显著。

以往关于跨文化管理的研究多集中在理论研究上，或是在已有理论的基础上进行文化测量，而在企业实际操作的层面，对于跨文化整合在企业中是如何进行的，以及如何选择文化整合的模式等的研究较少。笔者结合从事海外油气投资业务十余年的实践经验，以案例研究为基础，总结大型石油企业海外投资业务与运营的跨文

* 作者来自中国石油海外勘探开发公司。

化管理实践经验，为其他公司的跨文化管理提供建议和参考。

一、中国石油国际化经营跨文化管理案例分析——以苏丹L项目、哈萨克斯坦M项目和加拿大P公司为例

（一）苏丹L项目跨文化管理实践

1. 苏丹L项目简介

1995年9月，中国石油和苏丹政府签署L项目石油勘探开发产品分成协议，苏丹出资30%，中国石油出资70%。为有效推进石油项目的开展，L项目协议签署后，中国石油从国内各大油田和专业技术服务公司精挑细选专业人才，万里迢迢将勘探设备和后勤物资从中国运到苏丹，投入项目建设。项目于2010年完成300万吨产能建设。截至2012年底，L项目共有员工2 475人，其中中方员工58人，当地员工2 417人。

2. 苏丹L项目跨文化管理的主要做法

1995年，中国石油的国际化刚刚起步，跨文化管理能力一般、经验欠缺。为成功运作项目，中方利用苏丹急于借助石油发展国内经济的机遇以及对项目的主导作业，采取将国内大会战的模式搬到苏丹现场的方式，在苏丹展开石油大会战，以中方员工为主力进行建设，最终取得了良好的收益，实现了中国石油海外投资的资本积累和国际化运作经验的初期实践。具体做法包括：

一是将中方管理和技术团队移植到苏丹现场。由于战乱和石油工业技术落后，苏丹方面当时不具备油田开发所必需的生产设备和人才技术，但为了发展本国经济却不得不依赖石油。多重因素使得双方文化碰撞不激烈，客观上为中国石油掌握跨文化管理的主导权提供了条件。在开拓苏丹市场的过程中，中国石油人将中国的管理和技术团队全部移植到苏丹，整建制地调派了国内队伍和成套设备参与油田开发，将中国石油在国内油田大会战中形成的“三老四严”、“四个一样”等优良作风和管理理念带到了苏丹，并向苏丹本地雇员和国际雇员宣传中国石油企业精神，使苏丹L项目保持了中国石油的特色。

二是重视沟通，构建内部文化沟通融合机制。中方凭借自身软实力，在跨文化管理过程中处于强势地位，但基于中国传统儒家文化的影响，中方并未在具体实践中采取机械式的凌驾策略，而是重视建立沟通机制。定期召开员工座谈会，认真听取员工意见和建议，同时充分利用公司网站、布告栏等形式及时向员工通报公司重

大问题和决议。定期举办语言培训、组织集体活动等，为员工搭建交流平台。另外，公司还常年组织汉语、阿拉伯语和英语三个语种的培训，穿插介绍中、苏两国传统文化，增进员工对彼此文化的认知和理解。充分发挥非正式工作沟通渠道的作用，建立会下协商机制。考虑到苏方员工自尊心比较强，忌讳在公众场合受到批评，因此在会议上遇到争论不清的问题，中方总经理通常会采取会下协商的办法来解决。这样既满足对方对于个人尊严的要求，又较好地解决了问题。

三是以人为本，营造良好的内外部氛围。确立并贯彻以人为本的企业经营理念。对内珍视员工的生命、健康和安全，鼓励苏方员工积极参与企业管理，并关注员工个人利益及职业发展。对外高度重视与苏方利益相关方建立和谐的关系，重视平衡与政府、股东、合作伙伴、员工、消费者、社区及非政府组织等各利益相关方之间的关系，关注并响应其愿望和利益诉求，与各利益相关方共同发展，共同进步。推进跨文化培训，对中苏员工进行针对性培训，从而促进文化融合。

正是在技术和管理方面强势文化的移植和在双方沟通交流过程中运用中国传统儒家文化等多种跨文化管理策略，使得中国石油在苏丹的项目取得成功。

（二）哈萨克斯坦M项目跨文化管理实践

1. 哈萨克斯坦M项目简介

哈萨克斯坦M项目是中国石油在2009年收购的海外大规模在产油田，总交易金额33亿美元。M项目总部位于哈萨克斯坦曼格什套州州府阿克套市，主要从事石油、天然气的勘探、开发和销售，核心资产为哈萨克斯坦境内的15个在开发油气田，8个未开发的凝析气田和两个里海北部水域近3 000平方公里的勘探区块。2013年原油产量2 266万吨，天然气产量74亿立方米，是哈萨克斯坦第四大油公司。M项目由中国石油和哈萨克斯坦国家石油天然气公司派出人员实行50∶50等权管理、等权决策、文件双签。截至2012年底，M项目共有员工5 990人，其中中方员工42人，当地员工5 948人。

2. 哈萨克斯坦M项目跨文化管理的主要做法

作为等权管理项目，M项目经常会面临管理双方讨价还价的情况，影响项目决策和正常运转，最终导致双方不欢而散。对于M项目，中国石油没有绝对的话语权，在跨文化管理中处于被动地位，要不卑不亢地完成跨文化整合，中国石油需要合理地将不同的文化特性、价值观念和文化传统与先进的管理方法有机融为一体，使双方的文化充分发挥协同效应。中国石油M项目的成功表明中国石油的跨文化管理水平越来越高，具有中国特色的国际化、标准化项目运作模式逐渐成形。

一是整合多元文化，培育共同价值观。中国传统儒家文化主张与人为善、谦和礼让、维护集体；哈萨克斯坦文化信奉成王败寇，以个人愿望和利益为中心。针对这种文化差异，中国石油在M项目倡导相互尊重、相互理解、相互信任、相互支持的工作氛围，着力在中哈双方员工中培育团结一致、和谐共赢、拼搏创新的企业精神和共同价值观。将儒家文化厚德、包容、开放的优良传统发扬光大，充分尊重哈方股东和管理人员，并要求中方员工多了解哈萨克斯坦文化习俗、多学习哈萨克语言、多结交哈萨克斯坦朋友。通过平等交流，努力消除语言、文化的隔阂和障碍，在合作中增进理解和信任。鼓励中方员工参加哈方员工的婚丧、生日活动，实现本地化。这些举措促进了中哈双方员工间的文化融合，增强了员工对企业的归属感、荣誉感和忠诚度。

二是整合当地利益相关者关系，塑造良好的文化融合外部环境。在完成并购后，M项目主动积极与国家相关部门、州区政府沟通交流，与工会保持良好关系，结合社会公益和赞助活动，适度安排油田周边社区贫困家庭成员和大学毕业生就业，在追求企业利益最大化的同时，兼顾社会整体利益和长远发展，最大限度地争取各利益相关方的支持，为M项目运营打造良好的外部环境。中国石油接管后新管理层处理多起重大法律纠纷都得到利益相关方的积极支持，M项目全部获得胜诉，使得公司避免大量权益损失，也为文化融合提供了良好的外部环境。

三是构建共同的组织愿景，塑造理念先进的企业文化。M项目聘请专业管理咨询公司，在对文化共性认识的基础上建立起共同的组织远景，明确实现愿景的计划和步骤，同时通过各种方式在双方员工中不断宣传这一方案，使之得到大家的认同。M项目的发展愿景是：使M项目成为哈萨克斯坦领先的、财务盈利能力强、经济效益最大化，并有效挖掘油田潜力、具有良好社会形象的石油公司，技术创新的先锋和承担社会责任的楷模。许多著名的并购案例最终失败的最基本原因在于未能有效达成对未来的共同期望。M公司的愿景既体现了中国石油的企业宗旨、企业精神和企业理念，也吸收了哈萨克斯坦文化注重满足个人愿望和利益的特点，以及哈萨克斯坦政府和社会对公司的期望，具有很强的包容性、激励性和先进性。

（三）加拿大P公司跨文化管理实践

1. 加拿大P公司简介

中国石油于2005年10月以41.8亿美元成功收购加拿大P公司。P公司是一家总部设在加拿大的石油商，是当地第二大外国石油生产商，也是最大的成品油供货商，日产油量约15万桶。P公司是一家从事油气资产收购、勘探、开发、炼油及原油和炼化产品销售的上下游一体化的国际石油公司，主要资产及业务均位于哈萨克斯坦。并购之前，P公司生产经营困难重重，企业发展压力倍增，与利益相关者关系极度紧张，企业内、外部环境十分恶劣。中国石油对P公司的成功收购，在国际能源界引起了强烈的反响。中国石油在收购后短短两年内实现了对P公司的成功整合，公司各项业绩达到历史最高水平。截至2012年底，P公司共有员工4 831人，其中中方员工65人，当地员工4 706人，外籍员工60人。

2. 加拿大P公司跨文化管理的主要做法

中国石油作为P公司的管理者，明确了主导项目跨文化管理的关键是“一把手”，即“一把手”是整合的“主角”，而主导项目跨文化管理成功也需要“一把手”真正代表新公司的企业文化。在跨文化管理过程中，以“一把手”为核心的中方团队展现出强大的文化吸收能力和包容能力。这一过程中的主要做法包括：

一是在调研多元文化异同基础上，认同文化差异。对文化差异的准确认知是跨文化管理成功的基础。通过并购时的尽职调查和实地调研，对中西哈民族文化以及P公司与中国石油企业文化的异同进行了详尽的研究。P公司经过多年的磨炼和不断的提高，已经建立了一整套科学有效甚至是量化细致的西方管理制度、管理方法，企业文化有一些独到之处。P公司与中国石油在差异中也存在共同点，比如尊重员工的人格需要，实行公平的激励性的工资分配制度，追求企业经济效益等。跨文化管理成功的基础就是充分认知彼此文化异同，并认同文化差异。

二是提出“相互欣赏、享受工作”的理念，并落实到具体实践中。“相互欣赏、享受工作”，即从态度上强调接受并学习彼此先进适用的文化，中国石油认为，应当把文化差异作为一种资源，转变观念，认识到文化差异不是管理的薄弱环节，而是一种资源。应根据哈方员工独特的思维和工作方式，安排合适的岗位，使其在工作中发挥最大的效能。在接管P公司后，中方团队并没有直接强制推行中国石油的管理方式和企业文化，而是在学习、欣赏公司原管理模式和企业文化的基础上，积极寻求文化的融合点，着力推动中哈西三种不同民族文化的融合，促进公司原企业文化和中国石油管理理念、企业文化的融合，兼容并蓄，这样既保留了西方先进的管理方式和制度流程，又兼顾适应了哈萨克斯坦民族文化和国家政治经济体制的需要，也体现了中国石油企业的特色。积极利用多元文化的互补优势，进行跨国并购后企业文化重塑和创新，形成自身特色。同时，利用文化间的碰撞产生的诸多问题，不断完善管理制度，积极履行企业社会责任，促进当地经济社会的协调发展，为中国石油“走出去”的宏伟战略积累了宝贵的海外项目管理经验。

三是中方管理团队作为跨文化管理的核心，以身作则。作为主导企业跨文化管理的核心，中方管理团队多次强调中方团队要尊重和欣赏P公司已经形成的企业文化与价值观念，要学习西方员工的职业素质、分析问题的实证性及有问必答的工作习惯，特别是学习他们推介自己想法和思路的能力，还要学习西方员工和当地员工积极热情的生活态度。在了解学习P公司企业文化的同时，中方员工也逐步将中国石油优秀的企业文化带入公司。正是因为管理层以身作则及持续的提醒和指导，中方团队成为实践“相互欣赏、享受工作”文化理念的主力军，在并购初期实现了公司各方力量的整合，在短期内做到平稳交割和实质控制，进而实现了提升企业价值的目标。

二、中国石油国际化经营跨文化管理的三个阶段概述

纵览中国石油海外投资业务20多年的发展历程，中国石油海外投资业务对跨文化管理进行了有益的尝试，并形成了自己的经验。结合海外项目实践，中国石油跨文化管理大致经历了求同去异、求同存异、求同求异三个阶段。

第一阶段：求同去异。求同去异阶段是跨文化管理的初级阶段，我们称为“怕你和我不同”。在该阶段，中国石油缺乏跨文化管理经验，通常是合作伙伴或本地化员工认同我们的观点我们就高兴，就可以达成一致；反之，如果对方不认同我们的观点，我们就排斥对方、否定对方。这一阶段，在某种程度上没有摆脱本土文化的约束，不能从其他文化中反观自己的文化，极易局限于自身文化的框架之中，是最为艰难的历程。该阶段最典型的特点是容易单干，在项目运营过程中以本国人为主开展各项活动，不喜欢或者不偏好使用国际雇员和本地员工。实际上是将国内石油会战模式搬到了国外，优势是极大地发挥了中国石油的甲乙方综合一体化优势，以“中国速度”快速建成大油田大气田；弊端是容易引发资源国员工的消极对抗，受到油气合同中本地含量条款、资源国政府签证政府的限制，最典型的代表是苏丹六区项目、土库曼斯坦阿漠河项目和中亚天然气管道项目。

第二阶段：求同存异。相比求同去异阶段而言，该阶段的文化自信和对不同文化的认同感较高，是跨文化管理的成熟阶段，我们称为“君子和而不同”。在该阶段，相同的观点大家取得共识，不相同的观点各自保留，允许观点上的不一致、信仰的不一致、处理问题具体方式的不一致，要承认对方不同观点的合理性，要承认差异的客观存在。对文化差异要有认同感，理解其他国家的文化有其历史渊源、自身逻辑，有其文化优势、文化特点、文化特长，在内心深处真诚认同而不排斥别国文化。求同是寻求不同文化历程中存在的共同认识成果以及在不同环境下解决问题

时产生的共同智慧。存异主要强调理解、包容、妥协和渗透。这一阶段最典型的特点是包容，在项目运营过程中，中国石油充分尊重和考虑资源国的政治制度和政策、法律、文化、宗教，与当地政府、民众保持密切沟通合作；积极组织中方员工学习资源国文化、当地风俗习惯及相关法律法规，提高员工的法律意识与合同意识；在履行合同责任的同时主动承担社会责任，积极推动员工本土化，促进当地经济社会发展，努力成为资源国政府可信赖的合作伙伴。实际上，求同存异的理念非常符合中国儒家文化中“君子和而不同”的理念，优势是让公司通过倡导尊重、开放、兼容的理念，更易与资源国形成利益共同体，便于项目运营与管理，不足是员工的个性和主观能动性的发挥仍有余地，最典型的代表是哈萨克斯坦曼格什套项目。

第三阶段：求同求异。与前两个阶段相比，该阶段的文化吸收能力和包容能力很强，是跨文化管理的高级阶段，我们称为“欢迎你和我不同”。正如彼得·德鲁克所讲，“它应该使自己的跨文化性成为一种长处”，而“在管理结构、管理职务和人事政策上完全超越国家和文化的界限既不可能，也并不可取。真正需要的是在互相决定的各种需要和要求之间求得一种浮动的平衡”。此种平衡过程的展开即是跨国经营企业所面临的跨文化范畴的相互融合过程。在该阶段，相同的观点我们互相欣赏，不同的观点可能是一种更好的补充，承认彼此的差异，要鼓励、欣赏、学习这些不同的观点，比求同存异更上一个层次。求异的概念就是说要互相欣赏，而且越不同越认可，抱着这样的态度，才能互相融合、互相促进、互相补充，产生更好的效果。这一阶段最典型的特点就是融合，在项目运营过程中，通过百家争鸣、百花齐放，鼓励个性化，形成相互学习、优势互补、共同进步的文化氛围。这种理念与孔子所倡导的“三人行，必有我师”的思想不谋而合，优势是可以集全公司之力解决实际困难，实现公司价值最大化；弊端是当没有强有力的领导者和一致共识时，容易陷入无休止的争论，导致决策效率低下。

三、跨文化管理的启示

通过中国石油海外投资业务 20 多年的跨文化管理实践，我们摸索到一些经验，形成了一定认识、得到了一些启示。

1. 成功的大型跨国公司均实施了有效的跨文化管理

现代世界石油工业从 1859 年诞生之时起，就是一个国际化的产业。就跨文化管理的求同去异、求同存异、求同求异三个阶段而言，国际大型石油企业经过几十年甚至上百年的发展和锤炼，其跨文化管理已经到了求同求异这一高级发展阶段，其标志就是卓越全球化、卓越本地化，即实现了业务的专业化标准化管理与本地化响应能力提升的深度融合。

回顾中国石油海外创业的20多年，整体来看，中国石油海外业务仍处于从求同存异阶段向求同求异阶段转变的过渡期，其标志是通过探索将中国石油艰苦创业的优良传统与国际化管理相结合，将中华民族优秀文化、中国石油文化与资源国文化和合作伙伴企业文化相结合，逐步培育形成了“忠诚国家利益、恪守国际规范、追求专业专注、崇尚和谐共赢”的国际化经营行为准则，经历了从主要与资源国政府合作，到主要与西方中小型石油公司和国家石油公司合作，再到“十一五”后期与国际大型石油公司同台竞技与合作的阶段，员工队伍的凝聚力、向心力、团队精神得到了极大增强，国际品牌形象大幅提升。

2. 跨文化管理是降低管理成本、实现企业增值的有效手段

企业创造价值最重要的一点就是找到例外点，对不同之处进行协调，并在企业里建立新的法则，保证企业运作的顺畅。跨文化管理就是要解决跨国公司中协调不同文化的问题，降低管理成本，真正做到为企业增加价值。

在海外油气项目实践中，中国石油坚持以“文化留人”为指导，培养了一批融通多元文化的国际化、专业化的中方员工和一批认同中国石油文化的资源国当地员工，有效发挥了国际化雇员的作用。目前，中国石油海外投资业务员工队伍已经从1993年的30多人发展到2013年的53 600多人，本地化比率超过90%。中方员工与当地雇员求同存异、互相欣赏、互相认同，在和谐的工作氛围中精诚合作，为企业的国际化发展奠定了坚实的人才基础，也对海外业务优质高效可持续发展发挥了巨大的推动作用。

3. 跨文化管理的有效做法“适合如合适”

跨文化管理的三个阶段，对应着不同的有效做法和最佳实践。本文中的三个案例，也给出了多种有效做法，供大家借鉴参考。对于实施跨国经营的石油企业来说，涉及的国家越多、业务的规模越大、招聘的员工越广，就越有实施跨文化管理的需要。在实际操作中，首先需要客观、准确地认识自己，定好位、发现问题；然后对症下药，因地制宜、分析问题；最后重在执行，多措并举、解决问题。正所谓，“适合如合适”，没有最好，只有适合。

中国煤炭企业海外投资文化环境影响分析

孙 超*

能源是社会经济发展的物质基础。随着经济全球化的不断发展和国际政治格局的快速变化，全球能源资源问题在国家或地区发展与安全中的地位不断提升。煤炭是世界上储量最丰富、分布最广泛的化石能源资源。作为重要的基础能源和工业原料，越来越受到世界各国的强烈关注。中国是世界上最大的煤炭生产国和消费国，能源资源状况决定了在未来相当长的一个时期内中国以煤为主的能源结构难以改变。

为保障国家能源安全稳定供应，提升中国煤炭企业国际竞争力，党中央、国务院高度重视煤炭企业海外投资并购工作，出台了一系列政策措施鼓励支持煤炭企业积累国际开发经验，加大海外投资力度。国内多数煤炭企业也始终本着多元发展、互利共赢的观念，坚持充分利用"两种资源，两个市场"，力争在海外资源开发方面实现更大的突破，在更大范围、更宽领域、更高层次上参与国际煤炭市场竞争，有效地缓解了部分时段、部分区域发生煤炭供应紧张的现象。这既符合中国加快煤炭工业结构调整、转变煤炭经济发展方式的宏观要求，同时也是煤炭企业实现自身可持续发展的必由之路。

一、中国煤炭企业海外投资的辉煌成就

20世纪末，中国煤炭企业开始以工程承包和劳务输出等形式走出国门，拓展国际市场。进入21世纪，中国煤炭企业海外投资的领域日益拓宽，包括在煤炭资

* 作者来自煤炭信息研究院。

源丰富的国家进行资源勘探、投资办矿、出口先进技术和装备等。

（一）海外资源开发

伴随着多年高强度的开采，中国煤炭资源日益减少，传统产煤省面临着资源枯竭等问题。兖矿、神华、中煤、开滦、山东能源、京煤、徐矿等国有大型煤炭企业本着实现企业可持续发展的理念，开始在境外投资开发煤矿。2004 年，兖矿集团全资收购澳大利亚澳思达煤矿，迈出了海外投资的实质性步伐，兖矿集团通过合理的经营管理手段，使该矿在收回全部投资的同时连续 5 年被评为新南威尔士州安全状况最好的煤矿。在此基础上，兖矿集团于 2009 年并购了澳大利亚菲利克斯资源公司 100％股权，初步完成了海外基地的搭建。随后相续收购了格罗斯特、新泰克等煤炭项目。目前兖矿集团不仅拥有多个生产矿井，还持有勘探项目，并占有港口一定的股份。2013 年，兖煤澳大利亚公司原煤产量达到 2 309.3 万吨、商品煤产量 1 686.6 万吨、商品煤销量 1 700.9 万吨，成为中国最大的海外煤炭企业。

除兖矿集团外，神华、中煤、开滦、山东能源、京煤、徐矿等国有大型企业也加快了海外投资的步伐。神华集团充分发挥煤电一体化的产业优势，在印度尼西亚建设了一座年产煤炭 150 万吨的露天煤矿，2011 年开始投产。同年与三井集团联合向蒙古政府递交了塔本陶勒盖矿区的投标文件，蒙古政府同意给予神华集团塔本陶勒盖煤矿 40％的股权。开滦股份公司 2009 年成立了加拿大中和投资有限责任公司作为海外投资平台，2010 年与河北钢铁集团、加拿大德华国际矿业集团公司签署了合作协议，共同开发加拿大墨玉河北部煤田（即布尔默斯煤田），开展加拿大的煤田投资开发工作。2012 年，山东能源集团全资收购澳大利亚罗克兰公司，获得保有资源储量近 18 亿吨，预计远景储量 40 亿吨以上。这一收购，是继获取加拿大马鹿河煤矿后，山东能源海外并购迈出的又一大步，目前其海外煤炭资源储量已超过百亿吨。2012 年，昊华能源全资子公司昊华能源国际（香港）有限公司出资 1 亿美元收购非洲煤业公司普通股，在南非获得 3 个生产矿（2 个露天矿、1 个井工矿）和 11 个探矿权，3 个在产矿总资源量为 90 296.5 万吨，可采资源量为 42 654.5 万吨；11 个探矿权估算总资源量为 79.56 亿吨，可采资源量为 20.04 亿吨。

（二）先进技术输出

早期中国煤炭企业注重引进国外装备与采煤技术，随着中国煤炭工业的不断发展，在坚持引进、消化吸收再创新原则的基础上，以完备的技术研发体系为依托，开展关键技术攻关，加大研发力度，形成了一批具有自主知识产权、具备输出条件的先进技术。

1. 综采放顶煤技术和两柱掩护式综采放顶煤液压支架技术输出

20世纪70—90年代，中国从西方发达国家引进的综合机械化采煤装备的采高一般在3米以下，对超过这个高度的厚煤层需采用分层开采，单产水平难以突破，而且生产系统复杂。兖矿集团经过技术攻关，研究出借矿山压力破碎和专门的放煤装备放下来的综采放顶煤技术。此项技术的最大特点是将原来需要多次采出的厚煤层一次全部采出，简化了生产系统和生产环节，大幅降低了生产成本，综采面单产大幅提高，并且在安全、效益和资源回收率方面达到世界领先水平。2004年，兖矿集团与英美资源集团签订综采放顶煤技术输出协议，这是中国煤炭企业向跨国煤炭公司输出先进技术的第一个协议。

此外，兖矿集团为解决四柱式放顶煤液压支架与电液控制系统配套适应性差、不利于自动化控制的缺点，开发出两柱掩护式综采放顶煤液压支架。2006年，兖矿集团与德国鲁尔工业集团DBT公司签订技术专利转让使用合同。

2. 综采成套采煤设备出口

中煤能源集团煤矿机械装备有限公司（简称装备公司）是中国最大的综采成套设备供应商。30多年来，装备公司积极开拓海外市场，向俄罗斯、土耳其、印度、澳大利亚、越南、美国等多个国家出口综采成套设备、输送机、转载机、破碎机、液压支架及工业链条等产品，帮助其解决浅薄顶板条件下采用综采设备及开采工艺的难题，成功向俄罗斯高瓦斯矿井出口放顶煤综采设备和防灭火设备与技术等，在国际煤机市场创立了CME品牌。

同时，郑煤机集团通过技术创新促进产品质量的提升，全面打破了世界煤机巨头如美国比塞洛斯、久益公司等对中国高端煤矿综采装备市场的垄断，开始向世界主要产煤国家出口成套综采设备。由于设备性价比较高、使用情况良好，郑煤机集团每年均与俄罗斯签订煤机产品合同，还积极开拓印度、土耳其等国市场，特别是高端综采液压支架的技术优势使其在国际市场中占有了稳定的份额。

（三）煤炭资源勘探国际合作

资源勘探也是中国煤炭企业海外投资的形式之一，近年来中国煤炭企业在国际煤炭资源勘探市场上不断取得新的成果。

中煤集团利用自身的业务优势，在澳大利亚进行哥伦布拉勘探项目，2011年正式进入项目施工阶段。哥伦布拉项目为中煤集团全资子公司中国煤炭进出口公司与澳大利亚都市煤炭公司以非公司制契约式合作方式（UJV）共同勘探开发的煤炭资源类项目，探明储量约为1.4亿吨。

煤炭地质总局在立足国内的基础上，积极开拓国际市场，寻求国际交流与合作。凭借在煤炭资源勘探领域的先进技术，先后在美国、俄罗斯、澳大利亚、巴西、日本、荷兰、印度尼西亚、蒙古，以及非洲、中东等国家和地区，承担了大量资源勘探国际工程项目，赢得了良好的国际声誉。

二、世界主要产煤国投资文化环境分析

中国煤炭企业在海外投资过程中遇到的思维与文化差异是客观存在的。每一种文明、每一个国家都有其独特的思维与文化。文化是一个民族在长期的历史发展过程中，在共同的经济生活影响下沉淀形成的情感、习惯、性格、信仰等。在海外投资过程中，来自不同文化背景的企业和人员都有自己所习惯的工作方法、思维方式和行事方法。双方的企业决策者、管理者和员工由于对对方的社会文化环境缺乏足够的了解，往往会从自身的固有思维模式出发，这就可能产生误解和冲突。

目标投资国在能源投资领域尤其是煤炭资源类投资领域，不是以带动地区经济或开发资源为主要目的的，而是以保护环境、土著居民的文化及矿工的合法权益为中心思想的。因此在煤炭企业海外投资的过程中，传统的中国式思维往往是成功与否的关键。目标投资国文化环境因素在煤炭企业进行对外投资决策时的作用越来越大，尤其是对煤炭企业的投资区位和投资进入模式选择产生了重大影响，中国煤炭企业在进行海外投资时同样必须对目标投资国的投资文化环境予以足够的重视。目前，中国煤炭企业主要的目标投资国的投资文化呈现出以下特点：

（一）更加注重对环境的保护

在煤炭资源开发过程中，环保问题是国内资源开发时最容易忽略的问题，而在法制健全和市场经济发达的国家恰恰是不能突破的底线。煤炭开采业的迅速发展，已威胁到目标投资国当地自然环境，特别是对水资源和旅游业影响较大。为保持煤矿的正常运营，需要抽调大量水源。而大量的工业废弃物未经处理便排入水中，给农业、旅游业和社区居民生活造成较大影响。世界主要产煤国引进中国投资开发煤炭资源不单纯是为了发展当地经济，而是要求在创造经济价值的同时更加注重对环境资源的保护，因此在海外投资过程中不能只考虑煤炭资源的开采，忽略当地的环境和居民生活。

例如，澳大利亚政府出于环保考虑，宣布47个大型煤炭及煤层气项目必须通过国家的环境审批，以保证这些项目不会对当地水源供给造成影响。许多澳大利亚农民和土地持有者都担心煤矿和煤层气开采会影响当地水源，破坏优质的耕地。根据上述情况，澳大利亚对《环境保护和生物多样性保持法案》进行了修订。原先的法规仅对矿业项目影响珍稀动植物的情况进行考察，现在则将煤炭和煤层气项目对当地水源的影响也提高到国家层面进行评估和考察，但同时表示不将页岩气项目对水的影响列入法规中。此外，在澳大利亚，如果煤炭企业申请的采矿租约范围包括濒危的区域生态系统，那么对濒危的区域生态系统的干涉将转化为对植物重要性和项目支持者提出的治理措施的评估，包括在可能的情况下用相同的植物种子恢复植被。

这不仅是针对中国煤炭企业，国外跨国矿业公司开采煤炭也注重对环境的保护。如泰克公司是加拿大最大的综合性矿业公司，其下属煤炭公司是北美最大的炼焦煤生产企业。加拿大环境部门在不列颠哥伦比亚省东南部地区附近展开环境取样，发现泰克煤炭公司矿区附近河流硒含量升高。河流中的硒元素已富集在鱼子、青蛙和水鸟中。过量的硒将引发鱼卵的胚胎畸形，甚至可能导致种群灭亡，虽然鲑鱼种群目前仍保持稳定状态，但随时间推移，硒的含量可能继续升高，进而影响山谷及河流的生态环境。环境部门认为硒富集会影响生殖系统进而引发种群崩溃，建议终止在落基山脉流域附近的煤炭项目发展。泰克公司声称公司将在未来的五年内投入6亿加元在水质净化工程上，并执行应对硒污染的有效计划，治理硒污染的计划目标是使河流水质达到保护河流中的鱼类生存的标准。

在国际矿业并购中，环保问题掺杂了文化传统与民族感情的因素，已经远远超出法律范畴，解决起来非常困难。因此我们必须树立敬畏自然、尊重生命的观念，提高环境保护意识，建设和谐社区关系，保证并购活动的顺利进行。

(二) 重视对原住民权益的保护

煤炭企业在海外投资时，由于当地原住民维权意识的增强，煤炭企业与当地居民的社区关系愈加紧张。加拿大因纽特人、澳大利亚土著人、美加印第安人等的居住区或保护地都可能存在此类风险。在主要产煤国进行勘探或资源开发的活动时，中国煤炭企业有一项独立的法律问题必须考虑，那就是原住民的所有权。如果与原住民的关系处理不当，会对项目造成极坏的影响。

以中国煤炭企业的主要投资国——澳大利亚和加拿大为例，澳大利亚法律规定其原住民享有土地所有权的优先权，这些土地所有权是根据传统的法律和习俗延续下来的，受到澳大利亚联邦政府《原住民权利法案》（NTA，1993）和州政府的土地所有权立法和普通法的保护。如果煤炭项目的采矿租约申请的土地中包括原住民拥有的土地，那么在租约授予前，申请者必须与原住民土地所有权持有人达成协议。虽然谈判以NTA为依据，但此项“谈判权”的确给予登记注册的土地所有权持有人很大的商业谈判优势。通常协议要求采矿租约申请者向登记注册的原住民土地所有权持有人支付一些赔偿。例如，在采矿租约有效期内按年度支付赔偿，或按已采出矿物的数量计算矿区使用费，以及原住民就业配额、就业培训和奖金。如果采矿租约申请者无法与原住民土地所有权持有人通过谈判达成协议，审理委员会将根据NTA就这项事务做出裁决。以加拿大安大略省最热门的勘探地区为例，该地区本是世界上为数不多的原生态环境之一，现因为煤炭开采的兴起而面临着前所未有的环境危机。当地原住民称煤炭企业置其利益于不顾，也担心被破坏的湖泊与沼泽得不到恢复。为了缓和原住民的不满，安大略省修改了《矿业法案》，以“原住民咨询”的方式，关注原住民的利益，调和原住民与矿业企业之间的利益冲突。

国外跨国矿业巨头在此方面的工作机制相对成熟，如英美矿业公司的新瓦尔河煤矿为当地居民修建休闲运动中心，履行企业在当地的社会责任。公司将与当地政府合作在萨索尔堡地区修建多用途的体育活动中心，项目预计投入2 600万兰特（约合321万美元），预计2014年完工。当地矿业部大臣高度赞赏该项目，认为是矿业企业造福社会、履行企业责任的良好代表。英美矿业公司也表示这是与当地社会增进了解、促进合作的良好机会。

中国煤炭企业为争取投资所在地社区居民的支持，履行公司在当地的社会责任，也相继开展了此类活动，这增加了与当地居民沟通的机会，使社区相信矿区开发切实有利于社区发展。通过营造融洽关系，尊重原住民权益，保护当地环境，减少了矛盾发生的可能。

（三）更加注重对本地就业的保护

在某种程度上，雇用本地矿工问题是国际矿业并购成功整合和顺利运营的最大障碍。世界主要的产煤国一般都有强大的工会组织，工会历史长、势力大，工会领导是脱产的，靠企业支付工资，靠工人交纳会费生存，工会自然要为职工谋取更多利益，这使得中国煤炭企业海外投资项目的推进步履维艰。以HD国际矿业公司加拿大煤炭项目为例，2012年公司决定从中国引进200名工人到不列颠哥伦比亚省煤矿工作，并得到了加拿大政府的批准，但此举引起当地工会的反感，当地工会称在加拿大的工作岗位应优先给予加拿大人，并向法院提起诉讼，在进行法庭诉讼后公司先让中国劳工回国，并宣称在法庭有正式判决的结果前不会继续雇用中国劳工。

此外，世界主要产煤国倾向明显的劳工保护政策，也会对中国煤炭企业海外投资造成极大的影响。如2012年，南非矿业协会从事煤矿和金矿的矿工要求薪资提高60%，即井工矿工人的薪资达到每月8 000兰特（约850美元），露天矿工人的薪资达到每月7 000兰特（约750美元），此前井工矿工人的薪资是每月5 000兰特（约530美元），露天矿工人的薪资是每月4 700兰特（约500美元）。当地企业表示，现在无力支付如此高额的工资。在非洲，薪酬待遇常常引发企业和劳工之间的冲突，冲突导致矿业企业损失数十亿美元，50多人在冲突中丧生。

2013年，中国煤炭企业海外投资合作企业人员劳资纠纷时有发生。国外工会力量强大，许多罢工活动往往由工会主导，中国海外煤炭项目均曾受到罢工困扰以至中止。经过多年海外投资的实践，目前中国煤炭企业在海外的资本投入和经营管理已经不再是挑战，而在一个陌生的国家如何以当地人能够接受的思维和处事方式处理好劳资关系，才是真正的难点所在。只有以国际化的思维去审视矿业并购，进而用对方欢迎和接受的方式进行交往、谈判以及并购后的整合，才能使中国煤炭企业的海外并购行动避免因思维的差异而导致投资失败。

三、对于中国煤炭企业海外投资应对投资文化环境的建议

文化的差异性存在于企业海外投资的过程中，这种差异性使来自不同文化背景的管理者和员工在企业经营理念和管理方式方面产生文化冲突，影响到煤炭企业经营战略的实施。如果不能处理好文化差异带来的挑战，企业就很有可能遭遇失败。因此，中国企业在跨国经营的过程中，必须对此问题格外注意，尽量正确应对文化差异、化解文化冲突。

（一）明确目标投资国的文化特征，对其文化环境进行系统评估

在海外投资的过程中，文化差异对煤炭企业的经营环境、发展战略和资源管理等方面都会造成一定程度的影响。目前中国部分煤炭企业在进行海外投资时已经开始重视这一问题，并开始在投资前加强对当地的政治经济投资环境可能带来的风险加以分析，但对投资文化并没有给予更多的重视。因此未来中国煤炭企业在作出海外投资决策之前，应该重点对目标投资国的文化环境进行评估，系统了解当地的历史传统、社会风俗、宗教信仰、生活禁忌、交易惯例、社会信用与信任机制、社区民众对外来资本的认可程度以及中国和中国产品在当地的形象等方面，以此为基础

调整自身的经营理念和经营策略，可以减少中国煤炭企业海外投资风险。

(二）坚持投资后的文化整合，实施属地化管理

煤炭企业海外投资是一个系统的工程，一般包括资产债务、企业制度、管理模式等有形整合和企业文化等无形整合，其中企业文化这一无形整合显得尤为重要。项目投资后，煤炭企业最好是实施属地化管理。属地化管理实际上是将中国煤炭企业的经营重心完全落实在属地，利用当地的资源结合自身的管理、技术、资金等优势，增强在属地的竞争优势。对于中国煤炭企业海外投资而言，良好的属地化运营能够有效降低成本、提高效益、防范风险，为国际化战略提供长远发展的可靠保证。煤炭企业必须改变用行政领导方式经营管理海外子公司的思维惯性，按所在国市场经济的规章制度和动作方式规范操作，与国际通行的做法接轨，采取属地化经营策略，以提高市场开拓和竞争能力。

中国煤炭企业在推进海外业务属地化过程中，也应推进人才属地化进程，应充分利用目标投资国或地区的人力资源，大胆吸收、培养和使用当地员工，发挥他们的语言、文化、社会关系和技术优势，为企业发展服务，树立长远的队伍建设理念，积极帮助当地员工提升职业能力，努力培养当地高管人才，逐步建立起适合属地运营实际的人力资源管理体系，在当地着力营造公平、公正、透明的职场氛围。

(三）促进文化交流和融合

中国煤炭企业在海外投资的过程中应以更宽阔的眼界了解文化的资源价值和优势，开展高层次的文化经济交流合作，积极开展对外文化展示，利用多种形式以交流活动为载体识别和正视文化差异，消除文化差异所带来的矛盾和冲突，实现跨文化融合。如加强中国煤炭企业的驻外员工对目标投资国投资文化的内涵与特征的重点学习，对投资目标国社区当地的员工，也要利用多种方式帮助他们了解中国的文化与中国企业的工作习惯与管理方式。煤炭企业还应该建立良好的沟通与互动机制，及时化解文化差异所造成的工作冲突。

(四）在目标投资国社会中树立良好形象

由于中国与目标投资国在意识形态和文化上的差异，加上目前不利于中国海外投资的舆论导向，多数煤炭资源丰富的国家仍然把中国煤炭企业海外投资看作威胁而不是机会。对此中国煤炭企业不能采取消极回避的态度，而是应当了解社区当地文化，积极融入当地社会，参与当地的公益活动，在组织和管理文化上实现当地

化，以得到当地民众的认可和支持。

（五）在目标投资国寻找合适的合作伙伴

中国煤炭企业海外投资仍处于起步阶段，降低企业在目标投资国的进入成本和经营风险是至关重要的，而文化差异在这个过程中起着很大的作用。为了尽快融入目标投资国的投资环境，最大限度地降低文化差距带来的风险，中国煤炭企业应通过与社区当地信誉良好的伙伴合作，迅速了解当地的文化传统，利用合作伙伴业已积累的经验，实现企业获取市场、资源，还可以帮助中国煤炭企业减少交易成本并迅速融入当地市场，从而使企业的海外投资取得成功。

煤炭企业海外投资是中国煤炭工业可持续发展的必由之路。面对当前世界经济更加复杂的环境和更加激烈的竞争，中国煤炭企业必须树立海外投资战略新观念，搭建符合国际经济社会发展需要的具有鲜明时代特征、丰富管理内涵和具有目标投资国特色的投资文化，增强煤炭企业海外投资的软实力，为打造中国煤炭工业升级版保驾护航。

APEC 地区建设低碳社会区域合作研究

［日］中西聪*

一、APEC 低碳模范城镇计划概述

2001 年 6 月，第九届 APEC 能源部长级会议（EMM9）在日本福井市举行，会议的主题是“保障能源安全的低碳途径”。会议之后，APEC 低碳模范城镇（Low Carbon Model Town，LCMT）计划开始为实现该目标而实施各项努力措施。在 APEC 的 LCMT 项目计划下，每年将选取一个特定的城镇作为低碳城镇发展项目的指定目标，而正是为了这个计划能够顺利进行，必要的可行性研究和政策回顾工作也需要被实施。亚太能源研究中心（APERC）负责协调 APEC 的 LCMT 项目及其相关工作。

可行性研究的目的在于为地方政府官员、市政官员以及被选定的城镇发展项目的相关执行者提供一个关于最合适的低碳发展措施的清晰的综合性评价。可行性研究也可以为目前已经实施的低碳发展战略措施提供一个检测其效用的渠道。同时，政策研究也为低碳城镇发展项目提供了一些关于相关政策事务的评价分析，包括规划方案、组织事务、刺激经济发展的措施等。

位于中国天津的于家堡世界金融地区发展计划因中国和日本在 EMM9 会议中的共同参与而受益，该计划被纳入 LCMT 项目第一阶段的规划中，并且被选定为项目的试点。在项目接下来的规划中，泰国的苏梅岛作为第二阶段的试点，而越南岘港的五行山（居民/商业）区作为第三阶段的试点，这些城镇各自依据 LCMT 项

* 作者为日本能源经济研究所（IEEJ）高级研究员，亚太能源研究中心前总干事。原文为英文，由中国人民大学国际能源战略研究中心助理研究员朱一军翻译。

目专门工作组所设定的标准而被选为计划项目的试点城镇，并且经过了 APEC 能源工作组（EWG）的批准。

该项目的第一和第二阶段已经完成，目前正在实施第三阶段。位于秘鲁首都利马城的圣博尔哈镇（San Borja Town）居民/民用中心已经被选定为该项目第四阶段的试点城镇，预计将于 2015 年实施相关规划措施。

二、LCMT 计划所选定的实施城市

分析并指出以上提到的各计划所涉及城市的不同特征是饶有趣味的，因为这可以反映 APEC 所蕴含的文化多元性。

位于天津市的于家堡金融区（YFD）的发展计划是一个定位于建设城市金融中心的引人注目的新发展计划。于家堡金融区占地 3.85 平方公里，建筑面积达 950 万平方米。该金融区将吸引世界级的金融机构，因而日间人口将达到 50 万人次，夜间人口则为 5 万人次。

在于家堡金融区，计划引入四条地铁线和大量公交车，以提供方便和快捷的公共交通系统。此外，金融区外部也将建设直达于家堡金融区的交通系统，现存的北京至天津的高铁线路将计划延伸至于家堡。金融区鼓励自行车和步行交通而不要依赖于会造成空气污染的汽车交通。这些不同的交通系统将依据“运输导向发展”（TOD）的理念被一个更大的交通网络无缝地整合起来。先进技术的引入和地区供热供暖系统也在规划中。

位于泰国湾的苏梅岛是泰国仅次于普吉岛的第二大岛屿（占地 228 平方公里，拥有 6.5 万人口）。苏梅岛拥有美丽的沙滩、珊瑚礁和热带丛林，因此逐渐发展成为一个旅游胜地，每年有总共 110 万游人前来观光。但是，苏梅岛目前正面临着缺乏基础设施，水处理系统、废料处理系统和卫生系统落后所造成的自然环境破坏和人口减少。本地文化、传统习俗和生活方式的衰落也成为苏梅岛的居民社区所面临的问题。

苏梅岛低碳发展的理念牵涉多种不同的价值观：（1）对于游客而言，它意味着保护自然资源和低碳的生活方式；（2）对于本地居民而言，它意味着生活水平的提高和保护本地文化；（3）对于旅游产业部门，它意味着增加的游客人数；（4）对于苏梅岛的经济而言，它意味着地产投资业价值的提升。

岘港是越南第三大城市，拥有 97.3 万人口。五行山区是岘港市七大区之一，占地面积 38 平方公里，人口 5.5 万。岘港因为其道路交通系统中存在大量的摩托

车而面临着严重的交通堵塞与空气污染等问题。在越南，大众公共交通系统发展缓慢，因而摩托车就成了对于大多数一般民众而言不可或缺的交通工具。因此，低碳交通就成为了五行山区低碳发展的最重要的项目之一。

值得一提的是，电动摩托车和快速交通系统（BRT）的引进也正在计划中。作为BRT的主要燃料，甲烷将通过城市污水和厨余垃圾的处理而获取。以当前作为越南中部地区主要工业中心的岘港仍然保存着的农业部门为基地，开发从种子油中提取生物柴油的技术项目也正在筹备之中。值得期待的是，像五行山区这样的低碳城镇作为一种模式和样板，可以被推广到岘港市的其他地区，甚至越南的其他城市。

利马是秘鲁的首都，拥有大约900万人口。而圣博尔哈镇则是利马人口密度最高的几个区域之一，它占地约9.96平方公里，拥有大约11万人口。圣博尔哈镇是自20世纪70年代起利马市有序的城市发展规划的产物。它是当今利马市最富裕的区域之一，拥有大量的公园和绿化带，还保存着大量古印加文化的考古遗址。圣博尔哈镇是一个居住与商业活动并存的地区。秘鲁的国防部、教育部、能源与矿产部、国家图书馆、国家博物馆、国家核能研究院等机构都坐落于此。

圣博尔哈镇低碳城镇发展的前景是实现生态效益、节约自然资源、社会福利与公平等目标，并且包括加强公民参与等具体内涵。圣博尔哈镇正在努力通过使用清洁能源、提高自行车利用率并且提倡步行出行方式等，建设一个清洁且健康的社会。

APEC组织所涵盖区域的不同城市在人口、人口规模、经济能力、环境条件和城市基础设施条件等方面有较大差别。此外，不同城镇的土地利用模式也存在差异。例如，一个城镇可能主要由商业区构成，另一个城镇则主要由初级加工业区构成，第三个城镇可能主要由居民区构成。甚至这些不同的城镇在其文化和历史方面也存在较大差异性。

因此，在不同的城镇中开展建设低碳城镇的整体策略和各项应用措施的组合模式也应该依据不同城镇各自特定的特征而存在差异。APEC区域内的负责低碳政策及其发展计划的政府官员可以从APEC的LCMT项目的经验和计划成果中获益。这些经验和成果的范围涵盖了APEC地区不同性质的低碳发展项目。

三、智能社区倡议

就在APEC的LCMT项目启动后不久，美国和日本于2010年11月启动了能源智能社区倡议（energy smart community initiative，ESCI）计划，其目标在于培育绿色发展与可持续发展模式，同时为 APEC 成员提供长期的创造就业的机会。ESCI 计划致力于在全社会范围内提高能源的利用效率，同时它也包含了低碳城镇发展的相关内容。在这个意义上，ESCI 计划的出现以实例证明了 APEC 成员集体行动致力于建设低碳城镇的重要性。

ESCI 计划有四大主要支柱，即灵活的交通运输、灵活的建筑工程、灵活的电网工程和灵活的就业与消费。此外，APEC 的 LCMT 项目和“知识共享平台”（KSP，或称交叉计划）也被纳入其中。在每一个主要支柱下，多个子计划被加以组织和开展，APEC 各成员也可以根据其相关利益需求加入这些计划。

KSP 是为了共享信息以及通过 ESCI、LCMT 和在 APEC 地区的其他相关项目发展的最优实践而加以设计的。以 LCMT 项目为例，它包含不同种类的内容，包括可行性研究、政策回顾、对项目开发者和相关负责低碳发展的政府官员的访谈等。它同时也包含有工作项目研讨会的展示内容和其他相关出版物。

四、中国所执行的 LCMT 项目相关计划

中国的城市化进程正在以前所未有的速度和规模进行着。城市里有大量能源被消耗，这使得城市成为最主要的碳排放者。所以，降低和管理城市中的能源消耗是十分重要的。

中国的中央政府已经认识到了以全国性的降低碳排放量为目标的低碳城镇发展的重要性。2010 年，中央政府宣布了其以建设低碳城市为目标的整体政策，并选取了五个省份和八个城市作为试点。该政策已经在全国的地方政府和市政部门那里获得了积极的回应。

在 APERC 的大框架之下，中国正在努力在 APEC 成员伙伴的合作之中推动低碳城镇计划的发展。通过在 LCMT 项目上的建设工作，中国目前正在实施若干个项目以促进低碳城镇建设，特别是将工作中心放在研发某些特定的低碳技术、低碳城镇评价工具、模型和案例研究、能力建设等方面，同时通过学术圈、公司企业、工业部门行业联合会的协助以实现。在整个实施阶段，各种相关的论坛机构被建立起来，在引进国内外的先进思想和专家经验等方面发挥作用。

五、APEC 地区低碳社会指示器

一整套适用性的低碳措施因各城市的特征不同而存在各种内部差异性。因此，

一个包含不同标准的低碳城镇指示器需要被选取。此外，城镇的不同方面，特别是那些与降低碳排放不直接相关的方面，诸如经济活力、经济便利度、防灾、卫生等，因发展具有吸引力的、可以实现经济可持续发展的低碳城镇而被加以考虑。

因此，选取一整套合适的、包含核心及补充性指标的低碳指示器系统，将是一个复杂的过程。在这种情况下，发展出一个能够指导在综合的意义上对低碳指标加以选取的指导方针或系统，是极其重要的。提升加强对 APEC 的 LCMT 项目的投入是一个重要的计划，中国已经在这个方向的努力上采取了若干步骤。

2014 年是 APEC 中国年，其主题是“通过亚洲塑造未来”。可以期待的是，以上目标能够通过其他在此领域内具有实践经验的伙伴成员经济体的支持而实现。

“国际能源合作倡议”及其有效性研究

——一项以APEC框架内能源合作项目为样本的规范性检验

许勤华　S. P. 波波夫*

国际能源合作是一个含有多个行为体、多种机制并相互作用的复杂体系。该体系分布于从国家间、区域到全球各个层面，以双边和多边的经济活动为主要合作形式。除此之外，国际能源合作还有许多其他合作形式，这些形式往往超出了当前的国际市场框架，具有重要的政治性含义，如社会、文化、意识形态和理念等。“国际能源合作倡议”是先于双边与多边经济活动的理念合作，是国际能源合作具体行动的总纲领。2014年为亚太经合组织中国年（APEC China）①，亚太经合组织框架内的各种国际合作倡议将于9月会议期间被逐一提出。中国政府对亚太经合组织一直都很重视，这次将利用作为主办国的机会，提出体现中国发展理念的“国际能源合作倡议”。

但是长期以来，无论是在全球层面还是在区域层面，“国际能源合作倡议”的实施往往停滞不前。② 这就有必要对国际合作倡议进行规范性检验，研究其有效性的动因及欠有效性的根源。2006—2008年，亚太能源研究中心开展了一项针对亚太经合组织能源工作组项目进行情况的研究课题③，该项目尝试了解当前亚太地区

* 许勤华，中国人民大学国际关系学院教授，中国人民大学国际能源战略研究中心主任。S. P. 波波夫（S. P. Popov），亚太能源研究中心“理解（国际）能源倡议”课题组组长。

① 亚太经合组织中国年将于2014年9月于北京雁栖湖举办。这次APEC领导人非正式会议将在互联互通三大领域即基础设施、制度、人员的互联互通上确立了新的总体目标与任务，并针对基础设施互联互通的开发和投资制定了未来三年的行动计划。

② 如早在2006年，时任中国国家发展与改革委员会主任的马凯就加强中日印韩美五国在能源领域内的互利合作提出了加强能源信息的交流、发展替代能源合作、加强前瞻技术研究等六点倡议，但迄今为止五国在以上各方面的能源合作并未实现预期的突破性进展。

③ 该课题名为“Understanding Energy Initiatives”[理解（国际）能源倡议]，参与研究的学者有：James L. Eastcott（New Zealand）、David Fedor（USA）、Mardrianto Kadri（Indonesia）、Masahito Kakuwa（Japan）、Satoshi Nakanishi（Japan）、Sergey Popov（Russia）、Endang Jati Mat Sahid（Malaysia）、Vore Veve（Papua New Guinea）、Nguyen Van Vy（Viet Nam）和Kenny Sau Yi Wan（Hong Kong，China）。

国际能源合作的基本情况，以及亚太经合组织各经济体（economy）在亚太经合组织能源工作组工作会议上提出的各项合作倡议的实施率。本文将在亚太能源研究中心课题的基础上，运用该课题的研究数据，分析“国际能源合作倡议”的定义、构成、实施及其有效性。尝试为国际制度主义的发展提供一些现实考证，也为中国政府在亚太经合组织中国年提出的能源合作倡议提供一定的经验参考。

一、概念界定、检验目的和样本群选择

当涉及国际合作时，世界范围内的政策制定者通常将“倡议”作为一个便利且通用的术语。而在这种情况下“倡议”的概念是相当含糊的。在语言学的意义上它传递了一种“初始化”以及“准备就绪”的含义①，此外还有“一种权力或权利”②的意味，但是这些潜在的含义并不适用于“倡议”一词在当前所探讨的国际能源合作问题的情境。③

“国际能源合作倡议”的定义可以被拆分为三个部分：第一个部分是其“国际性”。“国际能源合作倡议”大多涉及三个及以上的经济体，相比双边合作而言在合作关系方面具有更加复杂的性质。第二个部分是其“能源性”。倡议的实施聚焦于整个能源供应链（从能源的提取、生产加工到能源服务的有效供应）中的所有事务。大多数“国际能源合作倡议”将重点放在强调能源安全或能源消费对环境的影响上，或者两者兼有。第三个部分是其“倡议性”。“国际能源合作倡议”是一个为了达到某种明确目标所制定的合作性战略，它是多个行为体（合作伙伴）为了市场外部需求而自愿采取的行为，且经常会由于行为体之需求或目标的改变而不断发生变革。综上，本文将“国际能源合作倡议”定义为：由多个经济体共同参与实施的、以能源为其主要工作重心的、由参与成员自愿采取的合作性战略。

对“国际能源合作倡议”的范围和实施效果的综合评估很有意义。首先，这有助于更好地理解倡议的性质、适用范围，为政策制定者、商务人士和学者专家提供相应的便利；其次，可以使倡议更好地应用于实践，使之更精确地进行目标定位，

---

① 根据2010年版的*Random House Kernerman Webster's College Dictionary*对initiative一词的解释，它包含有“readiness and ability in initiating action; enterprise”的含义。其拉丁文词根“it”代表某种“初始、开始”的意味。

② 根据2000年版的*The American Heritage Dictionary of the English Language*的解释，initiative包含有“The power or ability to begin or to follow through energetically with a plan or task”的含义。

③ 一般来讲。设立明确的研究目标才能给某个术语提供一个较为合适的定义，既为它提供一个内在的运作框架，也为它提供更多专业内涵。

从而发挥更大的作用；最后，还可以通过“国际能源合作倡议”来观察更为宏观的国际合作倡议，从而推动国际合作在各个领域的全面发展。能源作为获取样本群的功能性领域具有一定的代表性，原因有二：其一，能源是国际合作中最为活跃的部分，可供检测的案例比较丰富；其二，具备良好意愿、旨在实现特定目标的多个“国际能源合作倡议”已经在世界范围内被广泛提出。

作为一个广泛且定义松散的范畴，国际能源合作的实例包括从有特定主题的专家研讨会到政治领袖及高级政府官员间的会议、从国际能源技术联合研究到跨国界的基础设施建设、新的国际监管机制的引入等，都已被纳入“国际能源合作倡议”之中。为了提升能源安全的可持续性，“国际能源合作倡议”在亚太经合组织内外，将其成员经济体与非成员经济体整合为某种意义上的联合体，帮助加强其商业与政治的国际性网络。因此，“国际能源合作倡议”在亚太经合组织区域机制框架内尤为突出，也提供了大量可以用来检验“国际能源合作倡议”有效性的案例，亚太经合组织所属地区也成为检验样本群获取的最佳地区。①

APEC 的“理解（国际）能源合作”课题进行研究的案例集中于那些较大规模的、多边的、以政府为基础的倡议，以进行基础设施建设、法律规制、金融、研究与开发为主。相关的研究则采用统一的方法，从能源工业的角度解构“国际能源合作倡议”实施过程中的影响因素，分析不同的“国际能源合作倡议”在向其最终目标进展时对不同变量所做的反应。这些被挑选出来的具代表性的案例有：跨东盟天然气管道建设②、东北亚天然气与管道论坛（NAGPF）③、创新型核反应堆与燃料循环国际计划（INPRO）④、第四代反应堆国际论坛（GIF）⑤ 和《能源宪章条约》⑥。

① 本次选择供检验的样本群并不局限于 APEC 地区。

② 东盟计划在 2010—2015 年修建跨东盟天然气管道（TAGP）及连接各成员国的电网，旨在加强能源安全及促进贸易合作。关于 TAGP 及东南亚地区在能源政策上的国际合作，参见 B. K. Sovacool，“Energy Policy and Cooperation in Southeast Asia：The History，Challenges，and Implications of the Trans-ASEAN Gas Pipeline (TAGP) Network，” *Energy Policy*，Vol. 37 No. 6，2009，pp. 2356-2367。

③ 关于东北亚天然气与管道论坛与相关的能源合作事务，参见徐召辉、杨朝红：《加强能源信息交流　促进东北亚天然气利用——记 2010 年“东北亚天然气和管道论坛”执委会会议》，载《国际石油经济》，2010 (11)。

④ 创新型核反应堆与燃料循环国际计划是 2000 年国际原子能机构（IAEA）成员国为了确保核能作为一种可持续资源以用来满足 21 世纪的能源需求而通过的一项决议中提出的倡议。参见 J. Kupitz，“International Project on Innovative Nuclear Reactors and Fuel Cycles (INPRO)，” ICAPP03，2003，p. 3110。

⑤ 第四代反应堆国际论坛是由美国领导为探讨核能的中长期发展而发起的多国倡议。参见 T. Abram and S. Ion，“Generation-IV Nuclear Power：A Review of the State of the Science，” *Energy Policy*，Vol. 36 No. 12，2008，pp. 4323-4330。

⑥ 1998 年 4 月正式生效的《能源宪章条约》是能源领域内迄今唯一的多边条约，它对推动和促进能源领域的贸易、投资和运输活动具有重要意义。条约主要分为投资保护、能源贸易和运输保护、能源效率及争端解决等几方面作用。参见 Energy Charter Secretariat，*The Energy Charter Treaty and Related Documents*，Brussels，2004。

前两个倡议主要涉及天然气运输领域的基础设施建设，提出了通过对地区天然气运输系统实行联网计划，提高地区整体能源供给安全的设想。创新型核反应堆与燃料循环国际计划涉及核能技术方面的多边合作①，而《能源宪章条约》则是一个规范多国能源投资的法律框架。以上所有被选择的案例都含有“国际能源合作倡议”的完整组成部分，包括倡议的目标、机制、行为者的构成、初始化的驱动力量和阶段性任务等。

二、“国际能源合作倡议”的实施阶段与行为体

“国际能源合作倡议”的行为体是指那些参与倡议生命周期所有阶段的参与者，同时也包括那些直接因倡议的活动而受到影响的利益相关者。这些行为体产生于日常公共生活、商业活动和民用部门之中，具有相同性质的驱动力，以促使它们被纳入倡议的实施进程之中。“国际能源合作倡议”的实施过程中存在着两个不同的阶段：初始化阶段和执行阶段。在生命周期的终结点，倡议可能会最终实现其预设的目标，或是正式地放弃初始的目标，或是进入一个“长期性的良性忽视”② 阶段。在“国际能源合作倡议”的整个生命周期内，共有四种行为体存在并发挥着相应的作用。

第一种行为体为公共部门即政府间国际组织，具体包括能源宪章条约组织、亚洲发展银行（ADB）、亚太经合组织、东盟、G8、石油输出国组织、国际能源署、联合国和世界银行等。这些政府间国际组织是许多“国际能源合作倡议”的起源，为倡议的实施提供了协商平台以及来自政府机构的相应支持。虽然只有相当少的一部分政府间国际组织是完全致力于能源事务的（如石油输出国组织和国际能源署），但大多数政府间国际组织都具有为了应对能源事务或处理与能源相关程序而专门设立的部门③。从某些方面来说，这些国际组织是作为某种国际机制来促进国际合作活动得以顺利实施的。

第二种行为体为国家政府。在参与国际合作的所有行为体之中，国家政府最具

① M. Moriwaki, A. Rao and A. Omoto et al., “Status and Prospective of the International Project on Innovative Nuclear Reactors and Fuel Cycles (INPRO),” 13th International Conference on Emerging Nuclear Energy Systems, ICENES, 2007.

② 所谓被“长期性的良性忽视”的“国际能源合作倡议”，是指一个虽然并未完全失败，然而却在在一定时期内被非恶意地加以忽视，并且以不确定的性质延续下去的倡议。这样的“国际能源合作倡议”进展缓慢，但未来在需要的情势下会得以复兴。

③ 如联合国下设的联合国原子能发展机构、东盟的能源部长级会议等。

影响力。由于其内在的责任，国家政府通常与国际组织和其他国家政府相互动，既为了自身的权利和利益，也为了国内相关部门的部门利益。这种复杂的、双向的关系的阐释如图 1 所示。

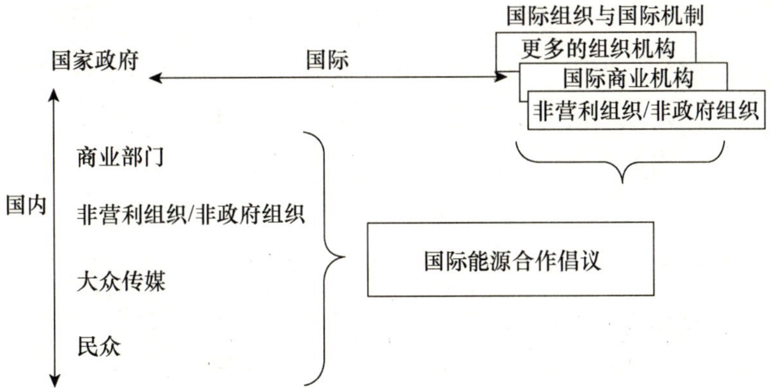

图 1　国家政府间的互动

在倡议中政府扮演的最重要的角色是在对国内各行为体的整体收益和最终成本的评估的基础上做决策者。一般来说，一国国内成熟的政治和社会机构会协助该国政府做出此类评估。国家政府与其他行为体相区别的一个重要特征是它们往往会受限于国内经济体的反馈，因而对倡议实施过程中不断变化的国内外环境更加敏感。

第三种行为体为商业部门。能源商业部门是所谓的"寻租实体"，涉及能源提取、转化、运输、批发或零售贸易以及与能源相关的服务业（诸如研究与开发、教育、培训、金融）等所有与能源相关的事务。与国际能源合作相关的能源商业活动包括：为了实现市场的外部性目标（诸如提供社会能源服务、缓解能源来源的环境问题）而履行共同契约，减少温室气体的排放，推广新能源与可再生能源，以及技术开发等。例如，致力于专业性合作项目的可再生能源及能源效率伙伴关系计划（REEEP）或世界可持续发展工商理事会（WBCSD）提供的一个力图为能源相关共同体内的各成员建立共同利益的纽带，并且促进信息流动以加强与相关商业部门、公民社会或政府组织之间联系的倡议团体联盟。

第四种行为体为公民社会①。在倡议中作为行为体的公民社会包括在国内和国际层面活动的各种组织，如学术协会、非政府组织、倡议团体、媒体乃至社会成员个体。国际性的专业组织团体，如国际天然气联盟（IGU）和世界能源理事会（WEC）也是在倡议中极具有影响力的行为体。这些行为体的数量、多样性，以及

① 这里的"公民社会"是指那些与政府机构相平行的民间组织和自治团体。

未来的影响力正随着国际交流和资本流动的发展而快速增长。考虑到在现代社会对资源的广泛需求，不同目标的社会团体趋向于将它们的目标和使命与获得可靠的能源服务途径、能源服务之环境可接受性等具体事务联系起来。

公民社会的活动包括：贯彻、执行、利用与能源效率相关的技术，推动建设环境友好型的建筑标准；组织与利益相关者有关的选举和教育活动；为决策者和商业部门设计、开展定期性的研讨会或培训课程；游说政府部门修订、改进、扩展法律和监管框架；引入新的金融机制到环保和清洁能源生产的商业活动中；等等。公民社会中的大众传媒是另一个较为特殊的行为体，由于国际能源合作的进程与民众的偏好和预期，大众传媒所扮演的信息和教育性的角色尤其具有影响力。毕竟，归根到底还是民众的意见和认同为政府提供倡议的合法性。而民众，从其个人角度看，将会最终获得经济和社会的收益，抑或是承担国际合作的成本。

“国际能源合作倡议”的行为体有其自身目标，偏好于那些能够满足自身需求和愿望的机制。推动“国际能源倡议”的相关行为体联合起来提出具体倡议并采取行动的是实现某些目标的共同意图，并且要求在这些目标的实现过程中总收益能够超过社会成本，同时能为能源工业和商业部门提供足够的激励以吸引收益。但是从另一方面看，这些收益是由市场外部效益产生的，因而要用与“投入与产出”之类的商业经济评估形式不同的范畴来加以表述。

尽管如此，驱使行为体进行能源合作的动力来源于行为体之间的能源资源禀赋以及经济体利益差异性，而非这些行为体之间的共性。罗伯特·基欧汉在《霸权之后：世界政治经济中的合作与纷争》中指出：“合作与和谐相比，需要的是为了迎合他人需求而进行政策调整的努力和尝试。也就是说，合作并不是仅仅基于共同利益，而且还由现实或潜在的利益不一致而引发。如果并不存在利益的不一致性，那样出现的就不会是合作，而会是完美的和谐状态了。”①

三、“国际能源合作倡议”的目标与分类

“国际能源合作倡议”的两个终极目标分别为能源安全和减少能源消耗对环境的影响即能源的环境可持续性。但“国际能源合作倡议”的个体目标与上述两个终极目标相比更具有时效性，内容也更为具体，尽管这些个体目标都是间接地为了终

① Robert O. Keohane, *After Hegemony: Cooperation and Discord in the World Political Economy*, Princeton, Princeton University Press, 1984, p. 290.

极目标的实现而确立的。“国际能源合作倡议”的设计趋向于强调这些目标的实现，因此在实现过程中采用了多种不同的类型。如表1所示，共有六种不同的倡议类型范畴被加以定义，以解释“国际能源合作倡议”为了实现终极目标所采取的不同途径。

表1　“国际能源合作倡议”分类系统

目标	类型
能源安全	基础设施发展
能源的环境可持续性	金融机制
	监管框架
	研究与开发
	信息共享
	教育与能力建设

“国际能源合作倡议”终极目标之一即为能源安全。[①] 很多国家目前正面临着能源资源在世界范围内分布不均、传统能源的有限性，甚至可再生能源缺乏导致的问题。要确保能源供给的安全，必须从整个能源生产和供应链出发以寻求解决一切可能的方案：从能源出口国到能源进口商、从能源基础设施的投资者到能源的最终消费者、从能源技术持有者到能源服务提供者、从国内能源研究实验室到地区的私人企业、从技术和金融监管者到法律监管者等。因此，“能源安全的关键是，通过对国际能源合作论坛的参与来实现能源国际合作”[②]。“国际能源倡议”的另一个终极目标为能源的环境可持续性。各种能源设施分布在整个能源供给链的每一个环节中，因而无论是本地的、区域性的乃至国际性的能源部门，都会对自然环境产生巨大影响。这方面的实例有很多，从煤炭露天矿引发的周遭水环境衰退，到大气污染，到太平洋的核放射污染物，再到据称是由温室气体排放（导致气候变暖）和二氧化硫污染（导致气候变冷）所导致的全球气候变化。

基础设施发展型的“国际能源合作倡议”由多个因素驱动，包括不断增加的能源需求和能源贸易量，汽车燃料供给的不安全，能源消费所导致的大规模环境影响（包括低能源效率所导致的环境破坏），大型天然气管道系统和电网所导致

① D. Yergin, “Ensuring Energy Security,” *Foreign Affairs*, March/April 2006, pp. 69-82.

② 举例来说，2006年G8会议提出的行动计划包含一个实现国际能源安全途径的设想：“……通过跨越多个相互联系的领域内的合作提高全球能源安全，诸如提高全球能源市场的同质性和稳定性，完善能源部门的投资环境，以及确保关键性能源基础设施的实物安全。”也就是说，提高能源安全的目标可以通过能力建设（在决策等级的高层）、信息交换和提升监管能力、完善金融机制、能源基础设施建设等途径实现。

的正协同效应，单一的经济实体所无法承受的对资本投资的过度需求，对核燃料循环采取的监督不足，对新能源和可再生能源的开发不足等。[①] 该类型倡议的工作重心在于建设金融、监管、技术、社会和政治框架，以支持和鼓励这些商业主导的活动。能源基础设施发展的国际合作也促进了参与者之间的政治合作进程，因而可能成为消除区域政治紧张的重要因素，或实现所谓“和平红利”的指示器。

金融机制型的“国际能源合作倡议”是指能够促进在能源部门或者与能源相关的环境部门投资的创新性的工具或基金。金融机制中的国际合作经常将其目标指向促进能源基础设施项目实现商业上的获利，从而推动投资资金的流入及其所引发的社会成本内化过程。鼓励参与者在此模式下进行积极合作的主要动因包括：缺乏合适的工具或机制，不稳定的投资市场，低回报率和启动资金不足，开发可再生能源以及研发提高能源效益的相关技术的高交易成本。

监管框架型的“国际能源合作倡议”是为了创造并维持某种旨在阻止对公共产品的滥用，提高国际信用，实现在国际和国内层面的技术与经济管理同步化的国际机制。[②] 基于对行为体的强烈依赖以及它们之间进行互动的本质，在监管框架下进行国际合作活动的动机包括国际政治关系、协同跨国能源贸易的发展、单个经济体的国际政治议程存在局限性、国际经济层面倡议的推广。

目前能源部门的研究与开发工作花费大、开发周期长，这是因为任何技术都会存在某种“复合性”的本质，因而其整体的进步通常是较为缓慢的。长期的、高风险的、高回报率的技术研发在某种程度上是一种只有那些强大的商业实体和富裕的经济体方可享有的奢侈品。因此，研究与开发型“国际能源合作倡议”以推动研究开发活动促进与能源供给相关的商业活动实现进展为目标。这种倡议的动力来自三方面的意图，即希望减少进口依赖度、希望提高能源效率和希望减少消极的环境影响。

推动在信息共享方面进行国际能源合作的动力包括：尽量减少相应的收集和分析成本而集中精力进行与数据和信息收集相关的研究活动的需求，提高公民社会的交流程度和教育水平的需求，传播知识和在专业人士之中推广最佳的实践模式。信息共享型“国际能源合作倡议”通过某种有效率的方式加以实施，信息共享有助于克服诸如语言障碍、多样性、不连贯性、资源分类与能量单位的不相容性、不准确的数据与信息、市场信号上的不同质性等因素对能源合作造成的种种阻碍。互联网

---

① A. E. Farrell, H. Zerriffi and H. Dowlatabadi, “Energy Infrastructure and Security,” *Annu. Rev. Environ. Resour.*, vol. 29, 2004, pp. 421-469.

② G. MacKerron and P. Pearson, *The International Energy Experience: Markets, Regulation and the Environment*, London, Imperial College Pr, 2000.

已经成为实施现代信息共享性质的"国际能源合作倡议"的关键工具。[①]

教育与能力建设型"国际能源合作倡议"旨在推动人力资本增长，提高社会的教育水平，传播非技术性的知识和最佳的实践，推动专家网络的扩展、对新观念的领悟，乃至对即将到来的国际能源问题达成共识。能力建设有时还会扩展到专业技术层面和政策层面，包括在重要的国际能源事务上采取报告或者专题讨论会的形式进行能力建设。教育过程与信息共享两者之间的显著区别在于教育者仅仅对个人层面的知识承担责任，而信息则是依据提供者自身的利益而供给的。国际合作中的对教育和能力建设的参与能够显著地在能源经济层面降低人力资源发展的成本。能力建设涉及从所谓的"蓝领"阶层到商人，再到世界主要经济体的政治家的人力资源水平提升，与国际能源合作的实施不可避免地存在本质上的内在联系，因此应当被视为在"国际能源合作倡议"所必须包含的活动。

四、样本群的检验方法及结果

对于亚太经合组织"国际能源合作倡议"的有效性检验来源于对所选样本群数据库的回顾和分析，检验结果如表 2 所示。检验方法基于对各类倡议"硬性"与"软性"的概念分类法则。"硬性"的概念是指那些追求基础设施发展、金融机制或监管框架的"国际能源合作倡议"，而"软性"的概念则同研究开发工作、信息共享、教育与能力建设的"国际能源合作倡议"相关。通过对 APEC 研究项目的数据库进行回顾和分析可以得出两条结论：第一，数据结果显示，获得实施的"硬性"倡议在数量上远远少于"软性"倡议，但其政治影响力却要大于"软性"倡议，且"硬性"倡议经常是在"软性"倡议获得实施的基础上进行的。第二，更进一步的分析表明，"硬性"倡议的实施数量与质量通常与倡议的行为者与利益相关者之间的信任程度成正比关系。也就是说，为了执行那些更加具有风险、同时投资花费也更大的倡议，首先需要在合作者之间构建起相互信任的关系。[②] 以人为本的教育与能力建设和信息共享活动是创造相互信任的前提。

---

① 例如，大量与国际能源合作信息相关的研究报告通过互联网发布，各种与"国际能源合作倡议"相关的组织机构也通过互联网以官方网站为媒介实现了资源的共享，甚至有很多专业性质的研讨会是通过互联网的形式而开展活动的。

② 例如，2006 年中国提出的关于加强中日印韩美五国在能源领域的互利合作，包括加强能源信息的交流、发展替代能源合作、加强前瞻技术研究等六点倡议，正是参与方之间缺乏必要的互信才导致该能源合作倡议并没有取得预期效果。而"跨东盟天然气管道建设"倡议的成功推进在很大程度上是因为该倡议的参与国之间形成了相互信任的良好合作氛围。

表 2　　倡议实施数回顾

指标	倡议实施数
全部回顾的“国际能源合作倡议”	126
目标：	
环境可持续性	72
能源安全	77
两者兼有	23
倡议类型：	
基础设施发展	20
金融机制	21
监管框架	39
研究与开发	45
信息共享	62
教育与能力建设	91

就目前的实施效果来看，“国际能源合作倡议”的有效实施面临以下尚未完全解决的困境，本文亦针对这些问题的解决提出了若干简要的建议和设想。

1. 政府与能源工业部门之间的不协调性

对于政府和能源商业行为体而言，预期的成本、风险与希望的收益经常是不对称的。“国际能源合作倡议”的市场外部性本质使得商业部门产生了求助于塑造（甚至是创造）国际能源市场的政治力量的动机，而政府只对更加复杂的权力博弈感兴趣，虽然它们知道这也需要实体经济的支持。因此，在寻求政府或商业部门对具体的能源合作倡议所提供的支持时，一定要考虑其中一方的收益与成本是否可以与另一方的相匹配。①

2. 政府间国际组织的身份重叠

政府间国际组织自身有一个无法克服的内在逻辑错误，即其身份的重叠使之不能准确定位。它既代表了国际组织利益，但也代表了每个成员的利益，这使得倡议在被提出与实施过程中经常在国际和国内两大利益之间左右摇摆。对于这个问题的

① 政府与商业部门的共同参与对于“国际能源合作倡议”利用各方的比较优势以实现其目标是有益处的，但是其回报对于各方参与者来说却很难是均衡的。这意味着，对于政府推动的倡议而言，应当认识到虽然在这些倡议的某些特定阶段确实可以为参与其中的商业部门创造机会，但是商业部门行为体不应该被期待能够表现出与政府相同的积极性（或投入相当的资源与努力），因为政府总是能够最终从其对“国际能源合作倡议”的投入中通过市场外部性收益获取更大的报偿。

解决，相关国际能源倡议的计划者或管理者应当意识到，在不同的倡议之间，这些相似的努力措施会使其拥有共同的行为者与目标，而这可以促进不同倡议之间实现相互协调与合作。

3. 倡议之评估和修正机制缺乏

如果相关的机制是低效率的，或者对目标的重视程度不足，那么“国际能源合作倡议”的进程将被延缓。要修正相关机制或改变目标，有时候仅仅依靠政治层面的决策进程是不足以完成这一任务的。复杂且长期性的“国际能源合作倡议”需要政策制定者设置定期审查的特殊内置设施才能获益。因此，评估与适应机制的建设对于“国际能源合作倡议”的可持续性是十分重要的。对于倡议的机制效率进行反复评估应当成为任何倡议实施策略的一部分，并且相关的管理者应当被授予向管理机构建议对机制进行修改的权力。

4. 倡议在实施过程中组织管理低效

“国际能源合作倡议”的有效实施依赖于有效率的、为支持实施工作而进行的组织管理。高效的组织管理工作必须包括三个要素：(1) 项目高层管理人员的积极工作；(2) 具有充足的资金资源渠道；(3) 各行为体之间有效率的合作。因此，挑选出能够有效应对各种挑战的杰出管理人员负责倡议实施中的具体管理工作是十分必要的。

结　论

“国际能源合作倡议”无论是用于双边合作还是多边合作，都不能被理想化地看作人类在能源方面应对挑战时的万能工具。[①] 因为“国际能源合作倡议”的目标与其实施的国际和国内机制容易产生“断层”，特别是与那些诸如商务部门与监管机构这样更加“有机性”的政策工具相比。但是，作为一项国际制度性事务，“国际能源合作倡议”对于全球能源的法律和监管机制、商业主导的市场活动、政府间的双边协议、区域或各经济体基层的工作都很有帮助。

① APERC, “Understanding International Energy Initiatives in the APEC Region,” available from http://aperc.ieej.or.jp/file/2010/9/26/APERC_2008_UIEI2.pdf., Tokyo, APERC, 2008, p. 53.

地区篇

亚太地区

一、2013年亚太地区政治经济形势综述

(一) 亚太国家2013年政治形势综述

2013年亚太地区各个国家政局总体表现平稳，个别地区存在不稳定因素。日本、澳大利亚、菲律宾等国相继进行总统或议会选举。泰国、新加坡出现社会骚乱现象。日本、澳大利亚追随美国重返亚太战略，协调相关外交和军事政策。朝鲜半岛依旧维持紧张局面。中国南海、东海的领土问题导致相关国家关系紧张。

1. 总体政局平稳，部分地区呈现出不稳定因素

2013年，韩国、澳大利亚、菲律宾等国实现政权平稳更替，新政府上台。2月，朴槿惠正式出任韩国总统。4月，马来西亚解散下议院，并于5月举行大选。同一时期，菲律宾举行国会中期选举，总统阿基诺领导的执政联盟取得胜利，菲律宾摆脱独裁统治以来首次出现总统掌控国会的局面。7月，日本举行参议院中期改选，执政的自民党和公明党取得胜利，改变了“扭曲国会”的状况。9月，澳大利亚举行联邦大选，反对党联盟以绝对优势击败执政的工党取得大选胜利。[①] 反对党联盟领袖阿博特成为新一届政府总理。

朴槿惠在2012年末仅以微弱优势赢得总统选举，在组阁和政策制定及执行方面仍然受到以文在寅为代表的革新派势力的牵制。[②] 马来西亚执政联盟“国阵”虽然取得下议院选举胜利，然而由于在解决种族平等问题方面长期没有明

---

① 参见邓黎：《反对党联盟以绝对优势击败工党》，载《工人日报》，2013-09-09。

② 参见吴宇桢：《朴槿惠执政新思路和新挑战》，载《文汇报》，2013-02-25。

显作为，导致所获席位数创造历史新低。[①] 菲律宾的国会中期选举结果再次显现世家政治的特点。[②] 日本以自民党为首的执政联盟控制参众两院，凸显左派政治力量的衰退。日本政治右倾化趋势进一步加强。澳大利亚 9 月的大选结果导致一年内出现两次领导人更迭，阿博特成为澳大利亚在 2013 年里的第三位总理。领导人频繁更迭反映了澳大利亚处于一个“多变”时期。悉尼大学教授皮帕·诺里斯及新南威尔士大学高级讲师梅拉尼·施瓦茨将“多变”的原因归结为三点，即权力分散导致政治分离、媒体政治影响选举格局和政企的个人关系复杂。[③] 然而，由于澳大利亚的两党制相对稳定，这种多变的格局并不能对澳大利亚的经济、外交和社会制度等方面产生过多影响。

泰国在 2013 年下半年再次出现反对党街头示威，并遭遇 2010 年以来最大动荡。街头政治已成为泰国政治的传统与特点。2005—2013 年间泰国更换总理 6 次，发生军事政变 1 次，红黄两派示威游行累计 1 000 多天，多个政党遭解散，审理和判决政治相关事件数十起，将近 200 名政治精英被禁止参政。[④] 有媒体分析认为，泰国的街头政治斗争主要是他信的支持者和反对者之间的派系斗争。由于他信的政治势力仍然存在，未来泰国政局两派对立状态仍将持续，未来走势仍不明朗。

新加坡在 2013 年末爆发独立以来最大规模的种族骚乱。与马来西亚一样，新加坡也是多种族聚居国家。近年由于外来劳工大量涌入，社会包容性逐渐降低，增加了出现社会不和谐甚至对立现象的概率。[⑤]

2. 日澳等国追随美国亚太战略，调整外交和军事政策

2013 年，日本借助美国实施重返亚太战略机遇，一方面协助美国，强化日美同盟关系，另一方面不断尝试突破传统的以防御为主的安保体系，确立“积极的和平主义”战略，推动和平宪法的修改。

2013 年 4 月，日本出台新“海洋基本计划”。该计划依据 2007 年通过的《海洋基本法》，从 2008 年起每五年修订一次。新海洋计划大幅增加涉及海洋安保内容，强调保护海洋安全，提出扩充海上安保厅和自卫队力量，加强离岛保护和海上航空安全。[⑥] 7 月，日本决定对 400 个无人离岛进行调查，借此划清领海界线，强化海

---

① 参见黄卫平、陈文：《新加坡与马来西亚的政局变化及启示》，载《光明日报》，2014-01-22。
② 参见陈永杰：《菲律宾大选：世家政治与既得利益》，载《21 世纪经济报道》，2013-05-17。
③ 参见赵琪：《“多变”成为澳大利亚政坛关键词》，载《中国社会科学报》，2014-02-10。
④ 参见凌朔、刘一楠：《泰国政局波动持续八年为哪般》，载《人民政协报》，2013-11-30。
⑤ 参见潘寅茹：《新加坡爆发独立以来最严重骚乱外劳政策再起争议》，载《第一财经日报》，2013-12-11。
⑥ 参见冬木：《日本新版海洋计划意欲何为》，载《中国海洋报》，2013-05-15。

上监视机制。[①] 11 月，日本众议院通过设立国家安全保障会议（NSC，简称国安会）相关法案。12 月 3 日，美国副总统拜登访日，日美双方共同表示要加强日美同盟关系。[②] 4 日，日本国家安全保障会议正式成立。6 日，日本参院不顾民众游行反对，强行通过特定秘密保护法案，加强与美国的情报合作。[③] 日本国安会成立后即开始讨论并通过新版防卫大纲，并增加国防开支保障防卫政策实施。日本政府于 12 月 24 日通过 2014 年预算，防卫预算比 2013 年增加 1 310 亿日元。海上安保厅预算增加 95 亿日元，编制增加 100 人，同创历史新高。[④]

2013 年初，时任澳大利亚总理的吉拉德公布新的国家安全战略，强调要提升地区介入、强化数字网络防范和建立有效伙伴关系。[⑤] 该战略将东亚作为关注重点地区，将传统大国冲突和网站竞争作为国家安全思维的主要内容。为配合美国“亚太再平衡”战略，时任澳大利亚总理的陆克文于 9 月宣布将启动海军主要舰艇搬移计划，使澳大利亚能更迅速地对南太平洋的突发事件进行反应。为此国防预算将增长至 GDP 的 2%。[⑥] 澳大利亚的此种姿态符合美国智库战略与预算评估中心对澳大利亚在与美国同盟关系中地位的定义。该智库指出美国需要澳大利亚成为亚太地区的“英国”，澳大利亚应在美澳联盟中有效扮演“后勤管理员”、“瞭望塔”、“蓝水守护者”和“外围作战基地”四种角色。[⑦]

3. 朝鲜核问题前途未卜，海洋主权分歧依然存在

2013 年，朝鲜仍然不顾国际社会反对，无视联合国制裁决议，继续发射疑似导弹的飞行物，重启地下核试验，使得朝鲜半岛政治形势仍保持紧张状态。朝鲜一度提出重启对话条件，然而被美日等国拒绝，这使朝核危机陷入僵局。[⑧] 朝鲜重启开城工业园区和金刚山旅游谈判，并与韩国举办离散家属团聚活动，为紧张的半岛局势提供了缓和的机遇。[⑨] 然而，总体上在美日朝韩各自坚守己见、无法妥协的情况下，朝鲜核问题将无法解决，朝鲜半岛局势将持续紧张状态。

2013 年日本加强对包括钓鱼岛在内的离岛的主权争夺，中日间的钓鱼岛纠纷没有丝毫缓和迹象。中日两国海上警卫力量数次上演对抗，中日驻外大使就主权和

---

① 参见谢宗睿：《日本为何急于将 400 个离岛国有化》，载《光明日报》，2013-07-17。
② 参见金丙寅：《拜登亚洲首访日本数次强调日美同盟重要性》，载《第一财经日报》，2013-12-04。
③ 参见刘军国：《日本执政党强行通过保密法》，载《人民日报》，2013-12-07。
④ 参见刘俊国：《日本连续两年增加防卫预算》，载《人民日报》，2013-12-25。
⑤ 参见陈小方：《澳大利亚：新国家安全战略告别“9·11 时代”》，载《光明日报》，2013-01-25。
⑥ 参见苏展：《澳大利亚总理欲重启北迁海军计划》，载《东方早报》，2013-08-28。
⑦ 参见于森、刘强：《美智库：澳大利亚的四大任务》，载《中国国防报》，2013-11-19。
⑧ 参见王莉等：《各方就朝鲜对话条件反映不一》，载《人民日报》，2013-04-20。
⑨ 参见万宇等：《朝鲜半岛局势现缓和势头》，载《人民日报》，2013-08-20。

日本防卫扩张政策展开激辩，两国学者也围绕领土问题的历史解释进行论战。菲律宾的单边行动导致了南海紧张局势。中越间达成有关北部湾海洋及岛屿环境管理合作研究的协议，有力印证了“搁置争议，共同开发”原则的有效性和重大现实意义。

（二）亚太国家2013年经济发展综述

在世界经济低迷的影响下，亚太经济增长乏力。联合国亚洲及太平洋经济社会委员会（UNESCAP，简称联合国亚太经社会）2013年12月19日公布的《2013年亚太经济和社会概览：年终更新报告》指出，亚太发展中经济体2013年合计GDP增长率为5.2%，预测2014年这一指标将升至5.6%。该报告还分析指出亚太地区2012—2014年间地区GDP的平均增长幅度为5.4%，但低于该地区过去20年间6%以上的平均增长水平。在经济危机爆发前的2002—2007年间，亚太发展中经济体的平均增长幅度曾达到了8.4%。导致亚太地区经济增长放缓的一个重要因素是美国调整货币政策。2014年，由于美元因素的存在，亚太地区的经济增长仍然存在不确定因素。

亚太地区各个经济体在2013年也表现出不同的发展趋势。2013年日本经济开始复苏。日本经济新闻总结日本内阁府统计资料得出，日本经济2013年全年真实GDP增长2.3%。拉动GDP增长的主要是公共投资（增长14.6%）和住宅投资（8.6%）。① 这与安倍政府的无上限量化的货币宽松政策和大规模的财政投资政策密切相关。同时由于日本计划自2014年4月起将消费税提高至8%，导致“提前消费”的出现，变相拉动了内需。② 然而货币宽松政策在导致日元贬值刺激出口的同时也导致日本进口成本提高，增加了贸易赤字。2013年，日本贸易赤字达到106 399亿日元，较2012年增加83%，促使经常项目盈余创造历史新低。③

2013年韩国经济取得一定增长，增长率为2.8%，与国际货币基金组织预测的全球经济增长率（2.9%）基本持平。④ 在经济增长的同时，韩国经常收支顺差也创造了历史最高纪录，同时外汇储备进一步增加，海外贷款条件转好。这些意味着韩国经济逐渐走出原地踏步的困境。然而，韩国政府的财政信用却未见好转。标准普

---

① 参见日本经济新闻网站：http://www.nikkei.com/article/DGXNNS0010008_X10C14A2000000/。

② 参见金柏松：《2013年度日本经济增长或将达到2.5%》，载《经济参考报》，2014-01-14。

③ 参见张枕河：《日本去年经常项目盈余创新低》，载《中国证券报》，2014-02-11。

④ 参见张娜：《韩国经济呈缓慢复苏态势》，载《中国经济时报》，2014-01-08。

尔公司（S&P）、穆迪公司和惠誉公司三大信用评价机构对韩国的国际信用等级评价仍然保持在2012年的水平。

澳大利亚2013年的GDP增长率达到2.4%，低于2012年的3.6%。[①] 一个重要原因是作为国民经济支柱产业的采矿业和制造业发展失衡，即液化天然气（LNG）等能源产业发展迅速，但金属矿业及制造业发展迟缓。2013年，丰田宣布退出澳大利亚，同时美国铝业也于年底关停在澳大利亚的三家工厂。这些事件直接对澳大利亚经济增长产生负面影响，同时推高了其失业率。[②] 2013年澳大利亚失业率创造历史最高纪录，到2014年1月仍处于6%的高位。为阻止经济增长进一步下滑，澳大利亚政府一方面保持稳健的货币政策，在通胀允许的范围内继续维持低息[③]；另一方面通过出售国有资产来盘活经济，增加政府收入[④]。未来澳大利亚的经济发展动力仍将主要来自能源产业。BG和桑托斯的LNG项目计划于2014—2015年间投产。[⑤] 政府预计这将为澳大利亚经济的发展带来希望。

2013年印度尼西亚经济颇为动荡，GDP增幅降至5.78%。[⑥] 官方统计数据显示，2013年印度尼西亚出口增长5.3%，家庭消费增长5.28%，政府支出增长4.87%，国内固定资本投资总额增长4.71%。此外，受国内外多重因素影响，印度尼西亚的经常账户赤字在2013年第二季度升至98亿美元，相当于全年GDP的4.4%。印尼盾在2013年持续贬值，全年贬值幅度达到26%。受此影响，印度尼西亚的通货膨胀率也一度飙升至8.79%。然而，2013年第四季度的经济指标反映出经济转好的迹象。该季度重新出现贸易顺差，10—12月的顺差额分别为5 000万美元、7.76亿美元和15.2亿美元。

2013年马来西亚经济增长放缓。根据马来西亚央行数据，2013年马来西亚GDP增长率为4.7%，低于此前预估的5.0%～6.0%。[⑦] 由于出口增长放缓，同时政府主导的基础设施投资引发了对进口建筑设备和重型机械的需求，马来西亚的经常账户盈余也在不断收缩。经常账户持续走疲令马来西亚更容易受到国际资本流动的影响。外资撤出新兴市场引发马来西亚货币贬值。2013年马来西亚林吉特兑美元汇率降至历史最低点。

---

① 参见澳华财经在线网站：http://www.acbnewsonline.com.au/html/2014/australianews_0305/9963.html。

② 参见刘玉飞：《澳大利亚失业率创新高经济面临转型》，载《北京商报》，2014-02-26。

③ 参见双名：《澳大利亚：货币政策延续宽松》，载《第一财经日报》，2014-01-6。

④ 参见刘玉飞：《应对撤资潮澳大利亚向新兴国家支新招》，载《北京商报》，2014-02-14。

⑤ 参见王晓苏：《LNG能否成为澳大利亚经济救星》，载《中国能源报》，2014-01-20。

⑥ 参见新华网：http://news.xinhuanet.com/fortune/2014-02/05/c_119216417.htm。

⑦ "Malaysia's Economy to Grow Above 5 pct in 2014", *Malaysia Economic News*, February 12, 2014.

二、2013 年亚太地区能源形势分析

(一) 经济发展带动能源需求的持续增加

亚太地区是世界经济发展最快的地区，经济发展带动了能源的需求持续升高，该地区成为全球能源消费中心之一。2013 年 9 月 12 日，亚洲能源部长级圆桌会议在韩国首尔召开，OPEC 常务秘书长巴德里在本次会议上发表了名为《亚洲经济发展与能源需求展望》的报告。该报告指出：自 2000 年至今的十余年间，亚洲的原油需求量同期增加了 41.5%（800 万桶/日），而美洲和欧洲对原油的需求量都出现了下滑；2010—2035 年间，全球能源需求增长会超过 50%，原油的需求量将接近 1.09 亿桶/天，届时亚洲将成为世界上需求增长最快的能源需求体，亚洲的原油需求增长占全球增长的比重将达到 88%。① 2013 年 6 月 26 日在 *Energy Daily* 刊登的《亚洲投资 9 440 亿美元提高能源效率》一文中显示：整个“亚洲地区占全球一次能源消费量的份额将从 2010 年的 34%增加到 2035 年的近 56%，到那时，该地区大多数国家的自产能源只能供应其需求量的一半，从而将更大程度地依赖进口燃料”②。

(二) 各国出台相关法规政策，应对能源需求增长和节能减排

面对国内经济发展所带来的能源需求增加，同时为了应对金融危机以及实现温室气体减排的目标，亚太地区的能源需求国纷纷制定相关法规政策，促进节能减排。亚太地区国家一方面在国际市场上扩大进口渠道，实现能源进口的多元化，规避地缘政治风险，确保能源安全；另一方面促进传统能源和新能源的开发和利用，提高能源使用效率。

1. 日本

日本在 2013 年至 2014 年初之间出台大量能源相关法律和政策，继续对福岛核事故后的能源政策进行摸索与调整。

2013 年 6 月，日本政府发布《能源白皮书》，对 2012 年 8 月至 2013 年 3 月间

---

① OPEC，*Economic Growth and Energy Demand Outlooks in Asia*，available from http://www.opec.org/opec_web/en/press_room/2611.htm.

② 《亚洲投资 9 440 亿美元提高能源效率》，原载 *Energy Daily*，2013-06-26，转引自《中外能源》，2013 (9)。

的能源政策进行了总结。[①] 白皮书透露出安倍政府能源政策的新方向，即“零核目标并非能源战略核心”，在重启核电的同时还要推动核电技术的出口。[②] 2014 年 2 月，日本经济产业省提交新版能源政策基本计划草案。[③] 该草案是福岛核事故以来日本政府首个能源基本政策草案。该草案再次强调核电的重要性，指出核电仍是日本的重要电力来源。[④] 2013 年年中，日本开始实施新的核电站安全标准。随后，多家电力公司向具有审查权的原子能管制委员会提交申请，意在早日重启本地区核电设施，以摆脱停核所造成的巨额损失负担。日本在核电输出上也迈出新步伐。2013 年 5 月，日本和土耳其签署协议，日本公司将为土耳其建造核电站。这是日本公司首次在海外建设核电站。[⑤] 然而，尽管日本政府和企业积极推动取消“零核”，但核电站重启和技术出口仍面临很多困难。核电站重启预计将遭到来自地方政府和民间环保团体的反对，核电输出也将困扰于经验不足和来自对手的激烈竞争。在调整核电政策的同时，日本启动新一轮电改。[⑥] 2013 年 11 月，日本参议院通过电气事业法修正案，开始推动电力产业改革。该法案希望通过进一步引入市场机制，增加多元化电力供给，促进用电效率提高和公平透明的市场环境形成。

日本停核的一个直接影响是原油和天然气进口的扩大。根据日本财务省贸易统计，日本 2013 年进口 LNG 为 8 749 万吨，较 2012 年小幅增长；进口原油约 1.78 亿吨，比 2012 年小幅下降。降低中东依存度和促进进口来源多元化一直是日本油气政策的重点。2013 年，日本进一步加强与各资源国家合作，开拓国际市场。2013 年 4 月，俄罗斯石油公司（Rosneft）与日本丸红公司签署了一份在俄罗斯远东地区兴建液化天然气装置的协议。5 月，俄罗斯石油公司发布消息称与日本帝国石油公司（INPEX）签署了合作开发鄂霍次克海大陆架油田协议。同时，美国政府正式批准从 2017 年起向日本出口 LNG。[⑦] 日本还计划参与加拿大页岩气开发及对外出口。

LNG 和原油进口扩大导致进口价格随之升高，特别是 LNG 价格。2013 年，LNG 亚太市场价格为全世界之最。日本 LNG 进口价格为美国的 6 倍，欧盟的 1.5 倍，达到每百万英热单位 16.7 美元。[⑧] 为降低 LNG 进口价格，夺取 LNG 市场定价权，2013 年 5 月，日本政府宣布要在两年内于东京商品交易所（Tocom）推出全

① 参见日本资源能源厅网站：http://www.enecho.meti.go.jp/about/whitepaper/2013pdf/。
② 参见焦旭：《日本发布新版〈能源白皮书〉》，载《中国能源报》，2013-06-24。
③ 参见日本资源能源厅网站：http://www.enecho.meti.go.jp/category/others/basic_plan/。
④ 参见鲁道夫·赫特：《日本重启核电 Yes 还是 No?》，载《中国能源报》，2014-02-24。
⑤ 参见陈言：《日本核电：重启路遥拓市艰难》，载《中国石化报》，2013-08-23。
⑥ 参见杨素等：《日本新一轮电改的启示》，载《国家电网报》，2014-01-06。
⑦ 参见田泓：《日本瞄准加拿大页岩气》，载《人民日报》，2013-09-24。
⑧ 参见王晓苏：《日本拟建全球首个 LNG 期货市场》，载《中国能源报》，2013-04-15。

球第一份LNG期货合同。为此，日本积极争取从美国取得LNG进口许可。美国在2013年至2014年初之间先后许可Freeport LNG、Cove Point LNG和Cameron LNG等出口项目。住友商事、东京燃气、三菱、三井等日本公司已与相关方达成协议，预计日本总进口量将达到每年1 500万吨。[①]

2013年日本能源产业的一大亮点是可燃冰研究与应用方面的突破。2013年3月12日，日本从位于日本爱知县和三重县近海的东部南海板块海域地层可燃冰中成功提取了天然气，由此成为全球第一个从海洋可燃冰中分离出天然气的国家。[②]日本经济产业大臣茂木敏充在3月12日的新闻发布会上对开发海洋可燃冰寄予了厚望。他以美国页岩气革命为例称，希望能在克服技术难题后实现可燃冰的大规模开采，从而让可燃冰成为日本的"国产能源"。[③] 随后，日本石油天然气和金属矿产公司也表示，"争取在2019年3月前将可燃冰技术投入使用，并期望届时带来一种较为洁净的能源供应"[④]。统计数据表明，日本是世界上可燃冰探明储量较多的国家之一，可燃冰埋藏范围十分广泛，几乎遍布从北海道到冲绳的海域。这次开采的地点为爱知县渥美半岛南部70～80公里的东部南海海沟，这里埋藏着约1.14万亿立方米可燃冰，相当于13.5年的日本天然气消费量。[⑤] 根据推算，包括北海道周边海域和新潟县近海在内，日本近海共埋藏着7.4万亿立方米的甲烷水合物，能够满足日本国内约100年的天然气消费量。[⑥] 毫无疑问，从可燃冰中提取出天然气是能源史上的一次重大技术突破，也将提升日本在亚太地区的能源地位。

此次日本成功从海底可燃冰中分离出天然气，引发了全球关注，但仍有许多业界人士认为，可燃冰距大规模商业化开发还有一定的距离。[⑦] 首先，开采可燃冰会造成地质变化，甚至可能引起海岸斜坡滑动。其次，可燃冰是甲烷气体和水分子形成的笼状结晶，这种外面看起来像冰的物质是在高压低温条件下形成的，通常存在于大陆架海底地层及地球两极的永久冻结带，开采需要非常先进的技术。目前，可燃冰开采技术有3种，分别是热解法、减压法和注入化学试剂法。日本采用的是减压法。减压法开采率较高，但开采技术有待完善。再次，日本是个岛国，海啸和地震时有发生，这些不可控因素会降低可燃冰的开发速度。最后，由于可燃冰多藏于

---

① 参见陆鱼：《LNG期货市场：梦想照进现实》，载《中国石化报》，2013-06-07。
② 参见李跃群：《日本宣布已在海底分离可燃冰》，载《东方早报》，2013-03-13。
③ 参见钟成：《可燃冰会让日本成为能源大国吗?》，载《光明日报》，2013-04-06。
④ 参见杨思湘：《可燃冰点燃日本能源新梦想》，载《中国石化》，2013（7）。
⑤ 参见李跃群：《日本宣布已在海底分离可燃冰》，载《东方早报》，2013-03-13。
⑥ 参见李北陵：《日本能否圆梦"资源大国"》，载《中国工业报》，2013-03-20。
⑦ 参见蒋博：《日本率先开发可燃冰震动能源界》，载《中国石化报》，2013-03-29。

海底，开发需要铺设长距离运输管道，这将造成种种技术和成本问题。可燃冰虽然号称清洁能源，但一旦泄漏依然可能引发不可逆转的环境灾难，风险成本也是开发可燃冰不得不考虑的问题。[①] 尽管如此，技术上的突破还是为日本带来了能源上的新希望，未来日本或将改变现有的能源消费大国与生产小国的现状而跃升为亚太地区重要的天然气生产国家。

日本的可再生能源产业在2013年得到继续发展。根据彭博新能源财经数据，日本商用和公用领域2013年新增太阳能装机将达到6.1～9.4GW，从而成为仅次于中国的全球第二大太阳能市场。[②] 6月，日本在冲绳县尝试新的海上能源开发方式——利用海水温差发电。然而，日本开发可再生能源仍然任重而道远。相关的开发成本问题、环境污染问题和利益关系协调问题是可再生能源发展中亟待解决的问题。[③]

2. 韩国

韩国在2013年的能源政策的重心是调整核电政策和扩大LNG进口。

2013年，韩国的核电产业面临巨大挑战。韩国电力交易所年中数次发布电力供应一级警报，显示出韩国电力系统存在的重大供应隐患。[④] 其中最直接原因是核电站的劣质零部件及其涉及的腐败问题。韩国核电站的安全问题为核电的进一步发展制造了障碍。2013年11月，韩国安全行政部公布核能安全管理体系改革方案，决定从2014年起，韩国政府将对核电站主要部件进行跟踪管理，在核电站的修建和运营周期内对主要部件的磨损情况进行跟踪监督。[⑤]

2013年10月，韩国政府提出计划在2035年前将核能占能源总消耗量的比例从此前的41%缩减到22%～29%。[⑥] LNG和可再生能源在实现核能替代方面被寄予厚望。韩国将在2014年下半年正式实施碳排放法案。该法案计划到2020年在2010年排放量基础上减排19%。上述目标一方面将催生韩国国内碳排放权交易市场的产生和扩大，另一方面将有力推动韩国LNG的进口。由于电力行业将是减排的重点，发电领域煤改气的实施将导致韩国天然气发电的比例从2013年的27%提高到70%。[⑦]

2013年，韩国在可再生能源发电设备制造方面取得进展。晓星（Hyosung）公

① 参见李北陵：《可燃冰开发尚无法使日本成资源大国》，载《中国矿业报》，2013-10-12。
② 参见王晓苏：《日本今年或成全球第二大太阳能市场》，载《中国能源报》，2013-04-15。
③ 参见付饶等：《日本：可再生资源发展潜力巨大》，载《中国海洋报》，2013-09-05。
④ 参见顾金俊：《韩国电力供应为何频频告急》，载《经济日报》，2013-06-09。
⑤ 参见薛严：《韩国新设核能安全管理机制》，载《科技日报》，2013-11-29。
⑥ 参见李慧：《韩国脱核推升亚洲LNG需求》，载《中国能源报》，2013-10-21。
⑦ 参见西尔维奥·马卡奇：《韩国碳交易市场值得期待》，载《中国能源报》，2013-05-27。

司开发出韩国首台大型海上风力发电用5.9兆高压永磁同步发电机。该设备将应用于韩国即将建设的2 500MW海上风力发电场。[①]

3. 澳大利亚

2013年，澳大利亚在非常规油气领域取得长足发展。2月，Linc能源公司发布报告显示，位于南澳大利亚州的阿卡林加盆地发现页岩油藏，储量从36亿桶到2 330亿桶不定。[②] 此外，从沿海的昆士兰到澳大利亚西北部的6个盆地也发现多达437万亿立方英尺的页岩气资源。仅次于埃克森美孚的美国第二大石油企业雪佛龙公司在2013年2月表示，将斥资3.49亿美元从海滩能源有限公司购买澳大利亚库珀（Cooper）盆地的页岩气资产，其收购面积达到81万英亩。海滩能源公司自2012年起在该地区的第一批两个非常规天然气勘探井Holdfast-1和Encounter-1总流率约200万立方英尺/天。雪佛龙公司期望通过购买澳大利亚的页岩气资产来复制美国国内的非常规天然气的繁荣。而雪佛龙公司目前已领导位于西澳大利亚州两个总价值800亿美元的液化天然气项目的开发，这两个项目分别是高更液化天然气项目和惠斯特斯通液化天然气项目。

另外，澳大利亚Armour能源公司在昆士兰地区扩大了其开发面积，并于2013年底开展对该区域的天然气和页岩气的探测；AWE公司和Origin能源公司2013年2月7日表示，正在研究商业化开发澳大利亚北珀斯（Perth）盆地Senecio致密气埋藏的可行性；Norwest能源公司2013年2月19日宣布，在西澳大利亚珀斯盆地开采出页岩气，其流率可达35万立方英尺/天。[③]

澳大利亚政府也开始积极推动国内新能源开发项目。政府设定了到2020年使可再生能源在供电中所占的比例提高到20%的目标。在澳大利亚的众多清洁可再生能源之中特别值得一提的是波浪能。位于南半球的澳大利亚，在太平洋南部和印度洋之间，是典型的海洋国家，丰饶的海洋自然资源为澳大利亚海洋可再生能源发展提供了重要的物质基础。澳大利亚第一个波浪能发电装置位于波特兰，单机容量1 500千瓦。澳大利亚政府计划待该试验电站通过验收后，再新建19个总装机容量约3万千瓦的类似电站。[④] 根据科研调查，澳大利亚具备巨大的海浪发电潜能，其南部海岸已被世界能源委员会认定为世界最佳的海浪能利用地之一。目前，澳大利亚科学家已绘制出该国南部海岸最佳海浪能利用区域图，范围从西澳大利亚的扎雷

---

① 参见牛序谋：《韩国晓星公司成功开发5.9兆瓦海上风力发电机》，载《中国船舶报》，2013-10-23。

② 参见毛琳：《澳大利亚或是下一个石油超级大国》，载《中国石化报》，2013-08-30。

③ 参见《澳大利亚页岩气开发进展》，见中国石油新闻中心网站，2013-12-18。

④ 参见于保华：《澳大利亚：多项政策扶持海洋可再生能源》，载《中国海洋报》，2013-08-01。

顿一直延伸到塔斯马尼亚的国王岛。英联邦科学与工业研究组织的研究表明，到2025年，澳大利亚海浪能可满足其10%的电力需求。[①]

2013年澳大利亚能源政策的最大变化来自于碳税的废除。澳大利亚政府于2011年设定了在2020年要使温室气体排放量比2000年削减5%的目标。征收碳税就是旨在实现这一目标的主要政策。从2012年7月起，针对年二氧化碳排放量超过一定规模的企业，按照1吨二氧化碳征收24澳元的标准进行征税。然而碳税的征收不仅推高了电费、水费和燃油费的日常生活支出，也打击了澳大利亚的竞争机制。[②] 自由党政府在竞选时便承诺废除碳税。碳税的废除并不意味澳大利亚放弃减排目标。自由党政府计划通过实施向那些将碳排放量降到一定水平的企业提供补偿即政府补贴的方式替代碳税，继续推动减排目标的实现。此外，澳大利亚政府还计划从2015年开始实行排污权交易制度。

4. **东南亚**

2013年，东南亚各国，特别是越南、马来西亚、泰国等传统油气生产国纷纷加大油气资源开发力度，调整国内政策以顺应国内外发展形势的需要。

印度尼西亚是东南亚地区传统油气生产大国。由于近年来国内需求不断增长，印度尼西亚油气产业政策的重点由出口向调节国内需求转变。2013年6月，印度尼西亚政府决定大幅上调油价，其中汽油价格涨幅约为45%，柴油价格涨幅约为22%。[③] 油价上涨一方面促进国内油气产品的合理消费，调节需求，另一方面为印度尼西亚政府节约大量财政补贴。与此同时，印度尼西亚继续加大油气资源的勘探与开发。2013年初，印度尼西亚国家石油公司公布年度投资预算报告，宣布将预算资金的46%投入上游开发。[④] 与此相呼应的是印度尼西亚能源矿产资源部也在2013年初向财政部提交减税方案，降低油气产业的法人税、增值税和开采设备进口税等。[⑤] 在上游产业中，页岩气开发是印度尼西亚发展的新方向。2013年5月，印度尼西亚国家石油公司正式开始对位于苏门答腊岛北部的Sumbagut区块进行页岩气勘探作业。[⑥] 该项目是印度尼西亚首个页岩气项目。

印度尼西亚国内天然气消费的迅速增长降低了它在LNG市场的出口份额。根据EIA数据，2013年，印度尼西亚退居卡塔尔、马来西亚和澳大利亚之后成为全

---

① 参见中国行业研究网网站：http://www.chinairn.com/news/20130802/135707409.html。

② 参见王小舒：《澳大利亚众议院通过碳税废除法案》，载《中国税务报》，2013-12-11。

③ 参见李国章：《印尼大幅上调油价引导结构调整》，载《经济日报》，2013-07-02。

④ 参见王林：《印尼国油2013年重点发展上游产业》，载《中国能源报》，2013-01-07。

⑤ 参见王英斌：《印尼推行减税政策鼓励油气增产》，载《中国能源报》，2013-01-07。

⑥ 参见王林：《印尼想复制美式页岩气革命》，载《中国能源报》，2013-07-08。

球第四大 LNG 出口国，占全球市场份额的 7%左右。[①] 由于国内需求的增长，预计印度尼西亚 LNG 的国际市场份额将进一步缩小。印度尼西亚政府已经计划增加 LNG 再气化设施，以满足国内需求。印尼国油计划在 2013 年至 2014 年底之间改造阿伦液化设施为再气化设施。印度尼西亚还在 2013 年底与美国 Cheniere 公司达成协议计划未来在 20 年间每年进口 380 立方英尺天然气。

越南在 2013 年 10 月底开始建设国内第二座炼油厂，以便进一步提高油品自给率。该炼油厂为越南建设 5 个炼油和石化设施计划的一部分。该建设由越南石油天然气集团公司与日本及科威特的石油公司合作实施，设计炼油能力为 20 万桶/日，计划 2017 年投入运营。[②] 同时，越南还与俄罗斯石油公司合作扩大已有的榕桔炼厂产能。越南炼油建设项目如果得到成功实施，将改变越南成品油进口国地位，使其成为成品油出口国家并改变亚太油品市场。

越南还大力发展核电产业。2013 年，越南计划到 2030 年建设 14 座核电站。[③] 其中两个核电项目已分别与俄罗斯和日本签订建设协议，将于 2014—2015 年间开工，预计 2020 年建成。

新加坡是世界三大石油交易中心之一。面对日益扩大的 LNG 市场，新加坡有计划发展成亚太地区的天然气交易中心。2013 年 3 月，新加坡裕廊岛 300 万吨 LNG 项目正式启动，其扩容至 600 万吨的建设计划于 2014 年达成。除 LNG 外，新加坡还计划扩大通过管道进口天然气的份额。[④] 新加坡的当务之急是寻找天然气供应源，以便通过竞争促进新加坡天然气市场的发展。

东南亚其他国家的国有石油公司在 2013 年也加快了国际合作步伐。2013 年 11 月，泰国国家石油公司宣布收购美国 Hess 公司在泰国和印度尼西亚的上游资产，进一步提高其在东南亚地区的上游实力。[⑤] 该公司还计划在 2020 年将国内外石油总产量提高至 60 万桶/日。马来西亚石油公司 2013 年计划在加拿大扩大投资，包括在不列颠哥伦比亚省西北部的鲁伯特王子港投资 90 亿～110 亿美元建设一座天然气液化终端和投资 50 亿美元参加横加输气管道建设。[⑥] 马来西亚石油公司还将在沙捞越州民都鲁海岸外约 180 公里处安装亚洲第一个浮动液化天然气（FLNG）装置，该装置计划于 2015 年第四季度启动，一年可生产液化天然气 120 万吨。该装置投

① 参见李慧：《印尼 LNG 出口风光不再》，载《中国能源报》，2014-03-17。
② 参见唐绍红：《越南炼厂影响亚洲石油贸易格局》，载《中国石化报》，2013-11-15。
③ 参见王英斌：《越南计划 2030 年建 14 座核电站》，载《中国能源报》，2013-03-18。
④ 参见王晓苏：《新加坡打造亚洲最大 LNG 终端》，载《中国能源报》，2013-07-29。
⑤ 参见王晓苏：《泰国油收购 Hess 东南亚上游资产》，载《中国能源报》，2013-12-09。
⑥ 参见李慧：《马来西亚国油拟大手笔进军加拿大》，载《中国能源报》，2013-10-14。

入生产后，将使得马来西亚液化天然气的总生产能力从目前的一年 2 570 万吨增加到 2 690 万吨。①

三、2013 年中国与亚太各国能源合作概况与分析

(一) 2013 年中国与亚太各国能源合作概况

1. 高层互访频繁，能源合作受到重视

2013 年中国新任政府领导人走访了亚太地区的一系列国家，强调了彼此合作的重要性，并表示要进一步深化在政治、经济、能源、外交等领域的合作。2013 年 4 月 9 日，中国国务院总理李克强在人民大会堂同澳大利亚总理吉拉德举行会谈。会谈后，两国总理出席了双方在可再生能源、融资、禁毒、发展援助等领域合作文件签字仪式。同年 4 月 25—28 日，澳大利亚总理吉拉德访华，正式启动两国总理年度定期会晤机制，中澳两国政府和企业在可再生能源、融资、发展援助等领域签署了合作文件。2013 年 5 月 2 日，中国外交部长王毅与印度尼西亚外长马尔迪在雅加达印度尼西亚外交部举行会谈，表示中方将鼓励中国企业参与印度尼西亚“六大经济走廊”建设，扩大对基础设施、资源能源、制造业、农业等领域投资，加快推进矿产加工产业园建设。2013 年 7 月 12 日，中韩两国在长沙举行“第一届中韩核聚变合作共同调整委员会”会议，就如何加强正在开发中的核聚变能源领域的技术合作进行集中讨论。2013 年 5 月 19—22 日，中国国务院总理李克强对印度进行正式访问。访问期间两国发表联合声明，表示在能源方面将进一步加强在节能环保、新能源和可再生能源、高科技等领域的合作；并相信发展民用核能是各自国家能源计划不可或缺的组成部分，有助于确保能源安全，双方将根据各自国际承诺，在民用核能领域开展双边合作。同年 10 月 22—25 日，印度总理辛格访问中国，期间两国签署了包括能源合作内容在内的 9 个文件，两国领导人还在会谈中着重强调要深化战略沟通与协作。

2. 上游合作继续得到加强

澳大利亚放宽对中国投资煤矿的限制。煤炭是支撑澳大利亚经济发展的支柱之一。2013 年，澳大利亚煤炭出口占其总出口额的比重达到 16%。中国是澳大利亚

① 参见吉桂明：《亚洲第一个浮动天然气项目》，载《热能动力工程》，2013 (2)。

重要的出口国。2012—2013年间，澳大利亚出口到中国的煤炭总价值达到389亿澳元。[①] 澳大利亚的煤炭资源吸引了中国企业前往投资。2013年，澳大利亚政府对中国煤炭企业放宽投资限制，鼓励中国企业扩大投资，以推动澳大利亚煤炭产业的发展。如12月11日，澳大利亚国库部长乔·霍基宣布解除中国兖州煤业对兖煤澳大利亚的持股比例限制。澳大利亚政府在2009要求兖州煤业在2013年12月底之前将其对兖煤澳大利亚公司的持股比例从100%降至70%，将其拥有的兖煤澳大利亚公司前身费利克斯资源煤矿的股权减至50%以下，并在2014年12月31日之前将其在Syntech资源公司和Premier煤矿公司的股权减至70%以下，以保障本国煤矿资源安全。[②] 然而经济形势的变化迫使澳政府取消该项限制。

中澳在油气领域合作也进一步加强。2013年初，河南南阳二机集团研制的两套职能斜直井钻机交付澳大利亚用户。这是我国油气钻采设备首次出口澳大利亚。[③] 此外，中国石油管道局局长赵玉建于2013年4月对澳大利亚纳坎普公司和创高公司进行访问，正式商谈共同开发澳大利亚管线项目。[④]

尽管南海问题仍然存在争议，中菲两国在油气开发方面还是取得进展。2013年10月，中国海油与菲律宾菲莱克斯矿业公司所属的能源公司在香港举行协商。[⑤] 协商围绕共同开发南海礼乐滩附近的一处油田。预计该油田包含大量油气资源，其中天然气储量估计在20万亿立方英尺左右。

中国和印度尼西亚之间的油气上游合作继续得到推动。2013年3月，中国石油大庆油田正式启动印度尼西亚Limau油田PQ区块项目。[⑥] 该项目是大庆油田在印度尼西亚市场的第一个一体化服务项目，也是大庆油田首个以技术换资源、以技术闯市场的海外油田开发项目，同时还是印度尼西亚历史上首个20年期的化学驱增作业合同。

3. 油气下游产业合作进一步深化

石化合作是中韩石油公司间合作的重点。2013年2月，中国石化四川维尼纶厂与韩国SK综合化学公司正式签署1.4-丁二醇（BDO）项目合资合同。[⑦] 根据协议，双方将共同投资在重庆建设20万吨/年的BDO装置。该装置为川维—爱思开BDO项目的一部分。6月，中国石化与韩国SK公司签署武汉80万吨乙烯项目合资

① 参见王霁平：《澳大利亚煤矿产业看中国市场“脸色”》，载《中国矿业报》，2014-01-11。
② 参见李春莲：《澳大利亚放宽对兖煤澳公司持股比例》，载《证券日报》，2013-12-12。
③ 参见陈芳芳等：《中国油气钻井装备首次出口澳大利亚》，载《中国工业报》，2013-01-31。
④ 参见张景涛：《管道局与澳大利亚两公司联手开拓市场》，载《石油管道报》，2013-04-09。
⑤ 参见黄翱：《中菲企业商讨探采南海油气》，载《东方早报》，2013-10-24。
⑥ 参见吴莉：《大庆油田印尼一体化项目启动》，载《中国能源报》，2013-04-01。
⑦ 参见宁彬等：《中国石化打造世界级天然气化工基地》，载《中国石化报》，2013-01-27。

经营合同。该项目总投资超过160亿元，预计成为中国中部地区最大的乙烯项目。7月，重庆商投石化有限公司与韩国GS集团签署股权转让协议。根据该协议，韩国GS集团将参与重庆市民营加油站的整合，并正式进入中国西部市场。[①] 7月，中国石化新加坡润滑油脂项目正式竣工投产。[②] 该工厂是中国第一家海外润滑油生产企业，产能为10万吨/年。该项目的启动是对中国石化炼化海外布局的一次成功摸索，对下游企业的“走出去”具有重要意义。

4. 电力和新能源领域是合作新方向

除煤炭外，电力和新能源领域是2013年中澳企业合作的重点之一。中国国家电网公司从2012年起开始对新加坡能源公司在澳大利亚的配电和配气资产（SPI-AA和SPAusNet）收购进行准备。2013年5月双方正式签署股权购买协议，并于12月得到澳政府批准。该收购是国网公司迄今为止规模最大的海外投资。[③] 神华集团于2013年4月与澳大利亚塔州水电集团签署《可再生能源开发战略合作协议》。双方将在风力、光伏、火力、燃气和水力发电及电力零售方面展开合作。

中国电力企业与东南亚国家间的合作也得到加强。2013年8月，陕西运维电力股份有限公司与中国电力工程有限公司完成菲律宾30万kW电站Mariverles电站的建设并正式投入运营。[④] 该电站业主为美国GN Power公司。此次电站建设和运营的顺利交接表明中国企业已逐步适应国际电力施工模式，并且具有按照国际标准在国际竞争中取得优势的能力。除上述两公司外，国家电网公司也在2013年底应菲律宾国家电网公司请求，组织技术团队帮助菲律宾进行台风“海燕”过后的电力抢险恢复工作。[⑤] 此外，中越间的电力合作也得到进一步发展。2013年，浙能集团在越南的翁安电厂项目进入最后安装阶段。[⑥] 瓮安电厂规划容量5 000MW，建成后将是越南最大的火力发电厂。该项目也是浙能集团的首个海外项目。

（二）中国与亚太各国能源合作所面临的挑战

从2013年中国与亚太各国能源合作的现状及各国的能源政策走向来看，中国与亚太各国能源合作主要面临汇率变化、LNG调价、资源国内需扩大以及能源文

---

① 参见高亮等：《韩国GS入渝未来加油更便宜》，载《重庆商报》，2013-07-13。

② 参见皮天福等：《中国石化新加坡润滑油脂项目投产》，载《中国石化报》，2013-07-17。

③ 参见郭纪文：《公司成功完成对新加坡能源公司澳大利亚资产股权收购的交割》，载《国家电网报》，2014-01-06。

④ 参见李冬梅等：《运维电力携手中电工菲律宾精进共存》，载《中国电力报》，2013-09-02。

⑤ 参见刘艳丽：《公司大力支援菲律宾国家电网灾后重建》，载《国家电网报》，2013-11-21。

⑥ 参见柴国荣：《浙能集团试水海外市场》，载《中国经济时报》，2013-12-13。

化差异四大风险与挑战。

1. 汇率变化风险

兖州煤业于2013年7月发布业绩报告，预计2013年上半年净利润将比同期减少75%以上。导致该公司净利润下滑的一个因素是煤价下跌，另一个因素是澳大利亚对人民币汇率的大幅下跌。[①] 兖州煤业的澳大利亚资产是其利润的重要来源。然而2013年4月开始的澳元对人民币汇率下跌，导致澳洲利润变相蒸发。由于汇率变化具有不可控性，难以预测，由此带来的投资风险将长期伴随企业。

2. LNG调价风险

随着国内外天然气需求的快速上涨，天然气进口价格逐渐成为中国企业海外扩张的一个重要风险。2013年6月，中国海油迫于压力同意提高与印度尼西亚现有LNG合同的购买价格。[②] 印度尼西亚与中国海油之间的LNG购买协议签订于2002年。随后，由于国际市场价格不断上升，印度尼西亚数次提出修改协议、提高价格的要求。与印度尼西亚相同，中国海油与澳大利亚之间的LNG合同也存在LNG涨价风险。面向广东大鹏湾的澳大利亚LNG合同签订于2004年。其购买价格虽然高于印度尼西亚LNG，但仍远远低于当今亚太市场价格。澳大利亚也曾数次暗示提高供应价格。印度尼西亚和澳大利亚两国的提价要求表明在当今LNG全球市场不平衡、亚太市场价格居高不下的情况下，LNG的价格风险不仅影响到未来LNG的开发，也已影响到现有LNG合同的执行。

未来亚太地区的天然气需求仍将不断上升，亚太市场LNG价格仍有很大可能保持高位。来自美国的LNG如果进入亚太市场究竟能带来多少降价效应仍是疑问。在这种情况下，可以预计中国企业的LNG进口价格也将维持高位，现有合同的价格修订风险仍将存在。应对这一风险的有效措施是：一方面加大LNG进口力度，通过量的增加来增强议价能力；另一方面是积极进入海外上游开发领域，实现一体化经营，从而转移下游定价风险，同时又确保进口资源量。

3. 资源国内需扩大风险

近年来，亚太地区以印度尼西亚、马来西亚、澳大利亚为代表的LNG出口国由于国内经济发展、碳排放政策实施等因素，国内的天然气需求逐渐升高。为了应对这种变化，确保本国国内需求得到满足，印度尼西亚已经出台强制规定，要求LNG供应商将总产量的25%用于供应印度尼西亚国内市场。类似的政策未来有可

① 参见李春莲：《兖州煤业海外扩张终酿苦果》，载《证券日报》，2013-08-01。

② 参见何清：《中海油接受涨价方案》，载《21世纪经济报道》，2013-05-15。

能在多国出现。

4. 能源文化差异风险

亚太地区存在多达21个经济体，不同国家和地区存在不同的能源文化。这些文化的差异给中国与亚太地区的合作既带来挑战也带来机遇。

日本、韩国等是亚太地区的能源消费国，且能源大量需要海外供给。国内资源贫乏的客观条件促使这些国家施行多元化进口战略和能源替代战略。澳大利亚、马来西亚、印度尼西亚、越南等是亚太地区传统的油气输出国，然而由于过度倾向发展上游产业，其下游炼化工业薄弱，在出口原油和天然气产品的同时需要大量进口成品油。随着经济的发展，这些国家的国内能源需求也不断增长。在这种情况下，这些国家需要在发展上游开采产业的同时发展下游的运输和炼化产业，以满足国内需求，促进贸易平衡。中国是亚太地区的能源生产大国也是能源消费大国，但更多的是以消费国的姿态出现，因此拓展海外市场、实现能源进口多元化是中国的战略选择。此外，中、日、韩、澳等国在可再生能源利用和能源生产设备方面各具优势，而东南亚国家则在此方面有所欠缺。

上述的能源文化差异极易导致亚太地区主要能源消费国之间产生资源竞争，同时由于战略重点不同，能源消费国之间、能源消费国与生产国之间又存在大量合作的机遇。在竞争中发现机遇、把握机遇促进合作将是中国企业在未来走向亚太市场过程中所面临的重要课题。

俄罗斯和中亚地区

一、2013年俄罗斯和中亚地区政治经济形势综述

(一) 俄罗斯政治经济形势综述

总体而言，2013年俄罗斯政治稳定性进一步加强，但政治和社会中的不安定因素依然存在，恐怖主义、民族宗教矛盾仍时有发生。俄罗斯外交表现出强劲的活力，外交强势明显，对优先外交伙伴的排序体现了俄罗斯的新外交战略。2013年由于内外因素双重影响，俄罗斯经济增速明显放缓，经济状况不甚理想，但没有出现重大问题。

1. 俄罗斯政治形势综述

(1) 政治稳定性进一步加强。主要表现在以下几个方面：

第一，普京对俄罗斯的领导得到加强。2013年12月，全俄社会舆论研究中心调查资料表明，普京成为俄罗斯2013年度政治家，其受欢迎的程度大大高于其他政治人物。

普京再次当选俄罗斯总统之后，俄罗斯进行了全面的政治体制改革，包括修改政党法、建立地方行政长官直选制度、放宽政党参选条件等。2013年9月8日，俄罗斯全国80个地区举行了直接选举，有54个政党和12个社会组织的11万名候选人参加竞选。这些体制改革措施虽然有一定的冒险性，却也是普京政治自信进一步提高的表现，并取得了良好的效果，反对派的活动被逐渐纳入合法渠道，反抗情绪得到缓解，国家政治权威得到有效巩固。

除加强法治建设以外，2013年，以普京为首的俄罗斯领导层更加重视社会领域的工作，关注不断增大的社会差距，不断推进反腐进程。2013年俄罗斯以法律

严厉限制官员拥有境外资产，以及要求官员资产和收入公开，都是明显例证。

第二，统一俄罗斯党的地位得到巩固。近些年来，统一俄罗斯党加强了自身建设，通过了一系列反腐法案，重视改善民意。2013 年上半年有 692 名官员因贪污受贿被处罚，8 名高官因在申报收入和财产中被发现问题而遭免职。[①] 统一俄罗斯党的这些措施赢得了民心，进一步巩固了其地位。2013 年 9 月 8 日，在 11 个地区举行地方行政长官直接选举中，统一俄罗斯党的候选人在 10 个地区获得连任。在 80 个地区的所有地方议会选举中，统一俄罗斯党都占据了多数议席。

第三，俄罗斯国内反对派力量遭到削弱。街头政治活动减少，参加反对派示威游行的人数有所下降。2013 年两次较大规模反对派抗议活动分别发生在 6 月 12 日和 10 月 27 日，前一次参加人数为 6 000 多人，后一次是在莫斯科市中心举行的“支持政治犯”游行，参加人数达 2 万，参加这两次活动的人数与 2011 年时的反政府游行相比明显减少。2011 年 12 月，一次就有 5 万多人参加反对派组织的抗议集会。俄罗斯执政党与发对派之间的紧张关系得到改善。在 2013 年 9 月 19 日的瓦尔代会议上，普京公开邀请反对派的著名领袖人物雷日科夫向自己提问，这被称为俄罗斯总统与反对派之间的“第一次历史性的公开对话”。到 2013 年底，普京同意遭逮捕的俄前石油寡头霍多尔科夫斯基获释后前往德国。执政党以一种更为自信的姿态对待反对派，显示出俄罗斯国内政治走向的一种良好态势。

尽管如此，俄罗斯政治的不稳定因素仍持续存在。俄罗斯是一个多民族国家，民族和宗教矛盾突出。据俄罗斯内务部长所说，2013 年 1 月至 10 月，警方制止了将近 438 起民族犯罪集团活动，追究了 1 187 名积极参与者和策划者的刑事责任。此外，发生于俄罗斯内部的恐怖袭击仍然堪忧，频繁发生的恐怖袭击事件已经使俄罗斯成为世界上不安全的国家之一。2013 年俄罗斯境内的恐怖袭击仍时有发生，包括 2 月北高加索地区达吉斯坦共和国发生的汽车炸弹袭击事件、5 月莫斯科西北部公交车爆炸事件、10 月南部城市伏尔加格勒发生的公交车爆炸事件、11 月中部城市库尔干市法院爆炸事件、12 月 27 日南部斯塔夫罗波尔边疆区皮亚季戈尔斯克市晚间发生的汽车爆炸事件。2013 年 12 月 29 日和 30 日，俄罗斯南部城市伏尔加格勒火车站和一个农贸市场附近的无轨电车上，接连发生两起恐怖爆炸。这些民族问题纠纷和恐怖袭击活动在一定程度上给俄罗斯内部政治稳定蒙上了阴影。

（2）对外战略逐渐明晰。与俄罗斯低迷的经济形势不同，2013 年俄罗斯外交

---

① 参见王宪举：《政治稳定经济差强人意外交不乏亮点—— 2013 年俄罗斯内政外交述评》，载《俄罗斯学刊》，2014（1）。

方面不乏亮点，强势外交十分明显，并延续到2014年的乌克兰克里米亚危机处理中，其外交战略思路也展现出新的特点。

俄罗斯的强势外交。苏联解体以后，俄罗斯保持着能抗衡美国的军事实力。俄罗斯的稳定和发展，成为改变1991年苏联解体以来国际格局失衡状况的重要因素，俄罗斯依然是国际舞台中发挥重要作用的大国。2013年底普京发表的年度国情咨文中宣告俄罗斯是“全球和地区稳定的主要保证之一”，显示了俄罗斯作为一个大国参与全球事务和地区事务的自信。

2013年的《俄罗斯联邦对外政策构想》指出，全球经济危机成为改变地缘政治格局的强大催化剂；西方国家对他国内政的干涉使得国际关系有陷入混乱和失控的危险；联合国的地位遭到某种程度的削弱；跨境威胁和挑战扩大；西方国家对外关系的意识形态倾向加强。所有这些都使得当今世界更加不稳定。世界变革既为俄罗斯带来了严峻挑战，同时也提供了新机遇，俄罗斯对外政策的目标是使俄罗斯成为现代世界有影响力和竞争力的中心之一。

俄罗斯的大国姿态与其强势外交相呼应。俄罗斯的强势外交体现在很多方面。对于独联体国家，俄罗斯一向将其视为他国不可触碰的“后花园”，积极推动欧亚经济联盟的建立，并努力发挥主导作用；对于以美国为首的西方国家则纵横捭阖，不乏强硬姿态；在亚太地区则是积极发展与亚太国家的关系，扩大俄罗斯的影响力。此外，在全球和地区热点问题上，俄罗斯则表现活跃，积极推动问题的解决。2013年以来，俄罗斯与美国在一系列国际热点问题和重大战略议题上针锋相对、斗争妥协。在2013年夏秋之交的“棱镜门”事件中，俄罗斯通过一系列巧妙的安排，在避免过度刺激美国的情况下，接受了斯诺登在俄罗斯避难居留。在迄今尘埃尚未落定的乌克兰问题中，俄罗斯也采取了一系列强势而巧妙的外交策略。为阻止乌克兰接近欧盟，2013年俄罗斯积极采取措施拉拢乌克兰，并暂时阻止了乌克兰签署欧盟伙伴联系国的协议。后期则与以美国为首的西方国家针锋相对，从派兵进入克里米亚，到接受克里米亚入联，俄罗斯都表现出一种强硬的姿态。

2. 俄罗斯经济形势综述

（1）经济发展状况不佳。2013年俄罗斯经济只增长了1.4%，同比为3.4%，没有达到预期值。经济其他指标也都在下滑：工业生产增速仅为0.1%，铁路货物运输量下降3%。投资负增长1.4%，对外贸易额负增长0.5%。俄罗斯财政部公布的最新统计数据显示，截至2014年1月1日，俄罗斯国内债务总额为5.722万亿卢布（约合1 646亿美元），比2012年初增加约15.0%。俄罗斯央行《金融稳定性简评》报告指出，2013年前10个月，由于主要经济部门活力不足，银行信贷资产质量下降。企业债务同比增长了22.3%，其中多数为外债。俄罗斯央行预测，在经济增速减缓的情况下，2014年俄罗斯企业境外融资难度明显增加，卢布贬值使得俄罗斯企业偿还外债成本增加。

在俄罗斯经济持续低迷的情况下，俄罗斯经济的基本面问题不大。通货膨胀率为6.1%，失业率为5.5%，住宅建设增长了12.1%，实际工资增长5.5%，居民的货币收入增长3.6%，特别是医疗卫生和教育等部门职工的工资和退休金实现了大幅增长。据世界银行评估，俄罗斯人均GDP达1.27万美元，已进入高收入国家的行列。[①] 2013年俄罗斯出现自1991年以来的首次人口自然增长，一半地区的出生率超过了死亡率。普京十分强调国家对社会的责任，积极兑现对民众的承诺，注重解决民生问题。俄罗斯联邦宪法保证了政府必须履行社会责任，相比同类发展水平的国家，俄罗斯的社会保障水平较高。俄罗斯的教育支出与国防预算相当，居民货币收入总额中来自政府的社会补贴所占比例高达18%，60%的家庭享受国家提供的补贴和优惠。

(2) 俄罗斯经济困难的原因。2013年俄罗斯经济表现不佳，是因为受到内外两方面因素的影响。

第一，世界经济整体疲软。首先，2013年，世界经济并没有完全走出危机的阴影。世界经济不振，外需不足，影响了俄罗斯经济的发展。欧盟是俄罗斯重要的贸易伙伴，俄罗斯对欧盟的贸易额占其贸易总额的60%，欧洲经济的衰退不可避免地波及俄罗斯。2013年，欧盟前三季度经济增长均为负增长，其对俄罗斯能源等原材料产品的需求减少。2013年前9个月，欧洲与俄罗斯近邻的国家减少了从俄罗斯进口石油、金属、机器设备及运输工具。俄罗斯对农产品和农业原料的出口也在减少。其次，2013年俄罗斯油气出口市场不振。由于欧洲经济疲软、页岩气革命等原因，全球油气价格特别是天然气价格有所下降。据国际能源署2013年11月的报告，2013年1—9月石油均价为107.7美元/桶，比2012年同期下降7.2%。另据俄罗斯经济发展部的数据，2013年1—9月俄罗斯天然气价格比2012年同期下降了3.9%。同时，其他原材料价格也在下降。1—9月，铝、铜、镍价格分别比2012年同期下降7.6%、7.3%与13.1%。[②] 由于俄罗斯经济严重依靠能源，油气价格的下降和出口的减少，必然会对俄罗斯经济产生影响。

第二，俄罗斯内部经济问题。俄罗斯2013年的GDP增速放缓主要是由经济结

① 参见左凤荣：《2013年：有喜有忧的俄罗斯》，载《学习时报》，2014-01-13。

② 参见陆南泉：《俄罗斯经济再陷困难》，载《经济观察报》，2014-01-06。

构不合理造成的，其新型现代化战略推进并不顺利。换言之，俄罗斯社会经济发展滞后的主要原因不是外部因素，而是内部因素。

首先，俄罗斯的经济结构不合理。俄罗斯经济严重依赖能源、原材料，经济发展呈现资源密集型的特点，制造业水平有待提高。国际货币基金组织指出，俄罗斯需要新的经济发展模式，其最近10年采用的主要依赖石油价格上涨实现经济发展的模式已不再有效。为了使未来5年经济增长超过3.5%，俄罗斯必须进行一系列结构性改革。其次，俄罗斯忽视知识产权、科研成果的保护。俄罗斯平均每265项科研成果中只有1项能得到法律的保护。知识产权买卖所产生的附加值对俄罗斯GDP的贡献不到1%。相比之下，美国为12%，德国为7%～8%，芬兰为20%。再次，由于制度问题，出口审批拖沓。在俄罗斯获得出口许可需要20多天时间，而在美国仅需要6天，在加拿大和韩国需要8天。最后，俄罗斯的劳动生产率落后于其他发达国家。

为了克服这些弱点，俄罗斯政府实施了一系列与提高职业教育质量、创造良好投资环境和发展技术有关的措施。如2013年11月3日，普京签署法律，成立俄罗斯科学基金会，旨在完善俄罗斯现有科研领域财政支持制度，为俄罗斯科学家从事科学研究提供保障。此外，俄罗斯还制定了扶持非原料产品出口的路线图。就发展模式而言，俄罗斯政府努力调整与市场的关系，致力于减少对企业经营活动的直接管理，为企业创造平等的竞争条件，继续实施私有化方案等。俄罗斯政府已经充分认识到原料密集型和能源密集型的经济模式不能促进经济的持续稳定增长，必须加快制造业特别是高科技技术密集型产业的发展，通过市场经济体制的自发调节来实现产业多元化。此外，俄罗斯政府也力图实现有质量的政府管理。

（二）中亚地区政治经济形势综述

1. 中亚地区政治形势综述

2013年中亚政治局势总体上保持稳定，但中亚地区三股势力依然活动频繁。然而，三股势力特别是宗教极端势力虽然比过去猖獗，却也不可过分夸大其影响。

就对外关系而言，中亚地区是大国角逐的重要地区。中亚国家在外交上奉行大国平衡政策。中亚国家力图左右逢源，从大国平衡外交中谋取利益，争取在地区安全合作中发挥主导作用。重视发展同中国、俄罗斯以及中亚邻国的关系，将发展大国关系视作其外交的优先方向。努力推进同伊斯兰国家的关系，积极参与地区经济合作。中亚国家推行务实的外交政策，对于中亚国家而言，吸引外资、寻求外援为国内经济建设服务是其外交重点。

具体来说，哈萨克斯坦作为俄罗斯最重要的盟友，其外交在加强与俄罗斯友好关系的同时，对俄罗斯表现出越来越强的独立性。2013 年 11 月，哈萨克斯坦和俄罗斯签署了《21 世纪睦邻友好同盟条约》，为两国进一步发展战略伙伴关系奠定了基础。哈萨克斯坦努力加强其在独联体、上海合作组织、独联体集体安全条约组织中的分量。乌兹别克斯坦的外交政策则向美国倾斜，重视发展同西方和亚太国家的关系。2013 年底，乌兹别克斯坦宣布废除与独联体国家签署的自由贸易协定。此外，2014 年乌兹别克斯坦计划接收从阿富汗撤离的北约部队。北约计划利用乌兹别克斯坦领土作为人员和物资的中转基地，并且不排除未来在乌境内驻扎军队。吉尔吉斯斯坦和塔吉克斯坦在加入“俄白哈关税同盟”问题上继续与俄罗斯讨价还价。土库曼斯坦拥有丰富的天然气资源，继续保持传统的中立立场，并积极向世界推销其天然气资源。

2. 中亚地区经济形势综述

2013 年中亚国家结合本国经济条件和内外环境特点，不约而同地选择了以扩大内需为主，保持经济稳定增长的经济发展思路，着力增强本国经济的抗危机能力，确保经济持续增长。其具体措施为加强国民经济基础设施建设，大力发展建筑业，加速发展服务业和旅游业。

中亚国家的上述经济政策收到了实效。总体来看，2013 年中亚地区经济呈现出以下特点：首先是工业化进程加快，如 2013 年，乌兹别克斯坦工业增幅达 9.4%，吉尔吉斯斯坦工业增幅高达 24.5%。其次是资源在经济发展中发挥了较大促进作用。①

2013 年 10 月 25 日，国际货币基金组织发布《中亚及高加索国家区域经济发展前景报告》，指出该地区国家经济未来可能继续保持较快增长速度，但由于主要合作伙伴俄罗斯和中国经济增速放缓的影响，经济发展存在一定下行风险。该组织预测中亚地区在 2013—2014 年间的年平均经济增长率约为 6%。其中，油气出口国家（阿塞拜疆、哈萨克斯坦、土库曼斯坦、乌兹别克斯坦）的经济增长率 2013 年为 6%，2014 年为 6.2%；油气进口国家（亚美尼亚、格鲁吉亚、吉尔吉斯斯坦、塔吉克斯坦）的经济增长率 2013 年为 5%，2014 年有望超过 5%。中亚国家的经济增长的主要原因被归结为石油天然气及其他资源生产保持增长和依靠移民汇款的内需稳定增长。②

① 参见《2013 年中亚国家经济实现稳定增长》，见中研普华财经网，2013-12-19。
② 参见《国际货币基金组织预测中亚国家经济发展趋势》，见凤凰网，2013-10-30。

中亚国家经济发展面临的主要制约因素有：第一，经济结构单一。中亚各国经济主要依靠能源等大宗原料商品出口和外来汇款，受外来因素影响大，从而导致经济增长波动幅度较大、物价水平反复变化等。第二，区域内合作规模有待提高，缺乏制度性安排。近年来，中亚国家在寻求合作伙伴方面，缺乏实质性的协作和沟通，导致地区内贸易额不断缩减，跨国交通运输体系的潜力得不到有效挖掘，在能源、电力和水资源等的利用上协作力度还很小。第三，政局存在的风险直接阻碍经济发展。

二、2013年俄罗斯和中亚地区能源形势分析

（一）俄罗斯能源形势

1. 能源生产

俄罗斯是世界油气生产大国，油气产量常年位居世界前列。2013年，俄罗斯仍然是全球最大的石油生产国，原油产量达到1 051万桶/日（约5亿2 330万吨），同比增长1.4%；天然气（含伴生气）产量达到6 680亿立方米，同比增加1%。俄罗斯国家预算一半以上的资金来自石油和天然气收益。①

俄罗斯油气产量的提高主要是由于政府实施东部开发战略，重视并加快发展东西伯利亚、远东和北极及沿海大陆架地区的油气勘探与开发。2013年，俄罗斯与中国、美国、挪威、日本等国公司签署一系列战略协议，通过国际合作模式推动包括巴伦支海、伯朝拉海、喀拉海、鄂霍茨克海、东西伯利亚高原等富油气资源地区的勘探与开发。俄罗斯的石油公司还继续“走出去”，与越南签署协议共同开发越南沿海大陆架。

俄政府正式批准2030年前俄罗斯境内管道规划路线，确立了境内主要油气管道的路线与建设周期。俄罗斯还继续推进油品深加工计划。俄罗斯能源部在2013年8月正式批准22座炼厂的新建和改建计划。

2. 能源出口

俄罗斯能源的出口主要包括原油、石油产品、管道天然气、LNG和煤炭等，其产品出口结构相对单一。俄罗斯在2013年继续推进出口多元化战略，在维持欧洲市场的同时，积极开拓亚太市场。即便在2014年4月，俄罗斯因乌克兰问题与

① 参见《俄罗斯2013年石油产量达到苏联解体后新高1 051万桶》，见汇通网，2014-01-12。

以美国为首的西方国家关系恶化之时，俄罗斯副总理阿尔卡季·德沃尔科维奇在中俄能源合作委员会双方主席会晤后仍旧指出，俄罗斯不打算因乌克兰局势恶化把能源的出口从西方转往东方。他指出，俄罗斯目前没有任何把石油、天然气出口从欧洲转往亚洲的打算。俄罗斯准备履行西方和东方的所有义务，如果市场有这种需求，将增加出口。

据俄罗斯燃料能源综合体中央调度局的数据，2013年俄罗斯出口石油2.348 6亿吨，与2012年相比减少2.1%。其中，向非独联体国家出口石油2.067 83亿吨，减少0.54%，向独联体国家出口石油2 807.8万吨，减少2.32%。2013年卢克石油公司通过俄罗斯石油管道运输公司系统向非独联体国家出口石油2 032万吨，与2012年相比减少27%，俄罗斯石油公司出口石油9 425万吨，同比增长2.8%，苏尔古特石油天然气公司出口石油2 882万吨，增长6.8%，俄罗斯天然气工业公司出口石油776万吨，减少34.99%，巴什基尔石油公司出口石油412万吨，减少9.3%。①

2013年，俄罗斯天然气出口量为2 049.11亿立方米，与2012年相比增长2%。俄罗斯最大的天然气生产商——俄罗斯天然气工业公司2013年的天然气产量为4 804.5亿立方米，较2012年减少0.4%。俄罗斯最大的独立天然气生产商诺瓦泰克公司2013年的天然气产量为621.67亿立方米，增长5.3%。2013年俄罗斯天然气国内消费4 562.22亿立方米，较2012年减少0.8%。2013年俄罗斯向非独联体国家出口天然气1 393.2亿立方米，增长23.9%，向独联体国家出口天然气510.95亿立方米，减少13.6%。2013年俄罗斯从其他国家进口天然气273.25亿立方米，与2012年相比减少13.7%。2013年俄罗斯向亚太国家出口液化天然气144.95亿立方米，较2012年同比减少1%。②

俄罗斯电力资源极其丰富，电力系统规模位居欧洲第一、世界第四，年供电量达1万亿千瓦时。俄罗斯联邦海关署最新统计数据显示，2013年全年俄罗斯电力出口量为183.82亿千瓦时，比2012年的191.43亿千瓦时减少4%。其中，俄对非独联体国家出口的电量为128.905亿千瓦时，较2012年减少0.8%；俄罗斯对独联体国家电力出口量为54.915亿千瓦时，较2012年减少10.6%。③

欧洲经济危机导致欧洲许多国家经济不振，对石油和天然气的需求量有所下降。俄罗斯的石油销量因欧洲经济衰退而下降。很多业内人士认为，出于长远战略

① 参见《2013年俄罗斯出口石油2.35亿吨减少2.1%》，见伙伴网，2014-01-09。

② 参见《2013年俄罗斯天然气开采量增加2%，出口量增加10%》，见俄罗斯新闻网，2014-01-08。

③ 参见《俄罗斯去年电力出口减少4%》，见新华网，2014-02-15。

考虑，俄罗斯的天然气出口的重心可能转向亚太地区。能源分析人士称，除出口石油之外，俄罗斯石油公司一直在和中国公司商议共同建设合资企业事宜，以便在东西伯利亚以北的俄属北冰洋海域开采石油。俄罗斯政府的许多举措都是关于如何进入亚洲市场的，而西伯利亚地区的发展也急需外来投资特别是来自近邻亚洲国家的投资。2012 年普京便呼吁俄罗斯天然气出口商向东看，充分考虑日益增长的亚洲天然气需求。有俄罗斯、独联体和欧洲问题分析家指出，俄罗斯的目标是不仅作为一个欧洲国家，而且作为一个亚洲国家发展。欧元区的主权债务危机以及页岩气的出现所导致的能源市场性质的变化，都促使俄罗斯政府在令本国的能源出口市场多元化以及打入日益增长的亚洲市场方面更具主动性。东西伯利亚—太平洋输油管道的建设正在帮助俄罗斯实现能源出口路线多元化的目标。

（二）中亚地区能源形势

哈萨克斯坦是中亚地区第一石油生产大国，也是非常重要的天然气生产国。根据哈萨克斯坦官方统计，2013 年哈萨克斯坦生产原油 164 万桶/日（约 8 200 万吨），较 2012 年增长 3.5%。哈萨克斯坦油气部部长卡拉巴林表示，哈萨克斯坦 2014 年的产量目标是 166 万桶/日，并期待到 2030 年达到 220 万桶/日（即突破 1 亿吨）。[①] 2013 年哈萨克斯坦天然气（含伴生气）产量达到每月 423 亿立方米。

2013 年哈萨克斯坦政府加大油气资源的地质调查和勘探力度。2013 年 10 月，哈萨克斯坦所属里海北部地区的卡沙甘油田正式开工。该油田是哈萨克斯坦近年发现的最大的油田，虽然由于管道事故导致生产一度中断，但预计 2014 年夏季可恢复生产。

哈萨克斯坦政府在 2013 年计划对国内炼厂实行技术改造，提高产品质量，减少炼化设施产生的环境污染。哈萨克斯坦政府计划到 2016 年将原油加工量提升至 1 750 万吨/年。在提高炼化能力的同时，为了满足日益扩大的国内对油品的需求，哈萨克斯坦政府于 2010 年制定了禁止部分油品出口的规定。2013 年 8 月，这一规定被延长至 2013 年底。

土库曼斯坦素有“中亚科威特”的美誉，其主要能源资源是天然气。土库曼斯坦已探明天然气储量高达 22.8 万亿立方米，排在世界第四位。2013 年，号称世界第二大天然气田的加尔克内什气田的投产带动土库曼斯坦的天然气产量提高 4%。同时，土库曼斯坦的原油产量预计实现大幅增长（约 6%）。

---

① 参见《2013 年哈萨克斯坦大型油田石油增产现状》，见国际石油网，2013-12-25。

乌兹别克斯坦也拥有丰富的油气资源，国土面积的63%位于油气凝聚带，是世界15大天然气生产国之一。2013年乌兹别克斯坦预计生产天然气约580亿立方米，同比增长2%；原油产量继续下降，降幅估计为5%左右。乌兹别克斯坦政府在2013年继续推行天然气化工产业发展战略，分别与韩国天然气公司、马来西亚石油公司、南非SASOL公司及中国石油签署协议，建设天然气化工设施。

塔吉克斯坦尚未发现储量丰富的大型油气田，油气资源在中亚五国中相对贫乏，国民经济发展所需能源严重依赖进口，特别是来自乌兹别克斯坦和土库曼斯坦的进口。吉尔吉斯斯坦能源资源十分贫乏，石油天然气资源短缺，不能保证其国民经济的独立发展，需要从哈萨克斯坦进口油气产品。

三、2013年中国与俄罗斯和中亚地区能源合作概况与分析

（一）2013年中国与俄罗斯和中亚地区能源合作概况

中国与俄罗斯和中亚地区在2013年能源领域的合作有了更大进展。俄罗斯和中亚地区是中国能源外交的重点战略区域。2013年习近平出访俄罗斯及中亚四国体现了俄罗斯和中亚地区在中国能源战略部署中的重要位置，并提出了发展新丝绸之路经济带的战略部署。2013年，中国加大投资与俄罗斯提高供给已成为能源深度合作的战略焦点，包括石油、天然气、煤炭、核电、特高压输电在内的中俄能源合作新格局已经形成。中国与俄罗斯和中亚地区现有的能源合作主要集中在煤炭、油气和电力等领域。

1. 煤炭领域

中俄两国一个是世界第一大煤炭消费国，一个是世界第二大煤炭储备国，天然的互补性让煤炭成为双方除油气、核能外的第三大能源合作重点。2013年8月，普京宣布重振俄罗斯的煤炭业，推动中俄煤炭领域合作取得新的进展。

中国与俄罗斯在煤炭领域的合作发展历程较长，合作日趋成熟。这一趋势在2013年双方的合作中也可以得到较充分的体现。2013年上半年俄罗斯向中国出口煤炭1 300万吨，全年预计达到1 500万吨。俄罗斯计划还要加大供应量。中俄煤炭未来合作潜力巨大，双方已经不满足于单纯的煤炭贸易。俄罗斯在俄境内利用动力煤进行火力发电，再将产生的电力资源出口给中国也将是未来具有可行性的合作模式。[1]

① 参见《中俄专家建议：两国煤炭合作可以更多样》，见新华网，2013-11-17。

2013年中俄煤炭领域合作工作组第二次会议在北京召开。中俄专家肯定了双方在煤炭机械贸易、煤炭资源综合一体化开发、煤炭加工和煤矿建设等方面取得的进展，并探讨了扩大煤炭贸易量、俄方企业申请中方贷款支持等问题。国家能源局副局长张玉清与俄罗斯能源部副部长亚诺夫斯基在北京共同主持召开中俄煤炭领域合作工作组第二次会议，签署了《中俄煤炭领域合作工作组第二次会议纪要》和更新的《中俄煤炭领域合作路线图》。中俄双方认为中俄煤炭合作不能仅满足于煤炭输出，还应进行多种形式的合作。2013年10月31日，俄罗斯杜马能源委员会主席格拉乔夫表示，俄中两国在煤炭领域合作潜力巨大，希望双方能在煤炭交易、建立发电站、技术引进等领域增进合作。

2. 油气领域

(1) 中国与俄罗斯。中俄能源合作取得新的突破。2013年，中国与俄罗斯的油气合作呈现出良好的发展趋势。2013年9月5日，在中国国家主席习近平和俄罗斯总统普京的见证下，中国石油天然气集团公司董事长周吉平与俄罗斯天然气工业股份公司总裁米勒签署了《俄罗斯通过东线管道向中国供应天然气的框架协议》。该协议为完成供气项目奠定了法律基础。周吉平还与诺瓦泰克公司总裁米赫尔松签署了《中国石油天然气集团公司与诺瓦泰克股份公司关于收购亚马尔液化天然气股份公司股份的股份收购协议》。这两个协议的签署，标志着中俄能源合作取得新的重大突破。中国不仅尝试直接投资、并购俄罗斯的油气企业，同时也开始通过参股控股方式对俄罗斯的油气资源进行间接投资。

在石油方面，截至2013年，俄罗斯已向中国以年均1 500万吨的速度累计出口4 000万吨石油。从2013年下半年开始，俄罗斯对华出口石油每年还追加600万吨。① 6月，俄罗斯总统普京会见了访俄的中国副总理张高丽。会晤中普京对外表示，两国将签署史无前例的大宗合同。俄罗斯未来25年每年将向中国供应4 600万吨石油，该协议总价值高达2 700亿美元。此外，2013年10月18日，中国石油与俄罗斯石油公司就建立合资公司共同开发东西伯利亚油气田签署了合作意向书。

在天然气合作方面，2013年3月习近平主席访俄期间，中国石油与俄罗斯天然气工业公司签署了开展东线天然气合作的备忘录，俄罗斯天然气工业公司计划从2018年开始，通过“西伯利亚力量”支线管道经布拉戈维申斯克边境口岸向中国供气，供气量为每年380亿立方米，远期每年可增加100亿～200亿立方米，合同

① 参见《2013是中俄能源合作“突破年”》，见中国电力新闻网，2013-11-05。

期为30年。[①] 2013年10月22—23日，俄罗斯总理梅德韦杰夫访华对中国进行了为期两天的正式访问。双方表示，俄罗斯天然气工业公司与中国石油天然气集团公司基本商定对华供气的定价公式，或在年底签署供气合同。这一步一旦达成，俄方将在2018年至2020年间就能开始沿东线管道对华输气，最大供应量达每年380亿立方米，并可继续增加到600亿立方米。[②] 这一数字约等于中国年天然气消费总量的1/3。除管道天然气外，中俄在LNG领域的合作也取得巨大进展。2013年6月，俄罗斯诺瓦特克公司与中国石油签署了一份年供气量不少于300万吨、合同有效期不短于15年的合作意向书。[③] LNG领域的合作将大大扩大中俄之间的天然气贸易规模，促进更深入的合作。

（2）中国与中亚地区。2013年，中国与中亚国家在跨国管道建设方面取得了巨大进展。2013年9月7日，中国国家主席习近平在哈萨克斯坦纳扎尔巴耶夫大学演讲时提出“丝绸之路经济带”的构想。能源合作是“丝绸之路经济带”建设的重中之重。中国与中亚在能源领域有着很强的互补优势，在“丝绸之路经济带”多领域经济合作中突出能源合作，符合双方发展战略的要求。能源合作是“丝绸之路经济带”建设的重头戏。中国与包括中亚国家在内的上合组织成员国、观察员国和伙伴国还于12月7日就组建能源俱乐部达成协议。

2013年中国与哈萨克斯坦的油气合作出现了新的突破。9月7日，中哈两国元首签署了《中华人民共和国和哈萨克斯坦共和国关于进一步深化全面战略伙伴关系的联合宣言》。双方将加快实施中哈天然气管道一期扩建（C线）和二期建设，双方鼓励和支持两国企业在油气田勘探开发、原油加工和扩大对华能源出口等新项目上开展合作。

在与土库曼斯坦的能源合作方面，9月，中国国家主席习近平和土库曼斯坦总统别尔德穆哈梅多夫在阿什哈巴德签署了两国关于建立战略伙伴关系的联合宣言。双方将采取相应措施，确保中国—土库曼斯坦天然气管道A、B线安全稳定运营，在各自责任范围内实施好阿姆河右岸天然气区块开发项目。双方将共同努力完成中国—土库曼斯坦天然气管道C线建设并做好输气准备，启动D线建设，确保2016年建成并通气。中国与土库曼斯坦经过协商敲定了中国—中亚天然气管道D线线路。中国还同乌兹别克斯坦、塔吉克斯坦、吉尔吉斯斯坦签署了D线过境协议。由此，中国同中亚国家间的能源合作又增加了一条新的蓝色大动脉。此外，2013年，

---

① 参见《中俄天然气合同签订再延期价格问题老调重弹》，见中国矿业网，2013-12-30。

② 参见《中俄天然气之恋：框架敲定只待“价”》，载《中国经济导报》，2013-12-28。

③ 参见《俄能源部长：2013年是中俄能源合作“突破年”》，见人民网，2013-10-23。

中资企业参与建设的位于土库曼斯坦境内的世界第二大单体天然气田——加尔克内什气田的天然气生产和处理实施、中哈天然气管道二期第一阶段巴佐伊——别伊涅乌段都举行了竣工投产仪式。前者为未来土库曼斯坦向中国增供天然气提供了稳定的气源保障；后者则保障中哈萨克斯坦南部地区用气，进而为扩大中哈天然气领域合作提供了便利条件。12月，中国石油与土库曼斯坦天然气康采恩签署年增供250亿立方米天然气购销等协议。[①]

在与乌兹别克斯坦的能源合作方面，9月，国家主席习近平和乌兹别克斯坦总统卡里莫夫签署了《中国和乌兹别克斯坦关于进一步发展和深化战略伙伴关系的联合宣言》。双方愿在油气领域进一步开展互利合作，双方将努力保障中国——乌兹别克斯坦天然气管道安全稳定运营。中国发展和改革委员会主任徐绍史和乌兹别克斯坦第一副总理阿济莫夫代表两国政府签订了《关于建设和运营中乌天然气管道的原则协议第二补充议定书》。中国石油集团董事长周吉平与乌国副总理伊布拉吉莫夫则签署了《关于乌兹别克斯坦白松和苏尔汗区块油气地质勘探和开发可行性研究谅解备忘录》及《关于成立合资公司补充勘探和开发卡拉库里投资区块油气田的原则协议》。周吉平还会见了乌国油公司董事会主席费祖拉耶夫，双方签署了《新丝绸之路石油天然气有限责任公司创建协议》和《新丝绸之路石油天然气有限责任公司章程》。中乌双方代表还和INDORAMA（新加坡）公司代表签署了关于三方共同在乌石油姆巴列克天然气处理厂建设天然气化工厂的谅解备忘录。

在与吉尔吉斯斯坦和塔吉克斯坦的能源合作方面，9月，国家主席习近平和吉尔吉斯斯坦总统阿坦巴耶夫签署了《中国和吉尔吉斯共和国关于建立战略伙伴关系的联合宣言》，对签署《中国政府和吉尔吉斯共和国政府关于天然气管道建设和运营的合作协议》表示欢迎。5月中国石油与塔吉克斯坦能源和工业部签署了进一步深化油气合作的框架协议。

3. 电力领域

中俄两国在电力领域的合作由来已久。2013年，中国与俄罗斯在电力领域的合作继续升温。为了保证中国东北地区能源充分供应，加快推进能源结构调整，落实两国政府能源交流与合作，中国国家电网公司与俄罗斯统一电力国际公司签署协议，共同研究开发俄罗斯西伯利亚和远东地区的电力资源，建设大型煤电输一体化项目，并通过高压或特高压跨国直流输电线路向中国送电。中国国

① 参见《中土签署年增供250亿方天然气购销等协议》，见新华网，2013-09-04。

家电网公司与俄罗斯东方能源公司在签订2013年购俄电量33.5亿千瓦时协议的基础上，下半年又增加购俄电量1.5亿千瓦时，从而使2013年的中俄贸易电量达到35亿千瓦时，全年购俄电量较2012年将增加36.08%。2013年3月22日，国家电网公司与俄罗斯统一电力国际公司签署了《关于开展扩大中俄电力合作项目可行性研究的协议》，双方计划研究开发俄罗斯远东、西伯利亚地区资源，建设大型煤电输一体化项目，通过高压或特高压跨国直流输电线路向中国送电。

（二）中国与俄罗斯和中亚地区合作所面临的风险与挑战

2013年，中国与俄罗斯和中亚地区间的能源合作主要面临以下风险与挑战：

1. 能源合作的政治风险

能源合作的发展深受政治环境的影响。稳定的政治环境有利于良好的投资环境的形成，反之亦然。中国与俄罗斯和中亚地区多年来能源合作的良性发展的一个重要原因是俄罗斯和中亚地区普遍存在相对稳定的政治环境。政治稳定为中国在俄罗斯和中亚地区开展国际能源合作创造了良好的外部环境。然而这种政治的稳定性在未来能否持续是中亚国家不得不面对的挑战。

中亚地区国家在政局稳定方面近期将面临领导人继承、北约撤军阿富汗和宗教极端势力三种挑战。这些挑战将对中国与中亚地区国家的能源合作产生外部影响。

中亚地区国家自苏联解体以来基本上建立了大致相同的权威体制。总统的个人威信成为中亚地区国家的统治基础。国际舆论在土库曼斯坦前总统于2006年底突然逝世时普遍为该国的未来政局担忧。虽然土库曼斯坦最终实现了政权平稳过渡，但权威体制下的对由领导人继承问题产生的政治风险的担忧并不能因此消失。哈萨克斯坦、乌兹别克斯坦和塔吉克斯坦的现任领导人均已步入高龄，这些国家的政权未来能否像土库曼斯坦一样实现平稳过渡需要进一步观察。

领导人继承问题直接影响的并不是能源政策的“继承”，而是政局和社会的稳定。一般认为领导人更替，特别是在对立政治势力取得政权的情况下，将导致经济政策的更替。然而由于能源产业对中亚地区国家异常重要，而中亚地区国家在资金和技术方面又严重依赖外资，因此中亚地区国家的任何领导人都将不得不格外重视对外能源政策。虽然可以预计未来中亚地区领导人继承问题不会对能源产业的总体政策环境产生过度影响，然而如果中亚地区国家不能顺利解决领导人继承问题，并因而造成政局不稳定甚至社会不稳定，就将增大包括中国在内的外国能源企业的投资与作业风险。这种不稳定如果没能得到控制，还将波及经济发展，从而影响能源产业的发展。

北约预定从阿富汗撤军和中亚仍存在的宗教极端势力也可能对中亚地区的政局产生影响。在北约撤军后阿富汗政府能否对国内政局实施有效控制仍存有疑问。如果阿富汗的宗教极端势力摆脱政府控制向中亚地区渗透，将极大影响中亚地区的政局和社会稳定。

中俄间的能源合作面临的政治风险跟中国与中亚地区间不同。中俄间的能源合作的政治风险主要表现在俄罗斯的政策模糊性和对外资的谨慎保守态度上。2013年，俄罗斯延续以往惯例出台大量与能源产业相关的法律法规。其中，解密国家储量信息、批准LNG出口自由化法案和2030年前俄罗斯境内管道规划路线在吸引能源外资和发展能源产业方面具有重大意义。然而，以往的经验表明，俄罗斯善于出台具有战略意义的前瞻性政策和法律文件，而缺乏为实施这些政策和法律所规定的目标所必需的具体政策实施细则和方法。俄罗斯的战略性的法规和指导文件从某种程度上看更像是在政府内部及企业间在具体实施政策不能达成一致时的某种妥协。中俄间的能源合作深受这种政策风险的影响。俄罗斯早在《2020年前能源战略》中就已做了对中俄原油和天然气管道建设有利的描述，但天然气管道建设截至2013年仍没有进展。若非2008年的金融危机导致俄罗斯石油企业融资链中断，中俄间原油管道就有极大的被束之高阁的危险。俄罗斯的政策模糊性与其政府及企业高管高调重视中俄能源能合作的表态形成鲜明对比，成为阻碍中俄能源合作的现实政治风险。

俄罗斯政府及社会舆论对外国政府控股企业参与俄罗斯能源开发持有高度的戒心。这是中俄间的能源合作面临的又一政治风险。俄罗斯对包括中国在内的所有外国政府控股企业进入其能源开发领域设有特殊审查程序，以防止油气利益受损。由于历史原因，俄罗斯对于中国的国家油气公司进入俄罗斯远东和东西伯利亚地区保持着额外的警惕。资源国为保护本国资源、保障国家利益而排斥外国企业是世界的普遍现象。对于资源国正当保护本国利益的行为，包括中国在内的能源需求国家应该给予理解。然而在俄罗斯，对外国公司特别是外国政府控股公司的警惕以及由此产生的资源民族主义要求从某种程度上看是俄罗斯内部进行资源争夺的借口与工具。中俄间20年来的能源合作已充分证明这一点。2013年，中国石油成功进入亚马尔（Yamal）LNG项目，并同俄罗斯石油公司共同成立合资公司开发东西伯利亚上游油气资源，这是中俄上游油气合作的一项重要进展。然而仍需清醒地认识到中国企业获得的是需要耗费大量资金和具有高投资风险的项目。以往的经验（如中国石油管道局援建远东管道部分区间）表明，如果中国企业不能很好地完成项目任务，就会遭到部分俄罗斯社会舆论的攻击，从而给未来项目合作造成不利的舆论环境。

2. 能源价格的挑战

2013年，中国与俄罗斯和中亚地区国家间的油气贸易主要通过管道进行。中国通过中俄原油管道大量进口俄罗斯原油，同时利用中哈原油管道进口哈萨克斯坦原油，利用中亚天然气管道进口土库曼斯坦和乌兹别克斯坦的天然气。管道在陆地运输方面具有其他运输工具无法比拟的优势。然而，管道的专用性也限制了其自身的发展，为管道贸易双方带来了潜在的风险，其中包括价格风险。

中俄间的天然气管道建设迟迟不能实施的主要原因之一是两国企业在天然气定价方面的分歧。管道使得供应方与需求方产生相互依赖，这是管道贸易与一般国际油气贸易的不同之处。虽然价格可以参照国际基准约定，但仍需双方协商认可，因为双方对彼此都具有唯一性，不可能通过寻求第三方的方式向对方施压。中俄间的天然气管道对双方都具有唯一性，因此同样需要协商决定；同时由于天然气的气源（西线气来自西西伯利亚，东线气来自东西伯利亚）不同及所属地区市场（西线气面临欧洲市场竞争，东线气面临亚洲市场竞争）不同，中俄双方对定价方式迟迟无法达成共识，导致管道协议无法签署和实施。中俄天然气价格分歧反映的是世界天然气市场的不平衡问题。这种不平衡既是世界不同地区间（亚太市场、欧洲市场和北美市场）的不平衡，也是中国国内市场与世界市场间的不平衡。随着国际石油价格的稳定和中国国内天然气价格调整政策的不断深化，这两种不平衡在某种程度上有所缩小，但在中短期内很难消失。天然气价格的地区不平衡性给中俄间天然气合作的开展和顺利发展造成了价格风险。

中俄原油管道贸易也具有潜在的价格风险。传统认为原油管道并不具有类似天然气管道那样的高价格风险，因为原油管道大部分最终指向开放市场。中俄原油管道由于只存在中国石油一个购买方和俄罗斯石油公司一个供应方，对双方都具有唯一性，因此也存在由协商不一致导致的价格风险。2011年中俄围绕原油管道的供油价格已经产生了价格分歧，虽然这种分歧经过将近一年时间协商和政治干预得到解决。然而，这种分歧是否只是“个别”且“偶然”的事件仍需历史的检验。可以肯定的是这种价格分歧与俄罗斯管道运费定价政策的模糊性密切相关，它实际上是俄罗斯的能源政治风险的另一种表现。

中国从中亚天然气管道进口天然气也面临价格上升的压力。由于中亚天然气井口价格和输气管道运费的上升，中亚天然气的进口价格随之上升。这种价格压力给进口企业造成了巨大的经济负担。由于国内价格上升空间有限和长输费用的存在，中国天然气企业在进口环节连年亏损，对企业的进口积极性造成了负面影响。中国天然气管道对供求双方都不具有唯一性，而中国对该管道的依赖程度更深，导致中国的议价能力受限。可以预见，中亚天然气进口价格将依照国际原油价格持续高位移动，这种状况与中国国内天然气价格上浮受限的状况共同造成了对进口企业的价格风险。

3. 管道过境的风险

管道运输的另一风险和挑战在于跨境运输所产生的管道过境风险。与中哈与中俄间的原油及天然气管道只通过两国境内不同，中亚天然气管道地跨土库曼斯坦、乌兹别克斯坦和哈萨克斯坦三国，中国需要过境才能输入土库曼斯坦和乌兹别克斯坦的天然气资源。管道的过境风险并不是任何时候都存在的。当管道对供应双方具有唯一性或一方比另一方对管道更加依赖，即出现“除此之外别无他法”的情况时，过境风险更容易产生。比如西欧和中欧存在大量管道过境国，但并未出现过境风险，主要因为管道对双方不具有唯一性或存在替代方式。俄罗斯与乌克兰间的过境危机主要在于俄罗斯对乌克兰具有依赖性。在中亚天然气管道问题上，中国对管道的依赖程度比中亚国家更深，因此所承担的过境风险更大。

管道过境风险主要表现在两方面：一是过境地区可能产生影响管道运营甚至导致管通中断的事件发生的风险，可概称为“安全风险”；二是过境地区要求额外供应管道运输商品的风险，可概称为“义务风险”。中亚天然气管道存在安全风险的可能性很低，一方面是因为中方是出资人且在管道公司中占有大量股份，可直接参与管道公司的运营，从而在制度上降低了安全风险发生的可能；另一方面，管道带动的能源出口对中亚过境国发展能源产业具有重要意义，并且从出口收益和过境管道运费收益两方面使过境国获取可观的经济利益。相较而言，中亚天然气管道发生义务风险的可能性很大。乌兹别克斯坦和哈萨克斯坦在基础设施还不发达但天然气需求提升的情况下，可能依据过境国的优势地位要求使用管道的供求双方提供所需天然气，甚至在出现支付危机时要求降低支付价格（如乌克兰对俄罗斯所为)。中国北方地区近年来，包括 2013 年，屡次出现冬季气荒状况，一部分原因在于国内供给和进口的落后与需求增速，另一部分原因则在于中亚气在过境时遭遇“义务风险”。2013 年，中哈天然气管道一期工程竣工，预计可以部分缓解中亚天然气管道的过境风险。

4. 来自内外部投资环境的挑战

中国与俄罗斯和中亚地区能源合作面临的外部挑战主要表现在以下两个方面：

第一，各国日益重视和参与俄罗斯和中亚地区的能源开发，给中国企业造成竞争压力。美日欧等国家和地区的国际能源企业较早进入俄罗斯及中亚地区的能源产业，占据了有利资源。中国企业在后发竞争中可选择机遇减少，不得不面对消耗更多资金和具有更大投资风险的项目。此外，在后发竞争中还存在来自印度、马来西亚等国的国家石油公司的竞争。与这些国际企业或国家石油公司相比，中国企业并不具备绝对的资金和技术优势。因此，如何在这种状况下赢得竞争将是中国企业长期面临的挑战。

第二，美国的页岩气革命及由此产生的出口可能既是机遇，也是挑战。美国的页岩气革命促使美国天然气实现自给，导致中东 LNG 出口转向欧洲，是俄罗斯近年下调对欧天然气出口价格的原因之一。美国的 LNG 出口亚洲也可能会促使俄罗斯放低姿态，与中国达成价格协议。然而这种可能性与美国的出口量及价格密切相关，具有很大的不确定性。相反，美国的页岩气革命及其开采技术的推广，促使许多国家包括中国加大了对页岩气等非常规能源的开发和投资力度。像这样新的投资对象的出现在某种程度上可能导致俄罗斯和中亚地区对中国企业的吸引力的下降，进而带动投资的下降。

中国与俄罗斯和中亚地区能源合作面临的内部挑战主要表现在以下两个方面：

第一，中国与中亚地区间的能源合作在某种程度上影响了中俄间合作。中国与中亚地区间的天然气管道的建设和运营增加了中国的天然气进口，在一定程度上缓和了中国对俄罗斯天然气需求的紧迫程度。同时，中国因此拥有管道天然气进口的实绩，掌握了管道天然气的定价规则，并以此作为同俄罗斯进行天然气价格谈判的实践依据，也是中俄间迟迟不能达成一致价格的原因之一。

第二，中国在中亚国家的能源投资面临过度投资导致的潜在的资源民族主义挑战。近年来，由于中国在中亚地区的能源投资不断扩大，中国企业在中亚能源产业中的影响力也逐渐扩大。2013 年，作为中国最大的中亚投资企业，中国石油在哈萨克斯坦的权益产量占其全国总产量的比重超过 1/3，而中国石油参与（即拥有权益）的全部项目的合计产量占其全国总产量比重超过 1/2。这一方面表明中国石油在与哈萨克斯坦的能源合作方面取得了巨大成就，为哈萨克斯坦能源产业发展作出了重大贡献，另一方面也引发了该国对中国石油过度投资的担忧。外资企业过大的产量比重和投资比重在政局不稳时极易成为政治攻击的对象。在当前的中亚格局下暂时还不会出现由于过度投资而引发的投资风险，但这种状况已经需要引起中国企业的高度重视。

综上，中国与俄罗斯和中亚地区的能源合作主要面临来自政治、能源价格、管道过境和内外部投资环境带来的风险与挑战。中国政府和企业需要时刻分析和掌握地区动态，不断总结经验教训，提高公关意识，冷静面对可能出现的风险与挑战，积极应对，以期促进地区能源合作的持续健康发展。

美洲地区

一、2013年美洲政治经济形势综述

(一) 2013年美洲政治形势综述

2013年，美洲地区不论是发达国家还是发展中国家，政治形势都不是非常乐观。

1. 美国

(1) 国内政治。

总体而言，2013年是美国内部政治形势比较混乱的一年，奥巴马政府第二任期面临诸多挑战。2013年11月初，盖洛普民意测验数据显示，奥巴马的支持率自2011年以来又创新低，民主党人对他的支持率跌至39%。美国有线电视新闻网(CNN)的民意调查结果显示，大多数美国民众不信任美总统奥巴马，他们认为奥巴马不是一位有成效的管理者。具体而言，53%的美国公民认为奥巴马并不总是诚实守信，该结果是自奥巴马就任美总统以来信誉度首次降到这一水平。40%的受访者认为奥巴马是一位有成效的管理者，这一数据较2013年6月降低12%。53%的受访者认为奥巴马并不是一位坚强和果决的领导者。美国《纽约时报》则称奥巴马是"陷入僵局的总司令"。美国内部政治形势不容乐观，奥巴马政府面临的诸多挑战具体表现如下：

第一，两党斗争极化。这一点涉及美国政治体制，美国宪法建立的政治体系充斥着政府机构间的相互制衡，这导致了美国政党呈现出愈发严重的两极分化趋势。美国两大政党把持国会参、众两院，在预算削减、枪支管控和移民改革、医疗改革等重要议题上斗争势头不减。两党斗争极化带来了一系列问题。

首先，政府停摆。由于美国民主、共和两党尚未解决新财年的政府预算分歧，联邦政府的非核心部门被迫关门。美国政府关门迫使几十万联邦雇员下岗，许多政府服务项目受限或关闭，并引发了一系列的民众抗议。抗议者对国会议员表示不满，并呼吁他们结束预算僵局。由于美国政府停摆，奥巴马没能出席2013年的APEC峰会。其次，社会改革方案难以实施。2014年即将全面推行的奥巴马医疗保险改革法案。2013年12月10日，美国两党达成未来两财年的政府预算案，这是国会两党多年来首次达成共识的预算方案。但是，这一“平衡的”法案并未对医疗保健、社会保险福利金等福利项目开支进行大幅改革，因而奥巴马对于民众的承诺尚未实现。

第二，社会领域改革进展艰难。奥巴马政府的医疗保险改革法案进入实质性生效阶段却接连受挫。奥巴马于11月14日就其医疗改革出现的问题公开致歉，并宣布将采取措施帮助保险合同被取消的民众。据美国有电视新闻网公布的联合民调结果，美国民众对医疗改革的支持率跌至新低。奥巴马医改法案甚至被众议院议长博纳斥为“滚动的灾难”。

第三，窃听丑闻。“棱镜门”事件的曝光凸显了美国网络信息安全存在的严重漏洞。长期以来美国占据自由与人权领域的制高点，“棱镜门”事件给了美国当头一棒。美国国内围绕保护公民隐私与维护国家安全的关系展开了激烈争论，国际社会对美国网络安全问题的双重标准产生了质疑。

第四，恐怖袭击。美国自“9·11事件”以来加强了反恐工作，波士顿恐怖袭击事件则在“9·11事件”后对美国本土形成了又一次强烈的冲击，它表明美国本土反恐形势依然严峻，引发了美国国内对反恐策略和安全政策的深思。波士顿恐怖袭击事件给美国内部政治稳定蒙上了阴影。

（2）对外战略。

2013年美国在国际事务中仍面临困境。虽然美国何时会动手至今仍不明朗，但奥巴马已经要求五角大楼再度更新对叙利亚实施军事打击的目标清单，扩大打击目标的范围，同时寻求美法两国战机共同执行空袭任务，并且督促北约其他国家派军队参加对叙打击行动。考虑到中东地区各种势力交织的复杂性，奥巴马在对叙动武问题上再次言行犹豫。

在伊朗问题上，美国希望通过外交手段解决伊朗核问题。9月27日，美国总统奥巴马与伊朗总统鲁哈尼就伊朗核问题及近来进展互通电话。这是美伊两国断绝外交关系30多年来两国总统首次直接对话。奥巴马认为解决好伊朗核问题无疑会是重塑美伊关系的重要一步，也有助于伊朗和国际社会改善关系，有助于维护中东地区的稳定。美方也会在与伊朗的接触过程中与以色列等盟友保持沟通。

美国页岩气的开发削弱了其对于 OPEC 国家的石油需求，一定程度上减少了 OPEC 在与美国进行能源谈判中的筹码。许多 OPEC 国家在能源出口方面受到了极大的影响，而美国在国际舞台上则有了更大的独立性和话语权。

此外，欧洲尚处于欧债危机的缓慢恢复期，因而美国的对外大战略是重返亚太。跨太平洋伙伴关系协议（TPP）将加深美国与亚太一些国家的联系，有助于巩固美国在亚太地区的政治与安全影响力，从而建立一个跨太平洋的伙伴关系和地区机制的网络，实现奥巴马政府亚太战略的重要目标。TPP 本来只是一个跨太平洋的多边自由贸易协定，但美国希望以 TPP 为平台扩大美在亚太地区甚至在世界范围内的影响力。因此，TPP 谈判已然成为美实现其亚太战略的重要途径。美国之所以如此看重重返亚太和 TPP，是出于其自身利益考量和长远谋略的。

2. 加拿大

较之美国而言，加拿大 2013 年的国内政治形势相对较为稳定。得益于它非常稳定的政治系统。总体来说，加拿大的社会政治稳定、法律制度健全、政策公开透明、基础设施完善。在加拿大的政治系统下，包括联邦、省在内的管理机构职责清晰，审核流程透明，效率也比较高。

在处理移民问题上，投资移民并没有给加拿大带来预期的经济效益，加拿大联邦政府于 2014 年 2 月在新公布的年度经济行动计划中证实，加拿大联邦政府将终结投资移民项目，已积压的 6.6 万宗投资移民申请被一刀切地拒之门外。这一议案在中国引起了较大的关注，公开资料显示，被拒绝的移民申请中有 5.7 万宗来自中国。

加拿大于 2013 年 12 月 6 日向负责《联合国海洋法公约》审查的大陆架界限委员会提交确定加拿大大西洋沿岸大陆架外部界限的报告，此外加拿大还提交了关于其北冰洋沿岸大陆架外部界限的初步情况报告。加拿大表示，通过为期 10 年的对海底大陆架延伸情况的科学调查，加拿大将向联合国主张对包括北极点在内的大片北极区域拥有主权。一旦获得联合国认可，加拿大将获得大约 120 万平方公里海域。北极地区向来是领土争端较为严重的区域，俄罗斯、加拿大、美国、挪威和丹麦等就大陆架延伸存在争议，各国都有自身的利益考虑与权衡，加拿大的这一举动会引起其他国家怎样的反应以及会对世界其他地区造成怎样的影响仍有待进一步观察。

3. 拉丁美洲国家

2013 年，拉丁美洲多个国家面临政治领导人的更替以及本国政策的巨大变革，同时由于受到一些社会性事件的影响，因而其政治具有更多的不稳定和不确定性。

（1）委内瑞拉。以委内瑞拉为例，查韦斯病逝，代总统尼古拉斯·马杜罗以微弱优势战胜反对党联盟候选人恩里克·卡普里莱斯，当选为新一届总统。若马杜罗原封不动地沿用查韦斯的经济和社会政策，不能及时提出一些行之有效的刺激经济增长、缩小贫富差距的举措，委内瑞拉经济结构及其发展恐将很难有质的飞跃，低收入阶层的生活也不可能得到持续改善。若百姓对新政府表示失望甚至不满，势必动摇马杜罗的执政基础。

（2）古巴。2月，古巴举行了第八届全国人民政权代表大会成立大会，新一届领导班子产生。劳尔·卡斯特罗连任古巴国务委员会主席兼部长会议主席，政坛新秀米格尔·迪亚斯·卡内尔当选国务委员会第一副主席，原古巴国务委员会副主席埃斯特万·拉索当选新一届古巴全国人民政权代表大会主席。另外，劳尔·卡斯特罗提议规定国家高层领导人任期，以保证领导层新老更替顺利进行。①

（3）巴西。6月，巴西国内爆发大规模的街头抗议活动，反对政府上调公交票价及巨额体育赛事支出，声讨官僚系统的低效和政府贪污腐败。这场街头群众抗议活动反映了巴西政治与社会内部的深层矛盾，官僚系统的腐败无能导致的社会负面效应逐步凸显出来。而这次事件也可能对巴西未来政局走向产生重要影响。

拉美国家政治的不稳定性和不确定性导致拉美地区整体上经济发展缓慢，失业率较高，从而引发了一系列严峻的社会治安问题。多年来，委内瑞拉主要城市经常发生抢劫、偷盗、绑架和枪击事件，有组织犯罪也较为嚣张。根据联合国发展计划年报，委内瑞拉谋杀率位居世界第三，70%以上的居民表示缺乏安全感。社会治安环境恶化不仅使委内瑞拉旅游业萧条，更令许多外国投资者望而却步。

（二）2013年美洲经济形势综述

2013年美洲政治形势在不同程度上对该地区的经济发展造成了负面影响。总体而言，美洲地区经济增长状况十分严峻。

1. 美国

美联储在2013年12月预测2013年美国GDP增长率为2.2%～2.3%，2014年为2.8%～3.2%。②

2013年美国失业率下降，但就业率仍旧不高。③ 尽管在如今的劳动力市场上

① 参见《2013年拉丁美洲十大事件》，见中国拉丁美洲研究网，2014-01-20。

② 参见梵宇等：《2014，美国经济走向何方》，载《国际商报》，2014-01-13。

③ 参见程实：《美国经济的七大潜在问题》，载《第一财经日报》，2014-01-07。

供大于求，但美国2013年总统经济报告指出，到2015年底，要将美国最低工资水平由7.25美元提高到9美元，让每一位努力工作的美国人都能够体面地生活。一方面，这一举措致力于提高美国国民的生活水平；另一方面，通过数据分析却可以发现提高最低工资水平并未对美国就业产生多么大的正面效应。

在税收政策方面，民主党主张增加税收，而共和党主张减少税收，并且将税收的增加视为对美国富人财富的侵蚀。奥巴马主张将税收用于缩小社会贫富差距，同时用来支持他所提出的医疗保险方案以及发挥刺激经济的作用。在货币政策方面，美联储是否准备退出量化宽松政策（QE）成为全球瞩目的焦点。明尼阿波利斯联邦储备银行行长NarayanaKocherlakota表示："削减购债规模的可能性来自劳动力市场的满意程度，目前没有充分证据表明美国经济已经好到可以退出量化宽松政策，而QE能够缓解美国政府局部关闭对经济造成的冲击。"① 2013的9月18日，美联储联邦公开市场委员会表示将继续推行无限期经济刺激的QE，即继续施行每月850亿美元的债券购买计划，其中400亿美元用于购买抵押贷款支持证券，另外450亿美元用于购买中长期国债。这一做法和世界普遍预期背道而驰。目前的风险是，因为美国债务问题尚未解决，美联储对削减QE变得更加迟疑，或将推迟到2014年，彻底结束QE的时间也可能因此推迟到2014年下半年。②

2013年，美国贸易依旧保持净进口，但是其中服务贸易始终为净出口，其净出口额约是美国贸易净进口额的1/4。③ 美国是目前全球最大的服务贸易出口国。服务贸易大致占美国出口的11%，占美国进口的15%。经济合作与发展组织（OECD）和WTO的研究表明，美国出口价值的大约60%来自服务贸易部门，其中包括直接服务贸易出口以及伴随货物贸易发生的服务贸易出口。尽管美国目前的经常项目账户已经得到了很大的改善，但是其中的绝大部分贡献来自美国的服务贸易以及对外投资收益，而货物贸易仍呈现出较大的赤字。但是，令美国政府感到欣慰的是，伴随着奥巴马政府提出"再工业化"以及国内大力发展制造业，美国目前的制造业出口增长率实际上快于其进口增长率。

美国提出"再工业化"对美国经济具有多重积极作用。首先，它有助于壮大美国的中产阶级。研究表明，制造业的工资比其他经济部门的工资普遍高出7%左右，补贴也高出13%，其中包括医疗及养老金福利。④ 其次，制造业对整个国家经济增

---

① 参见《美国政府关门"意在沛公" QE时限继续拉长》，见凤凰网，2013-10-9。

② 参见《美国政府关门，QE退出或推迟》，见阿里巴巴贸易资讯网站，2013-10-13。

③ 参见张日：《美国出口强势能否延续?》，载《国际商报》，2014-01-13。

④ Economic Report of the President, 2013, available from http://www.gpo.gov/fdsys/pkg/ERP-2013/content-detail.html.

长具有正的外溢效应，集中体现在它能够带动相关产业的发展，同时也促进了科技创新。最后，实体制造业的发展是国家经济实力的基石，即便是在遭遇金融危机时，也可以有效减轻损失，减小危机影响。

2. 加拿大

在2008年席卷全球的金融风暴影响下，加拿大是在发达国家组成的七国集团中经济恢复最快的国家。过去五年间，加拿大政府财政状况良好，银行通过低息率鼓励消费者借贷和消费也收到较好的效果。但是五年之后，内需增长疲软，对经济发展产生了一定影响。

据加拿大统计局（Statistic Canada）统计，2013年，加拿大全国新增就业岗位102 000个，平均每月8 500个，而2012年月均新增就业为25 900个。2013年12月加拿大新增失业人员45 900个，其中大多数为全职工作，月失业率达7.2%，而11月为6.9%。2013年是加拿大自2009年以来就业状况最差的一年。[①]

加拿大的出口在很大程度上与美国捆绑在一起。石油和天然气是加拿大总量最大的单一出口商品。这与美国有密切的关系，因为加拿大几乎所有的石油都出口到美国。2013年BP世界能源统计数据显示，2012年加拿大石油出口121.7百万吨，石油产品出口29.7百万吨，而加拿大管道气贸易流向主要通向美国，达838亿立方米。2013年加拿大能源出口对美国的依赖度仍然很高。但是美国奥巴马政府冻结KeystoneXL管道计划以及美国页岩气的开发利用使得其减少了对石油等传统能源的需求，这对加拿大的能源出口形成了较大影响，美加间贸易不平衡的缺陷促使加拿大迫切推动能源输出多样化的愿望，推动加拿大与亚洲、拉美以及欧盟等地区国家的合作谈判进程。此外，加拿大国内呈现的家庭债务危机也是影响加拿大经济可持续快速发展的一大阻碍。同时，加拿大社会人口老龄化趋势也愈发明显，对于社会保障与福利的要求提高，政府财政负担加重。

3. 拉丁美洲国家

2013年拉丁美洲的经济保持低速增长，其中墨西哥比较显著地放缓经济增长，而巴西自2011年中期开始就一直处在缓慢增长中，这一地区的其他经济体活动仍然比较温和。2008—2009年全球经济危机爆发之后，这种温和缓慢的经济增长就不可避免。经济增长的表现受到外部需求放缓的影响，同时也受到国内供给的制约。总体而言，拉丁美洲地区的经济增长应该会从2013年开始显著复苏。受外部需求的增加以及墨西哥经济复苏的影响，预计到2014年该地区的经济增长会

① 参见《加拿大统计局公布2013年就业情况》，见环球网，2014-01-18。

达到3%。[①]

2013年5月，美国逐步提升其长期利率，从而引发了抛售新兴市场资产的动向。那些通货膨胀率高、经常项目赤字大、政策结构松散薄弱的经济体面临着更大的资产价格暴跌的威胁。在拉丁美洲，尽管净资本流向仍然为正并且市场尚未引发较为严重的震荡，但是价格的变动已经影响到汇率、主权溢价、当地债券收益率以及股票市场等。对此，一些国家开始修订某些有关资本流动的措施或采取宏观审慎的政策，如巴西减少某些资本流动的金融交易税。一些中央银行也开始直接干预外汇市场。

2013年该地区经济复苏的下行风险仍占据主导地位。首先，拉丁美洲商品的出口直接受到中国经济增长放缓的影响，中国对外需求减少导致商品价格的大幅下跌，对拉丁美洲经济发展造成影响；其次，美国货币政策正常化的预期将导致市场新一轮的波动以及拉美地区将面临大量集中性的资本外逃压力。一般而言，该地区通过相对温和的外债水平、充足的官方储备、良好的银行体系以及灵活的汇率来应对外部冲击。但是，最近该地区的发展过度强调其国家主权及公司所有权在应对全球金融大环境时的敏感性和重要性。

作为拉丁美洲最大的经济体，巴西自2013年上半年起率先有了显著复苏，尽管其经济增长速度仍低于预期。它的主要增长点来自于投资以及得益于实际货币贬值下的净出口。而受到实际工资增长缓慢以及新创造就业岗位稀缺的影响，私人消费对经济贡献力并不显著。近期潜在增长可能会受到实际供给约束的限制，包括基础设施建设遭遇发展瓶颈等。[②]尽管通货膨胀率开始变得相对温和，但是仍旧处于其通胀目标的上限。巴西央行通过提高银行间基准利率缓解通胀压力并希望重新获得国内外投资者的信任。[③]

墨西哥的经济增长远低于预期，甚至停止。主要原因是其外部需求锐减，公共支出减少。由于绝大部分影响因素都是暂时的，因而在受到美国需求回升以及公共支出的增加的刺激之后，墨西哥经济将会获得较大的推动力，其经济整体情况有望得到复苏发展。

阿根廷经济增长继续乏力，通货膨胀成为经济发展的最大障碍，由其发展而来的货币贬值已严重打击了投资者信心。阿根廷继2005年和2010年之后在2013年

---

① IMF, *Regional Economic Outlook Update—Western Hemisphere Department*, 2013, available from http://www.imf.org/external/pubs/ft/reo/2013/whd/eng/wreo1013.htm.

② 参见陶冶：《巴西经济增长前景堪忧》，载《金融时报》，2014-01-11。

③ 参见张枕河：《通胀高企巴西央行连续八次加息》，载《中国证券报》，2014-02-28。

再次就债务重组进行谈判，尽管最终达成协议，但国际金融界对阿根廷政府的偿债能力和经济发展前景不抱信心。[①] 受经济发展滞缓、外汇流出和债务影响，阿根廷比索在2013年至2014年初期间大幅贬值，通胀率更是达到55%。[②] 阿根廷已到了濒临国家破产的边缘。

委内瑞拉经济结构较为单一，国民经济和政府财政收入主要依赖石油生产和出口。2013年预计经济增长率为1.2%。[③] 委内瑞拉是世界上通胀率最高的国家之一。2013年，委内瑞拉通胀率达到56%。高通胀率导致基本消费品价格高涨和供应不足。据委内瑞拉央行报告，日常生活用品的短缺指数已高达20%以上。

2013年，拉美地区的货币政策决策在各个国家各不相同。例如，巴西紧缩其货币政策以减轻国内通胀压力；墨西哥则放宽其货币政策以刺激本国经济的增长。而就财政政策而言，大部分拉美国家都采取扩张性的财政支出拉动经济增长，然而这一举措也给大多国家带来了极大的通胀压力，成为日后发展的一大难题。

二、2013年美洲能源形势分析

（一）美国的能源形势

美国能源信息局最新报告显示，2013年美国原油日均产量为745万桶，比上一年大幅增长100万桶，是美国历史上增幅最大的年度。[④] 2013年，美国原油总产量约占全球总产量的10%。美国能源信息局预测，美国原油增产势头将持续，2014年原油日均产量有望达到840万桶，2015年将达到920万桶。美国能源信息局表示，美国原油产量增加主要得益于致密油、特别是页岩油产量的迅速增长。美国主要的致密油来自得克萨斯州南部和北达科他州的页岩区。

2013年，美国天然气产量增长相对温和。美国政府公布的数据显示，2013年美国天然气日均产量为702.1亿立方英尺，比2012年增长1.5%。美国能源信息署预期，2014年和2015年美国天然气产量将分别增加2.1%和1.3%。

美国油气产量的增加成为影响国际油气格局变动的重要因素。作为传统的原油进口第一大国，美国一直把“能源独立”作为能源发展的战略目标。随着近海油气

---

① 参见杨川梅：《阿根廷或面临债务重组中诚信国际下调其评级至负面》，载《中国经济导报》，2013-10-08。

② 参见严婷：《阿根廷通胀危机“上台”连锁反应将遍及南美?》，载《第一财经日报》，2014-02-17。

③ 参见郭存海：《委内瑞拉开启地区震荡新周期?》，载《东方早报》，2014-03-04。

④ 参见王林：《美国石油繁荣搅动国际能源市场》，载《中国能源报》，2013-01-20。

田的开采，特别是以页岩气、页岩油为代表的非常规油气的成功开发，美国“能源独立”取得重大进展，油气对外依存度可能会下降。2013年7月，美国超过俄罗斯和沙特阿拉伯成为全球最大的油气生产国，美国的石油及其他能源的自给率大幅上升。①

据美国能源信息署数据显示，2013年，美国原油日均进口量为772万桶，比2012年的853万桶减少81万桶。据美国能源信息署数据显示，美国从波斯湾的日均原油进口量为120万桶，相比2012年日均进口量214万桶减少94万桶。2013年，美国从石油输出国组织的原油日均进口量为349万桶，比2012年的403万桶减少54万桶，从非OPEC国家的原油日均进口量为423万桶，比2012年的450万桶减少27万桶。2013年美国日均原油出口量为360万桶，相比较2012年的321万桶增加了39万桶。北美地区在全球油气供给中的地位在不断上升。美国“能源独立”弱化了其对中东地区油气供给的依赖，美国对中东地区油气的控制已从满足自身需要转变为对他国施加政治影响。

美国2013年油气出口政策的一大变化是出口管制的放松。2013年至2014年2月，美国正式批准了5个面向非自由贸易协定（FTA）国家的LNG出口项目。加上2011年批准的Sabine Pass项目，批准总量达到6个，批准出口量合计84.7亿立方英尺/日。在推动LNG出口的同时，美国也在就原油出口管制放开问题进行政策博弈。美国近年的原油产量大幅升高，同时美国汽车燃油经济性大幅上升，因此同天然气产业一样产生了出口的可能。② 美国主要油气公司积极游说政府解除原油出口禁令，以增加上游盈利，刺激页岩油产业发展。然而，下游企业和环保组织则持反对意见，认为这将导致炼化成本上升和减排目标实现困难。

2013年，美国继续扶持可再生能源产业发展。6月，奥巴马就气候变动政策发表演说。该演说沿袭奥巴马在总统第二任期就职仪式上的演说和2013年国情咨文演说的内容，要求环境保护局采取措施应对气候变动。③ 其中，对火力发电厂的减排措施和可再生能源的税收补贴措施是重点。据此，美国环境保护局于8月发布可再生燃料产业标准，并于9月发布新建火力发电厂的排放标准草案。

（二）加拿大的能源形势

加拿大能源供应独立，储量丰富。其石油、天然气矿藏量非常充裕，且相当大

① 参见陶凤：《页岩油助推美国成为最大产油国》，载《中国矿业报》，2013-10-22。

② 参见姜睿：《美国原油出口解禁之谜》，载《中国石化报》，2014-01-24。

③ FACT SHEET：President Obama's Climate Action Plan，available from http://www.whitehouse.gov/the-press-office/2013/06/25/fact-sheet-president-obama-s-climate-action-plan.

一部分石油储量以油砂形式存在。据 2013 年 BP 世界能源统计数据显示，截至 2012 年底，加拿大石油探明储量有 1 738 亿桶，占世界总量的 10.4%，天然气储量 70 万亿立方英尺，占世界总量 1.1%。原油、天然气、煤等各种产品的出口率均在 40%以上。除国内的传统能源和致密油外，还有煤层气、页岩气等非常规能源资源，以及北极圈的资源等。加拿大页岩气富集带多，资源丰富，其勘探开发主要集中在西加拿大沉积盆地。西加拿大沉积盆地面积大，具有构造稳定、海相沉积发育、页岩埋深适中，利于油气的生成和保存等页岩气发育的条件。

目前仅有美国和加拿大两国能够从页岩地形中开采具有商业质量的石油和天然气。除了在页岩油方面有先进的开采技术，加拿大油砂也对北美供应量的增长产生了重要影响。加拿大拥有世界上最大的油砂储量，据估计可采量达 3 150 亿桶以上，仅次于沙特阿拉伯的原油蕴藏量。随着油砂产油量的不断提高，加上其他渠道出产的石油，加拿大石油总产量超过伊朗，成为位列沙特阿拉伯、美国、俄罗斯、中国之后的第五大产油国。

2013 年，加拿大原油产量达到 366 万桶/日，天然气的产量为每天 132 亿立方英尺。[①] 加拿大国家能源局（NEB）预测，如果市场能消化供应以及运输能力能够保证，2013—2035 年期间，加拿大原油产量将增加 60%，到 2035 年时，原油产量将增至 548 万桶/日。天然气产量将增加 32%，到 2035 年时，天然气产量将增至每天 174 亿立方英尺。

目前来看，加拿大每年出口量占产量的一半以上。美国是加拿大主要的能源进口国。加拿大有大量的石油管线连接至美国。加拿大国家能源局发表最新的 2013 年年度报告，指出加拿大去年的原油产量，供应国内市场只占 27% 左右，71%都是输往美国，而输出到美国以外的海外市场只约占 2%。美国从加拿大进口的原油在美国原油总进口量中所占比例已从 2005 年的 16%增加到了 2013 年的 32%。[②] 加拿大政府正努力争取出口方向多元化，降低加拿大对美国的严重依赖。加拿大国家能源局在报告中指出，尽管美国石油产量增加，美国仍将进口更多的加拿大原油。

2013 年，加拿大政府停止向可燃冰研究拨款。加拿大是世界首个开始研究可燃冰的国家，并与日本在该领域有长期的有效合作。关于停止可燃冰研究一事，加拿大自然资源部官员解释为传统油气资源及非常规油气资源价格仍比较低廉，从可燃冰中提取甲烷不具有价格优势。[③] 然而该项决定招致众多科学家和业界人士反对。

① 参见袁铭：《布伦特对 WTI 原油溢价将进一步缩窄》，载《期货日报》，2014-02-17。
② 参见刘岩：《加拿大石油出口份额增多》，载《中国石化报》，2013-09-06。
③ 参见王子锐：《加拿大放弃研究可燃冰》，载《中国煤炭报》，2013-05-13。

(三) 拉丁美洲的能源形势

拉美地区已经成为世界第二大石油储量区，已探明的石油储量占世界储量四分之一，并且还在不断上升。[①] 墨西哥被证实拥有巨大石油储量，在拉丁美洲地区紧随委内瑞拉和巴西，位列第三，达到 140 亿桶。墨西哥国家石油公司的数据显示，墨西哥还拥有 460 万亿立方英尺页岩气储量。[②] 巴西是仅次于委内瑞拉的南美第二大油气资源国。据 2013 年 BP 世界能源统计数据，巴西石油储量达 153 亿桶，天然气储量 16 万亿立方英尺。委内瑞拉也有丰富的天然气资源，至 2012 年底天然气探明储量达 196.4 万亿立方英尺。

2013 年，墨西哥原油产量出现下降趋势。2013 年全年原油和天然气产量分别为 252 万桶/日和 63.7 亿立方英尺/日。墨西哥石油产量的下降直接致使其出口量减少，石油出口量下降约 6.2%。2013 年，墨西哥能源领域一个引人注意的关键点是墨西哥能源改革拉开序幕。2013 年 12 月，墨西哥参议院通过了旨在推动国内经济增长、创造更多就业岗位、降低能源成本的能源改革法案。根据该法案，墨西哥立法机构将对现有墨西哥宪法中的部分条款进行修改，以允许私人及境外资本进入墨西哥油气产业。[③] 同时，墨西哥国家石油公司将进行重组。该公司将被分割为两家公司，一家负责油气勘探和开发，另一家负责炼化加工。[④] 分割后的两家公司仍将保持国有性质。

2013 年巴西原油产量也呈下降趋势，巴西 2013 年日产原油 193.1 万桶，同比减少 2.5%，未达到计划日产 200 万桶的目标。[⑤] 根据巴西政府制定的 2013—2017 年石油发展计划，巴西将在 5 年内投资 2 367 亿美元，并预计原油日产量将在 2013 年突破 200 万桶大关，2016 年升至 250 万桶，2017 年达到 275 万桶。与原油生产不同，2013 年巴西天然气生产呈上升趋势，2013 年 12 月，巴西曾创下 8 160 万立方米/日的纪录。国际能源署发布报告称，巴西将成为全球主要石油出口国和重要的石油生产国。伴随巴西在深水区发现大量油田，巴西将在 2015 年成为石油净出口国。

2013 年，巴西成功举行第 11 次油气区块招标和首次盐下区块招标。其中 5 月的招标拍卖出 11 个陆上及海上油田中的 142 个区块，共有 12 家巴西国内公司和 18

---

① 参见《拉美已成为中国对外能源合作重点区域》，见中国网，2013-10-16。

② 参见《墨西哥能源改革的第 N 次尝试》，见中国石油新闻中心网站，2013-08-22。

③ 参见罗尼：《墨西哥石油业开放细则：民资准入炼油运输环节》，载《第一财经日报》，2013-12-24。

④ 参见李慧：《墨西哥 75 年石油垄断告破》，载《中国能源报》，2013-12-16。

⑤ 参见《巴西 2013 年石油产量下降 2.5%》，见新华能网站，2014-02-07。

家外国公司共斥资约14亿美元投标，打破2007年的投标纪录。[①]

巴西是世界最大的乙醇燃料市场，然而在2013年，巴西的乙醇产业面临着挑战。由于国内对汽油需求的大幅上升，导致进口激增。廉价的进口汽油对乙醇汽油构成竞争，加之巴西国内对乙醇汽油实施价格管制，导致乙醇工厂面临倒闭风险和投资大幅下降。[②]

委内瑞拉是世界第一大原油埋藏国家，也是重要的石油出口国。其石油出口为国家经济和社会发展作出了巨大贡献，该国96%的外汇收入来自石油出口。2002—2013年，委内瑞拉出口石油创汇总收入达到4 870亿美元。[③] 委内瑞拉2013年能源政策领域的一个重要变化是石油暴利税征收范围的修改。在扩大此前的暴利税征收范围以后，委内瑞拉国家石油公司和外国合作伙伴在油价为每桶55～80美元时必须向委内瑞拉政府支付其石油销售收入的20%，油价在每桶80～100美元时将支付收入的80%，油价在每桶100～110美元时将支付收入的90%以及油价在每桶110美元以上时将支付收入的95%。[④]

厄瓜多尔地质条件较好，油层储藏丰富，是拉美第五大石油生产国。据厄瓜多尔央行统计，2013年厄瓜多尔原油产量1.92亿桶，同比增长4.3%，日均产量52.6万桶。其中，原油出口1.4亿桶，出口额134.1亿美元（增长5.5%）。[⑤] 2013年6月，厄瓜多尔国民代表大会通过矿业法修订案。根据该法案，矿业开采许可将由10个减为2个（环境许可和水资源许可），外国国有公司及其全资子公司可免除矿权公开招标程序，资源暴利税的征收时间从之前的合同生效日期推迟到公司全部收回投资成本日期。[⑥]

阿根廷是拉美地区的重要油气生产国。2013年，阿根廷政府继续推动油气资源开发。1月，为吸引投资促进国内石油生产，阿根廷公布下调石油出口税的新政策。[⑦] 该政策预计将使阿根廷国内油气商在出口方面多获利38美元/桶。3月，阿根廷石油公司YPF与美国陶氏化学子公司签署协议，开发位于阿根廷南部Va-caMuerta盆地的非常规天然气资源。该盆地被评估为世界最大的页岩资产之一，储量约为230亿桶油当量。[⑧] 7月，阿根廷政府颁布《油气开采投资促进法》。该法

① 参见张琪：《巴西石油招标大丰收》，载《中国能源报》，2013-06-03。

② 参见刘洋：《巴西乙醇燃料市场受冲击》，载《中国能源报》，2013-04-15。

③ 参见《委内瑞拉13年石油利汇4 870亿美元》，见中国石油新闻中心网站，2014-01-24。

④ 参见《委内瑞拉将修改石油企业暴利税计算范围》，见中国石油新闻中心网站，2013-01-31。

⑤ 参见《2013年厄瓜多尔原油产量持续增长》，见商务部网站，2014-02-11。

⑥ 参见《厄瓜多尔国民代表大会正式通过〈矿业法〉修订案》，见商务部网站，2013-06-18。

⑦ 参见焦旭：《阿根廷为吸引投资下调石油出口税》，载《中国能源报》，2013-01-14。

⑧ 参见王林：《阿根廷确定首个页岩气开发项目》，载《中国能源报》，2013-04-01。

规定凡是5年内在阿根廷总投资额超过10亿美元的企业，从第6年起可将其油气产量的20%免税出口。符合该条件的企业还可以不受外汇管制。[①] 在该法颁布第二天，YPF便与雪佛龙公司签署协议共同开发VacaMuerta盆地资源。11月，阿根廷政府与西班牙雷普索尔公司达成有关YPF国有化的赔偿协议。[②] 赔偿金额估计将高达数十亿美元。阿根廷政府此举明显是希望通过赔偿来缓解YPF国有化措施给阿根廷油气投资带来的负面影响。

2013年，阿根廷政府首次推出个人太阳能项目补贴，希望以此改变可再生能源产业落后的局面。[③] 阿根廷计划到2016年可再生能源在电力供应总量中的份额达到8%。然而阿根廷政府的债务危机将给国家补贴项目的发展投上阴影。

三、2013年中国与美洲能源合作概况与分析

（一）2013年中国与美洲地区的能源合作概况

1. 中国企业进一步参与上游项目的收购与招标

2013年，美洲地区是中国能源企业的重点投资区域。2013年8月，中化集团与巴西国油达成协议，以15.43亿美元的价格收购巴西国油持有的BC-10区块35%的权益。[④] 这是中化集团第三次收购巴西资产。通过此次收购，中化集团的海外资产占其总资产比例超过50%，高于三大国有石油公司。10月，中国石油和中国海油与巴西国油、道达尔、壳牌组成的联合体中标巴西首次盐下油田区块开发权益。[⑤] 联合体将依据为期35年的产品分成合同，开发位于巴西海上桑托斯盆地的利布拉油田。总投资估计约为2 000亿美元。中国石油与中国海油在联合体中分别持有10%的权益。11月，中国石油子公司与巴西国油子公司签署关于巴西能源秘鲁公司的收购协议。[⑥] 根据该协议，中国石油将以约26亿美元的价格购买巴西国油在巴西能源秘鲁公司的全部股份。

北美的页岩油资产受到中国公司的关注。2013年，中国石化和中化公司分别以10.2亿美元和17亿美元的价格收购美国的两份页岩油资产。根据协议，中化集

---

① 参见周晓梦：《阿根廷出台新法吸引油气投资》，载《中国能源报》，2013-07-22。
② 参见王晓苏：《雷普索尔将获YPF国有化赔偿》，载《中国能源报》，2013-12-02。
③ 参见王晓苏：《阿根廷太阳能产业有望迎来“曙光”》，载《中国矿业报》，2013-03-12。
④ 参见詹铃：《中化15亿美元再购巴西石油资产海外资产占比过半》，载《21世纪经济报道》，2013-08-20。
⑤ 参见王佑：《中石油携手中海油分享巴西利布拉油田20%权益》，载《第一财经日报》，2013-10-23。
⑥ 参见朱贤佳：《中石油收购秘鲁油气资产》，载《上海证券报》，2013-11-14。

团将获得美国先锋公司持有的位于德克萨斯州 Permian 盆地 Wolfcamp 层 40%的权益。[①] 中国石化将获得切萨皮克公司位于俄克拉何马州北部密西西比灰岩油藏油气资产 50%的权益。[②] 国际原油价格的稳定和美国能源消费的增长为中国公司收购美国原油资产提供了可期待的回报。2013 年 2 月，中国海油正式完成对加拿大尼克森公司的收购，交易总价达到约 151 亿美元。12 月，神华集团决定斥资 9 000 万美元与 Energy Corporation of America 合作开发位于美国宾夕法尼亚州格林县的 25 口页岩气井。[③] 2014 年 1 月，陕西延长石油集团以 2.3 亿加元的价格收购加拿大 Novus 能源公司 100%股权。[④] 通过此次交易，延长石油将获得位于加拿大萨斯卡彻温省西南部的 Dodsland 区域的 Viking 页岩油田。除国有石油公司之外，中国民营公司也继续进入北美上游市场。2013 年 7 月，美都控股以 1.35 亿美元的价格收购 Woodbine Holdings LLC 所持 Woodbine Acquisition LLC100%股份，并因此取得位于美国 Eagle Ford 地区的 Woodbine 页岩油田。该交易为中国企业收购美国油气资产比例最高的交易。2013 年 11 月，该收购得到美国外国投资委员会正式批准。

2. 下游合作和电力合作取得突破

2013 年 6 月，中国石油与厄瓜多尔国家石油公司签署厄瓜多尔太平洋炼厂和上游石油区块开发一体化合作框架协议。[⑤] 根据协议，中国石油将参股建设太平洋炼厂，同时积极参与厄瓜多尔境内的上游资源勘探开发。预计该炼油项目造价将达 120 亿美元。同时，中国石化与巴西国油就在马拉尼奥州合建 1 号炼油厂进行协商。[⑥] 该炼油项目预计产量为 60 万桶/日，投资总额约为 200 亿美元。

2013 年 8 月，中国电力技术装备有限公司与厄瓜多尔亚马逊石油公司签署协议，以工程总包的方式建设发电优化输变电工程。[⑦] 该工程计划在厄瓜多尔东北部地区建设电压等级为 138 千伏的输变电工程，包括 350 千米线路和 10 个变电站。项目建成后，将显著优化该地区电网结构，满足发展迅速的电源接入需求，实现能源大范围的优化配置和利用。该项目合作协议的签订，标志着中国国家电网公司在厄瓜多尔的市场开发和项目建设进入实质性阶段。

---

① 参见化文：《中化与美国先锋公司签署油气收购协议》，载《中国能源报》，2013-02-04。

② 参见陈其珏：《中石化 10.2 亿美元收购美国油气资产》，载《上海证券报》，2013-02-26。

③ 参见李春莲：《中国神华斥资 5.5 亿元进军美国页岩气市场》，载《证券日报》，2013-12-24。

④ 参见贺韬等：《延长石油成功收购加拿大一公司》，载《陕西日报》，2014-01-25。

⑤ 参见石政：《中厄签署上下游一体化石油合作框架协议》，载《中国石油报》，2013-06-09。

⑥ 参见《巴西石油与中石化洽谈合建炼油厂项目》，见中国经济网，2013-06-20。

⑦ 参见朱利伟：《中电装备公司签订厄瓜多尔输变电项目》，载《国家电网报》，2013-09-03。

（二）中国与美洲能源合作面临的挑战

1. 中美互信度低影响合作深入开展

美国是当前世界上唯一的超级大国，而中国是世界上最大的发展中国家，并且近年来中国的经济发展成就有目共睹。这在促进两国合作深化的同时，也引起了美国对于中国崛起的战略意图的担忧，“中国威胁论”甚嚣尘上。而能源是国家交往间较为敏感的领域，中美之间的能源合作面临中美信任危机的阻碍。

中美在政治制度、法律体制、政策执行机制、国家利益等方面存在差异。另外，随着环境保护越来越得到各国重视，哥本哈根会议后各国纷纷采取节能减排措施，但是在减排责任方面却存在争议，美国批评中国高排放总量，而中国呼吁“共同但有区别的责任”，要求发达国家承担环境破坏的“历史责任”。节能减排是一项长久的事业，但是对于发展中国家来说，由于所处的发展阶段与发达国家不同，发达国家设置的标准可能会对发展中国家正常的经济发展产生影响。在气候问题日益严重的国际背景下，双方在减排标准方面存在很大的分歧。

美国保守势力也为能源合作设置障碍，其常以中国一些企业的国有背景和国家安全为由为中国企业在美国开展正常的商业活动、投资及收购行为设置重重障碍。

阻碍中美两国企业进行能源方面合作的障碍还包括：为了获得可靠的技术和市场信息的成本较高、能源效率融资项目的交易成本过高、中美双方缺乏知识产权协议、双方的投资与贸易商业条款缺乏透明度等。

另外，中国与伊朗、苏丹等国家的关系引起美国的不满以及对于中国战略意图的疑虑增加。中国与拉美的能源合作也使得美国担心拉美会因此减少对美国的依赖而增加谈判成本。同时，美国还认为中国有不断扩大自身实力，争夺世界霸权的野心。因此，中美之间的能源合作受到种种政治因素的影响。

中美之间在很多问题上存在分歧，双方信任感的缺失加大了能源合作上困难。美国担心中国企业掌握先进技术会削减自己的竞争优势，因此双方在核心技术领域方面的合作一直难以深入展开。而中美能源合作还存在倡议好但落实难的问题。例如，中美两国在1985年就签署了《中美和平利用核能合作协定》，但由于核能的敏感性以及国际形势、美国全球战略的变化，该协定一直未能真正实施。

2. 北美非常规油气开发面临价格与成本双重风险

北美的页岩气和油砂资源正遭受来自市场竞争和价格的挑战。页岩气和油砂项目的开发给外国公司带来更大风险。

2013年10月，中国石化宣布计划出售其位于加拿大两个最大页岩气资产的半数股权。[①] 这是近年来十分罕见的中国石油企业出售海外资产现象。中国石化于2011年购得该页岩气资产，运营时间不到2年。中国石化出售该项目资产的一个重要原因是开发成本的提高和预期收益的降低。美国页岩气产量的持续增加引导美国天然气价格持续低位徘徊是导致中国石化预期收益降低的重要原因。同样的现象也在油砂项目上出现。2013年4月，法国道达尔公司宣布由于油砂项目利润下滑，将以5亿美元将其在加拿大经营7年的 Voyageur 油砂项目49%股权出售给森科能源公司。[②] 道达尔出售股权的一个重要原因是大量美国廉价原油以及墨西哥和委内瑞拉同质油的流入，导致原油价格稳中有降。此外，劳动力成本上升、劳工短缺也给生产作业带来负面影响。

非常规油气较常规油气资源在开采技术上和成本上没有优势，因此如何提高管理水平、严格控制成本和价格风险就显得极为重要。可以预计美国的油气产量将在一定时期内稳定增长，因此理性判断市场状态，清晰辨别资产优劣成为中国能源企业在进一步实施海外战略时的一个重要课题。

3. 中拉合作存在诸多不确定性

中国与拉美国家虽然在经济上互补性强，但是由于受到拉美地区近年来政治经济形势的影响，中拉之间的合作仍旧存在诸多不确定性。

第一，政治风险。拉美一些国家刚经历了领导人换届，如委内瑞拉新一届领导人并没有采取有效的政治经济措施而引发民众不满，对政局发展产生一定影响。巴西的大规模街头抗议活动也会影响巴西未来政局发展。而许多拉美国家的民主制度并不完善，大规模抗议活动影响社会政策的发展，且不同政党、不同派系对于能源这一较为敏感的领域的态度不同，国家领导班子的更迭会影响政策的连续性，从而对中拉合作产生影响。同时，能源领域的合作是长周期的项目，其所需要的投入大，但其收益成效却是在短期内无法体现的。由于领导人面临选举时更多会关注眼前利益从而为自己赢得更多支持，加上拉美国家政局稳定性较弱，因而中拉能源合作面临的政治风险较大。

第二，经济风险。2013年拉美的主要经济形势并不乐观。目前大多拉美国家仍旧存在经济结构不合理、生产率低、基础设施落后、技术不成熟、出口产品结构不合理、对美国等发达国家依赖度高等问题，而古巴计划经济体制下自身经济发展动力不足，又受到外需减少的影响，所以，总体上拉美经济增长速度减缓。

① 参见《中石化集团拟出售加拿大两最大页岩气田半数权益》，见华尔街见闻网站，2013-10-26。
② 参见刘洋：《道达尔放弃加拿大油砂项目》，载《中国能源报》，2013-04-08。

同时，2008 年全球金融危机之后，多数拉美国家采用扩张性财政与货币政策以应对危机影响，一方面导致政府财政支出不断扩大与债务风险增加，另一方面也使得这些国家面临巨大的通胀压力，投资环境恶化。经济风险也增加了中拉合作的不确定性。

第三，社会风险。拉美国家的社会问题尤其是社会群体性事件往往具有突发性与不可预测性，有时当地政府也难以掌控。而近年来，受到经济危机等影响，拉美地区贫富分化严重，失业率较高，社会问题较为突出，犯罪率普遍较高。此外，随着“中国威胁论”观点的升温，有些地区对中国对拉投资具有较高的警惕性和排斥性，这增加了中拉能源合作的不确定性。

第四，成本增加。中国在拉美的投资还面临投资成本增加的问题。在环保方面，近年来环境保护越来越受到重视，拉美地区也逐步提高环保标准，并要求外国石油公司对以前造成的环境破坏进行赔偿，征收环境税等，使得投资环保成本增加。此外，劳工成本增加。拉美的工会斗争性强，工人向投资方提出各种要求以提高工资或改善工作环境，甚至以罢工相威胁。因此，拉美地区劳工成本不断增加，而投资收益率下降。投资的成本增加使得外国投资者的投资收益与投资兴趣下降。

除上述因素影响之外，中拉之间的能源合作还需要考虑美国因素。因为拉美过去的石油出口高度依赖美国，且美国对拉美地区具有较强的政治经济影响，因此，美国是中拉推进能源合作过程中不可回避的因素。中国与拉美之间的能源合作开展可能引起美国对中国意图的猜测与疑虑，同时美国也担心拉美因此降低对美国的能源出口依赖从而增加美谈判成本。若美国对此进行阻挠，拉美局势紧张，势必影响拉美对中国能源出口的运输安全以及能源合作的进一步开展。拉美地区的油气资源竞争日益激烈也是中国在合作过程中需要考虑的问题。

非洲地区

一、2013 年非洲政治经济形势综述

2013 年非洲政治经济总体形势发展良好。从政治形势上看，2013 年非洲的政治局势总体保持了较为平稳的态势，大多数非洲国家政府已经能够对本国的政治、经济、社会事务进行较为有效的管理，这反映出非洲国家政治社会现代化进程逐渐走向成熟，稳定的政治局势确保了非洲经济保持强劲的发展势头。从经济形势上看，传统非洲大陆最落后、政治动乱最严重的撒哈拉以南非洲地区在 2013 年保持了强劲的经济增长势头，增长率为 5.1%。[①] 该地区近 1/3 的国家经济增速达到或超过 6%[②]，已跻身于世界增长最快的国家之列。在全球经济仍处于疲软状态的当前，非洲经济实现持续增长不仅对非洲自身的发展，而且对世界经济进程都具有重要的意义。具体来说，2013 年非洲的政治经济形势呈现以下几方面的特点：

（一）非洲政治局势整体稳定、部分区域仍存在冲突，北非阿拉伯国家的动乱并未蔓延

早些时候世界舆论普遍担心非洲会因为政治选举和政权交接而发生大规模的政治动荡，但结果是令人欣慰的。2012 年非洲地区完成政治选举的国家实现了政治权力的和平交接，为 2013 年非洲政治局势保持稳定的态势创造了基本的现实条件。非洲国家新政府在 2013 年积极发展经济特别是加强基础设施建设，提高对社会生

① 参见《世界经济展望》，见国际货币基金组织网站，2014-01-21。

② 参见《非洲——世界经济增长的新高点》，见光明网，2013-12-29。

活的治理水平，使得新政府对国家和社会的控制更加有力，治理也更加有效，这使非洲国家的政治、经济和社会生活逐渐步入正轨。非洲大陆自从民族独立以来已有数十年时间，在经历了长期的政治动乱和经济落后之后，已经完成了政治现代化进程的初始阶段，即美国政治学家亨廷顿揭示的从传统的普力夺社会[①]逐渐向公民社会转变的过程，其主要标志就在于能够建立有效率的权威政府对政治和经济事务加以管理，并且动员社会力量。从这个角度来看，非洲国家政治趋向于政府治理下的稳定已成大趋势。

不过，非洲地区个别国家的政治动乱仍然存在。撒哈拉以南非洲个别地区还将面临比较严峻的安全形势。首先是现有的安全危机在短时间内难以得到彻底解决；其次是非洲国家安全保障机制相对脆弱，不安定因素较多，可能会引发新的安全危机。索马里、马里、刚果（金）东部、尼日利亚北部、中非共和国等是本地区安全形势最不容乐观的几个地方，主要原因是反政府武装势力强大、活动猖獗，与政府军冲突不断；同时反政府武装分子还通过自杀式爆炸、手榴弹袭击等恐怖手段，威胁平民安全。例如，索马里仍然面临严重的海盗问题；马里在 2013 年发生军人政变后政治形势仍然不稳定，2013 年 12 月，还发生了造成两名联合国士兵丧生的汽车炸弹袭击事件；刚果（金）东部在 5 月爆发大规模交火，造成大量难民流离失所；尼日利亚北部不断发生恐怖袭击事件，如 12 月 3 日空军基地遭到袭击。在中非共和国，由于对政变上台的军政府不满，若干反政府运动组成的武装联盟“塞雷卡”在国内发动攻势，12 月冲突发展到首都班吉，造成 13 人丧生和大量难民流离失所。[②] 随后，法总统奥朗德公布所谓的“红蝴蝶”计划，在中非地区部署 1 600 名士兵，声称是为了防止进一步的屠杀、保护贫民，并向受灾群众提供必要的人道主义援助。[③] 中非的政治动乱是非洲国家数十年来所经历的政治动乱的典型模式，即首先出现军人政变，紧接着反政府武装与政变团体发生内战，最后西方力量进入干涉，这样的循环通常会造成国内政治局势的长期动荡。可见，非洲国家的政治现代化进程并非一帆风顺，特别是西方外部势力的介入往往会使得政治局势更趋于恶化。

此外，自 2011 年起北非阿拉伯国家的政治乱局仍在继续。埃及在 2012 年政权

---

① 普力夺社会，是政治制度化程度低的社会。普力夺社会在各种政治参与程度上都存在。亨廷顿将参与程度低的普力夺社会称为寡头普力夺，这种社会的政治参与仅限于一些集大权于一身的寡头；当政治参与扩大到中产阶级时，这种社会被称之为激进普力夺社会；而当政治参与进一步扩大到广大群众时，该普力夺社会就被称为群众普力夺社会。

② 参见《中非共和国持续动乱已造成其首都 13 人死亡》，见环球网，2014-01-14。

③ 参见《法国出兵维护中非局势，意欲借此恢复非洲霸主地位》，见中国网，2013-12-12。

交接后经历了短暂的稳定，然而在2013年夏天再次爆发大规模动乱和冲突，造成900余人死亡，此后埃及政治局势一直处于冲突和不稳定状态。其他北非国家如突尼斯、利比亚、阿尔及利亚等虽然已经不再发生全国范围的大规模冲突，但政治秩序仍然不稳定，暴力事件层出不穷。北非地区的政治动乱是2011年“阿拉伯之春”的自然延续，很难在短时间内解决。北非阿拉伯国家的政治动乱给该地区的社会经济发展造成了重大损失，对该地区的能源合作也产生了消极的影响。比如埃及自穆巴拉克政府解体以来，其能源产量和能源支付能力不断受到挑战，这也是穆尔西政府面临的最棘手的问题之一，关系到政局稳定和国民经济增长。[①] 另一方面，由于阿拉伯国家的政治动乱有着深刻的社会文化根源和外部势力介入的作用，而撒哈拉以南非洲因为社会文化条件与北非的阿拉伯国家完全不同，宗教纷争、外部势力干涉等因素也不如北非国家严重，因此北非国家持续的政治乱局并未蔓延到撒哈拉以南地区。

综合来看，非洲大陆的政治局势在2013年整体保持了稳定，经济发展和社会治理强化成为大多数国家集中关注的议题，大部分非洲国家已经在政治现代化的道路上稳步前进。虽然该地区的政治动乱在某些地区乃至整个北非阿拉伯国家区域仍然存在，在有的国家（如埃及）甚至相当严重，但2013年非洲在政治现代化进程中所取得的成就仍然是不容否定的。

（二）2013年非洲经济继续保持高速增长，基础设施建设落后成为进一步发展的最大制约因素

非洲作为世界上发展中国家分布最为集中的地区，其经济发展问题长期以来备受世界关注。非洲本身具备进行经济现代化的大部分基础条件，如丰富的自然资源和廉价的人力资源。同时，作为全球经济中的新兴市场，非洲成为近年来世界经济的投资热点地区。在非洲与世界经济的互动关系中，能源领域成为投资与经济发展的重点。

非洲经济在2013年维持了良好的增长态势。2013年非洲整体经济增长将达到4.8%，而撒哈拉以南非洲经济增长将超过5%（见表1）[②]，这与发达国家的经济低迷和部分新兴市场经济增速放缓形成鲜明对比。就各国的宏观经济形势来看，良性的价格前景和稳健的货币政策的持续使得通货膨胀率能够保持在6.9%左右这样一

---

① 参见《埃及石油工业压力重重》，见中国石化新闻网，2013-12-09。

② IMF, *Regional Economic Outlook*: *Sub-Saharan African Keeping the Pace*, October 2013, available from http://www.imf.org/external/pubs/ft/reo/2013/afr/eng/sreo1013.pdf.

个较低的水平。非洲开发银行于 2013 年 8 月公布的“2013 年非洲经济展望报告”显示，随着非洲经济保持高速增长，宏观经济条件的稳定，以及伴随着政治局势缓和而来的政治风险降低，2013 年非洲国家所吸引的外国直接投资增长接近 10%①，这足以显示世界其他国家对非洲经济所取得的成绩以及对未来发展前景的充分肯定。

表 1　　撒哈拉以南的非洲的实际 GDP 增长率（%）

	2004—2008	2009	2010	2011	2012	2013（预测）	2014（预测）
撒哈拉以南的非洲（平均）	6.5	2.6	5.6	5.5	4.9	5.0	6.0
石油出口国家	8.5	4.9	6.7	6.1	5.3	6.1	7.7
中等收入国家	5.1	−0.8	4.0	4.8	3.4	3.0	3.6
南非	4.9	−1.5	3.1	3.5	2.5	2.0	2.9
低收入国家	7.3	5.1	7.1	6.5	6.2	6.3	6.9
世界增长率	4.6	−0.4	5.2	3.9	3.2	2.9	3.6

资料来源：IMF，World Economic Outlook Database。

非洲经济之所以能够保持高速增长，一方面是受全球不断回暖的经济形势和非洲强劲的基础设施和产业投资的驱动②；另一方面从各个非洲国家对经济增长的贡献来看，尽管 2013 年部分资源国家资源产量下降导致经济增长率略低于预期，但总体上非洲地区自然资源丰富的国家凭借其资源禀赋的比较优势，直接促进了整个非洲地区经济的持续增长（见表 2），比如南非、安哥拉和尼日利亚都是这类资源丰裕型国家的典型代表。以安哥拉为例，国际舆论普遍认为石油和天然气已经成为安哥拉经济增长的催化剂。在能源部门的推动下，再加上安哥拉政府推行的经济多元化战略初见成效，安哥拉官方预期 2013　2017 年安哥拉经济年均增长率将达到 7.1%。③ 又如，作为 G20 成员国中唯一非洲国家的南非，虽然近年来经济不景气，增长低迷，甚至成为非洲大陆 GDP 增长最缓慢的国家④，但仍凭借其资源领域的优势保持了国民经济的正常运转，其 GDP 已经占到整个非洲 GDP 的 1/4。尼日利亚 2013 年国内生产总值的增长率达到 6.8%⑤，有美国媒体认为，尼日利亚的经济增加将持续受益于其庞大的人口基数和石油出口行业，尼日利亚将成为非洲国家经济腾飞的代表。⑥

① 参见《非洲内生动力增强，发展前景看好》，见凤凰网，2013-08-22。
② 参见《IMF：2014 年撒哈拉以南非洲地区经济增速为 6%》，见人民网，2013-11-01。
③ 参见《安哥拉官方预测国家未来经济发展将保持强劲势头》，见商务部网站，2013-05-10。
④ 参见《南非：非洲国内生产总值增速最慢的国家之一》，见商务部网站，2013-08-12。
⑤ 参见《尼日利亚专家：2014 年尼经济增长乐观可期》，见环球网，2014-01-14。
⑥ 参见《美报称尼日利亚等五国或成非洲经济腾飞之代表》，见和讯网，2013-06-05。

表 2　　非洲主要能源出口国经济增长率（%）

	2004	2005	2006	2007	2008	2009	2010	2011	2012	2013（预测）	2014（预测）
合计	11.1	7.4	7.5	9.3	7.2	4.9	6.7	6.1	5.3	6.1	7.7
安哥拉	11.2	20.6	20.7	22.6	13.8	2.4	3.4	3.9	5.2	5.6	6.3
喀麦隆	3.7	2.3	3.2	2.8	3.6	1.9	3.3	4.1	4.6	4.6	4.9
乍得	33.6	7.9	0.6	3.3	3.1	4.2	13.5	0.1	8.9	3.9	10.5
刚果（金）	3.5	7.8	6.2	−1.6	5.6	7.5	8.8	3.4	3.8	5.8	4.8
赤道几内亚	38.0	9.7	1.3	18.7	13.8	−3.6	−2.6	4.6	5.3	−1.5	−1.9
加蓬	1.1	1.5	−1.9	5.2	1.0	−2.9	6.7	7.1	5.6	6.6	6.8
尼日利亚	10.6	5.4	6.2	7.0	6.0	7.0	8.0	7.4	6.6	6.2	7.4

资料来源：IMF，*Regional Economic Outlook*：*Sub-Saharan African Keeping the Pace*。

然而，随着非洲经济持续高速发展，非洲国家经济长期落后的历史而形成的基础设施落后对未来经济持续发展的制约就越来越明显。2013 年 6 月，在日本东京举行的非洲发展国际会议上，多名非洲国家领导人指出落后的基础设施已成为非洲经济发展的瓶颈。由于缺乏电力设施和道路，一些非洲国家在发展工业和对外出口方面受阻，也让非洲国家每年损失约两个百分点的经济增幅。发展和改善基础设施是实现非洲市场一体化和可持续发展的重要手段。非洲必须转变目前依靠消费和出口原材料实现增长的发展方式，推动多样化，建立以生产工业品为基础的增长方式，加大跨国基础设施建设力度，扩大非洲市场内部的贸易往来。① 另一方面，非洲国家基础设施的不完善又导致了非洲国家普遍出现的能源供应不足的问题。在 2013 年夏季达沃斯论坛上，有专家认为现在所有的（非洲）国家，包括卢旺达在内都出现了电力不足、电力供应经常间断的现象。② 可见非洲国家基础设施的不完善明显导致了非洲国家资源能源部门发展受阻，而资源能源部门对整个非洲经济的可持续发展至关重要。

国际货币基金组织认为基础设施和自然资源的有效管理是非洲能够实现包容性增长的关键所在。③ 完善基础设施的重要举措在于经济结构的转型，国际货币基金组织在其关于撒哈拉以南非洲经济发展的报告中分析一些非洲国家实现经济迅速发展的原因时指出，从成功的非洲国家所得出的主要经验是我们所称的“良性循环”。这些国家都制定了合理的、着眼于中期的政策，实施了重要的结构性改革，吸引了更多援助资金，使其能够获得债务减免，从而放活了自身的资源。这些收益转化为

① 参见《非洲领导人说非洲基础设施落后阻碍非经济发展》，见网易财经新闻，2013-06-01。

② 参见《Brautigam：非洲能源供应不足阻碍经济发展》，见网易财经新闻，2013-09-01。

③ 参见《基础设施和自然资源是非洲实现包容式增长的关键》，见国际货币基金组织网站中文主页，2013-10-13。

财政空间，使这些国家能够扩大社会支出和资本投资，特别是基础设施支出，从而使经济增长加快。[①] 可见，非洲国家未来经济的发展方向是在逐渐转变经济发展结构和产业升级的基础上，逐渐完善基础设施。

二、2013 年非洲能源形势分析

2013 年非洲各国稳定的政治局势与较快的经济增速以及良性的宏观经济环境，为非洲国家的能源行业创造了进一步发展的条件。2012 年，非洲能源领域发生了具有历史性意义的突破进展，即东非地区新发现大量石油与天然气资源，这一方面提升了整个非洲在世界能源领域的地位，另一方面也可能使非洲内部的能源开发结构发生质的变化，当时世界舆论普遍预测未来若干年内东非的油气开发潜力将持续上升。伴随 2013 年非洲能源格局形势的进一步明朗化，东非引领新一轮的非洲油气开发活动的趋势也越来越明显，这也使得非洲地区的能源合作需求与能源市场热度呈上升态势。

（一）2013 年非洲能源发展概况：生产与需求同步增长

2013 年非洲能源的总体发展情况是乐观的。一方面，能源生产国的生产技术和产品质量乃至能源多样化程度稳步上升；另一方面，非洲地区在今年保持的强势宏观经济发展态势也进一步使得该地区能源需求国的能源消费呈现高速增长的态势。

对于非洲的能源生产国而言，2013 年能源领域的显著特征是能源生产国的地理分布范围的进一步扩大，即从传统的非洲西部和北非地区逐渐向东非扩展。传统上非洲的能源生产国主要是盛产石油的埃及、苏丹、乍得、尼日利亚等，而大多数东非国家被认为没有丰富的油气等自然资源，所以东非地区各国的能源生产水平一直处于落后状态，也是非洲地区在能源领域吸引外资最少的国家。2013 年，一方面传统意义上的能源生产国能源领域发展势头不减，如尼日利亚在 10 月宣布将致力于探明 400 亿桶石油储量[②]；安哥拉则在 12 月宣布计划开发五个陆上石油区块[③]。此外西非地区的能源扩张也热度不减，如西非地区新兴的石油国家加纳石油产量不

---

① 参见《非洲的成功：不仅依靠自然资源》，见国际货币基金组织网站中文主页，2013-10-31。

② 参见《尼日利亚探明 400 亿桶石油储量的目标或可实现》，见商务部网站，2013-10-29。

③ 参见《安哥拉国家石油公司将开发五个陆上石油区块》，见中国石化新闻网，2013-12-16。

断增加，并于海上新勘探出大量石油资源。① 另一方面，新发现的石油和天然气田很可能显著改变非洲现有的能源格局。东非地区探明巨量石油储量，仅英国图洛石油公司就分别在乌干达和肯尼亚新探明 17 亿和 3 亿桶原油储量。② 肯尼亚自 2012 年发现大量石油资源后已于 2013 年开始进入生产阶段，未来有望成为东非第一个石油出口国。随着坦桑尼亚和莫桑比克发现巨额储量的天然气，跨国公司纷纷从传统的天然气生产地区——西非转向东非寻找新的投资机会。东非已成为近期非洲最具活力的天然气开发地区。

非洲总人口占全世界人口的 15%，而能源消费仅占全球能源产出的 3%，但现在这种情形正在迅速发生改变。受经济发展催生的基础设施改善、外来投资以及反腐等因素驱动，非洲人均能源消费增速在 2013 年初已经达到 4.1%③，高于任何其他地区。英国独立调查机构 Citac 预计，从 2013 年起，非洲的石油需求量将保持每年 3.9%的增长率。到 2025 年，非洲的石油需求量将比目前增加 60%，这意味着每天的石油需求量比现在多 210 万桶。其中，撒哈拉以南非洲地区占增幅的近2/3，每天需求将比现在多 130 万桶，北非地区的每日石油需求量则比目前多 80 万桶。④ 随着非洲各国经济呈现高速增长态势，日常经济生活对能源的需求也大大提升。而非洲国家巨大的人口规模形成潜在的巨大市场，这使得经济增长对非洲能源需求增长的推动作用呈几何式上升态势。但由于非洲国家能源生产和利用技术较为落后，基础设施尚不完善，要实现对非洲国家能源需求的充分满足仍需时日，但是显然这其中也隐含着能源合作的机遇。

（二）东非能源国家勘探生产进展顺利：进一步向非洲新兴能源基地迈进

近年来非洲能源结构的一个最显著的发展特点是非洲东部国家如肯尼亚、乌干达、坦桑尼亚和莫桑比克等发现大量油气资源。这使得东非国家成为非洲能源开发与生产的热点地区。东非新兴能源国家中最引人关注的当属去年首次发现石油资源的肯尼亚。自 2012 年 3 月 26 日官方正式宣布发现石油资源以来，肯尼亚的石油勘探工作在 2013 年内不断取得重大进展，比如英国图洛石油公司在这个地区连续发现 5 个油藏。2013 年 2 月，图洛石油在肯尼亚的第一口商业油井开始生产，日产量达到 5 000 桶。⑤ 预计 2013—2014 年间，肯尼亚油田“珍珠链”一线将再钻 12 口油

---

① 参见《美国哈维斯特加纳海上获得重要石油发现》，见中国石化新闻网，2013-01-08。

② 参见《东非地区石油勘探面临挑战》，见环球网，2013-10-21。

③ 参见《非洲能源需求增速全球最快》，见新华网，2013-01-04。

④ 参见《非洲 2025 年石油消费量将比目前增长 60%》，见商务部网站，2013-04-13。

⑤ 参见《图洛石油在肯尼亚陆上获得第 5 个能源石油发现》，见国际石油网，2013-11-25。

井。有分析指出图洛石油公司与加拿大非洲石油公司在肯尼亚东部的两口新油井将进展最快，这两口井所在地区的总资源量有望达到7亿多桶。其中一口新油井巴哈西油井于2013年10月初开钻，12月确认埋藏量达3亿桶。巴哈西油井正式开采后，两家公司将开钻另一口新井，即萨拉油井，其埋藏量有望达到4.02亿桶。[①] 肯尼亚政府已向世界宣布，肯尼亚将在2016年成为石油出口国。

如果这一目标得以顺利实现，肯尼亚将成为东非首个石油出口国，而肯尼亚能源领域的广阔前景也将刺激相关领域经济活动的迅速增加以及国际能源合作活动的发展。石油发现将使外国投资者对基础设施项目更感兴趣，从而带来更多投资，促进地区经济发展。另有分析指出，即使自身的石油储量开发不力，肯尼亚也可从整个东非地区的石油和天然气行业中获益，因为肯尼亚拥有东非地区最大的海港和炼厂。[②] 除肯尼亚之外，其他东非国家在2013年的能源勘探与生产活动也获得了可喜的进展。以坦桑尼亚为例，2013年，坦桑尼亚发现了大量天然气储藏量，该国的油气勘探活动一直在海上、沿海地区、湖上和陆上区块内进行。坦桑尼亚此前曾估计其拥有43.1万亿立方英尺的天然气储量，其中大部分气藏是在该国南部海域发现的。

随着东非油气资源的勘探和开发顺利进行，非洲能源发展的长期趋势必然是格局越来越向东非地区倾斜，而东非地区长期内在资源领域存在的巨大潜力，以及其相对于西非和北非而言未完全饱和的市场条件所带来的高收益回报可能性，势必吸引更多的外来投资，促进东非地区能源合作发生质的飞跃。传统上非洲能源生产活动集中的西非和北非地区即将面临来自东非新兴能源国家的竞争压力，这无疑将迫使西非和北非国家调整经济结构，进行产业优化升级，特别是某些传统上极度依赖石油经济的国家将不得不开启能源多元化和经济多样化发展的道路。然而由于东非国家自油气大发现至今的时间仍然较短，勘探与生产工作仍然停留在初始阶段，在未来相当长的一段时间内还面临着改善基础设施建设与引进并掌握先进能源技术的重大挑战。就拿人们眼中的“石油新星”肯尼亚来说，肯尼亚图尔卡纳地区发现的石油储量具有商业价值，但要实现商业开采和规模化生产尚需要6～7年的时间。[③] 总的来说，无论对于东非国家完善基础设施和引进外资技术，还是对于西非和北非国家的复合性经济发展道路的实践来说，东非油气资源大发现所造成的非洲能源结构变革都将产生连锁效应，使得整个非洲的经济格局更加优化、产业结构配置更加

---

① 参见《肯尼亚石油开采在东非遥遥领先》，见中国石化新闻网，2013-11-15。

② 参见《冉冉升起的东非能源新星—肯尼亚》，见中国石油新闻中心网站，2013-09-05。

③ 参见《世界能源地理：东非石油新星肯尼亚》，见北极星电力网新闻网，2013-09-04。

合理。

(三) 北非和西非国家应对发展挑战：面临能源多元化的产业结构转型压力

北非和西非国家是非洲传统的能源生产中心，因为其油气资源发现较早，基础设施建设较为完善，有些北非和西非国家的能源出口甚至成为其国民经济的支柱产业。而经过长达数十年的发展，北非和西非国家的能源产业已接近饱和，很难再有突破性进展，特别是受到国际能源形势的影响，再加上当前东非油气大发现使得非洲能源格局势必越来越向东非倾斜，这也会给北非和西非国家的能源产业带来竞争。目前，北非和西非国家均不同程度地面临传统能源部门经济效益降低的压力，实现能源结构多元化和经济产业结构的调整势在必行。

以西非地区传统能源国尼日利亚为例，石油产业在尼日利亚经济中举足轻重，占 GDP 的 40%、政府收入的 80%、外汇储备的 95%。石油对这个非洲第二大经济体而言举足轻重，油气价格和需求的大幅波动会对经济发展产生重大不利影响。国际能源署最新报告显示，尼日利亚原油产量已降至 195 万桶/日，创近两年新低。报告认为，诸多不确定因素，如石油工业改革长期停滞不前、新增投资匮乏、盗油活动猖獗等问题制约着尼日利亚未来的石油生产潜力。① 2013 年 7 月，尼日利亚公共企业管理局（BPE）宣布，该机构计划提交改革法案，推动尼日利亚农业和海事部门有关机构私有化，促进相关领域转型发展。② 北非国家面临国际能源市场变动以及东非能源国兴起的压力相对要小一些，但北非国家在进行能源经济转型的过程中还要花费大量精力稳定国内政治局势，其能源多元化和产业结构转型也面临着诸多挑战。目前一些北非国家相继执行了发展新能源特别是可再生能源的战略规划。以利比亚为例，一直以来，利比亚主要依靠石油和天然气发电，很少进行油气以外的能源投资，尤其是清洁能源，而利比亚的石油储量可能将在 20～30 年后用尽。作为欧洲最大的石油供应国之一，利比亚希望在未来能为欧洲客户提供绿色电力，并正在付诸行动。与岌岌可危的油气产业相比，利比亚太阳能具有明显优势，这不仅有助于稳定利比亚经济状况，满足其国内日益增长的能源需求，还能提升其国内就业率。此外，面对油气价格的大幅波动和绿色环保理念的不断冲击，太阳能更是一个有利无弊的选择。2013 年 4 月，利比亚电力部长表示，将于近期公布国内两座太阳能发电站工程招标方案。这一决定释放出该国准备

---

① 参见《尼日利亚的"石油牌"还能打多久》，见光明网，2013-03-06。

② 参见《尼日利亚拟通过农业和交通领域改革推动经济发展》，见商务部网站，2013-07-09。

大力发展可再生能源的强烈信号。利比亚计划到 2020 年 20%的电力来自可再生能源，到 2030 年将这一比例提高至 40%。[①] 可见，尽快进行能源多元化调整、升级产业结构已经成为西非和北非国家的必然选择。

(四) 非洲新能源和可再生能源发展迅速：逐步形成具有非洲特色的能源文化

和全世界未来能源发展趋势相一致，非洲未来的能源结构也将越来越依赖于可再生能源。2013 年，非洲的可再生能源有了进一步快速发展，在非洲建设的无数小型分布式发电站主要是为了满足当地的电力需求。在这样的情况下，处于有利地形的可再生能源发电站（包括水电、风电、光伏及地热）均能很好地满足当地电力需求，发挥各个地区的特殊发电潜能。

在所有非洲国家中，埃塞俄比亚对可再生能源产业的投资金额增长最快，正以每年 8%的增速上涨，并且其投资额甚至超过了其他经济发展水平远高于埃塞俄比亚的国家。[②] 2013 年，多个令人印象深刻的项目已经启动，例如 Gilgel Gibe 和 Millennium 大坝，这些项目应当能够满足该国今后几年 85%以上的电力需求。[③] 此外，埃塞俄比亚政府已经决定增加发电类型，9 月，埃塞俄比亚政府宣布将利用 Rift 山谷建设一些地热电站，从而保证随后几年电量供应充足。与在非洲新能源发展领域崭露头角的埃塞俄比亚相比，南非可以称得上是“非洲清洁能源发展的奠基石”。有数据显示，2011 年南非可再生能源投资尚不足 3 000 万美元，而 2013 年初的统计则达到了 55 亿美元，南非因此成为 G20 成员中可再生能源市场增长最快的国家。[④] 按照南非政府的整合资源计划，到 2030 年，南非需新增 17 800MW 的可再生能源装机容量，占新增发电容量的 40%以上。

此外，光伏发电在肯尼亚、南非与摩洛哥日益扩增。肯尼亚将向可再生能源产业注资，建设一座 50MW 的太阳能光伏发电站，位于肯尼亚北部加里萨（Garissa）的沙漠地区，占地面积达到 81 英亩。该项目将成为该国最大的可再生能源并网电站之一。而东非地区最大的太阳能发电站也于 2013 年 12 月在肯尼亚的 Kericho 郡正式发电。该项目装机量为 1MW，主要提供当地茶叶加工厂用电，可节省日常用电成本达 30%，剩余电力将并入国家电网。[⑤] 在南非，Kathu 光伏电站拓展了该国的能源构成类型，并将削减对环境的不良影响。该项目将于 2014 年投入运营，

---

① 参见《利比亚能源转型，太阳能先行》，见北极星太阳能光伏网，2013-05-03。

②③ 参见《非洲可再生能源“如日中天”，肯尼亚等国光伏“愈加璀璨”》，见中国电力网，2013-12-16。

④ 参见《南非加速发展可再生能源发电》，见中国新能源网，2013-11-26。

⑤ 参见《肯尼亚即将建成东非地区最大的太阳能发电厂》，见中国新闻网，2013-07-25。

Kathu将成为拥有全球最大单轴追踪系统的光伏电站之一，其装机量将达到146GW左右。由于其所发的电力将并入电网，该项目将满足逾40 000居民的电力需求，从而每年削减大约50 000吨的二氧化碳排放量。① 在摩洛哥，随着科技发展，太阳能等清洁能源也越来越受到重视。该国政府宣布动工建设Ouarzazate Noor太阳能发电站。这座电站一期项目装机量将达到160MW，到2015年底装机总量则将达到500MW。②

传统上依赖于油气资源的北非国家也越来越认识到可再生能源对其能源经济的重要性。在所有的可再生能源种类中，北非地区的太阳能资源技术可开采量最大：该地区每平方公里土地每年接收的太阳能大约相当于150万桶原油。此外，也门、阿尔及利亚、埃及等中东北非国家的平均风速在7m/s以上，十分适合于风电开发。事实上，非洲北部沿海被认为是全球开发风能最有吸引力的地区。③ 埃及由于长期面临严重的电力短缺，发展太阳能和风能发电就成了其最便利的选择。埃及能源最高委员会已经颁布了一系列刺激可再生和清洁能源投资的措施，包括用于太阳能和风能电力生产的零部件免收关税和税收、分配土地、与埃及电力传输公司或其他用电公司签署供电协议等。埃及政府计划到2020年可替代能源供电达供电总量的20%。④ 虽然目前非洲各国在可再生能源发展领域都取得了长足的进步，但很显然，由于非洲国家在基础设施和技术条件方面不完善，以及关于可再生能源的社会认识仍不成熟，在现阶段乃至未来相当长的一段时期内非洲国家的可再生能源领域仍然面临许多困难。

从非洲可再生资源的国际能源合作角度看，非洲国家在可再生能源方面的超额需求会带来投资与合作的市场空间，一些跨国公司纷纷在可再生能源领域与非洲国家展开相关的能源合作活动。比如谷歌宣布于2013年9月完成了其首个在非洲大陆的可再生能源项目1 200万美元的投资，其中贾斯珀太阳能项目的总投资为2.6亿美元，这个位于南非北开普省的太阳能光伏电站的设计功率为96MW。该项目已获得来自众多国际新能源公司、银行和基金的投资，南非开发银行也参与其中。⑤ 西班牙Gamesa公司也已经在红海海岸投资了200MW的风力发电项目，整个区域供电量可达400MW。⑥ 这说明非洲可再生能源市场已经得到世界的充分认可并且已

① 参见《南非最大光伏电站成功并网发电》，见新华网，2013-10-08。
② 参见《非洲可再生能源“如日中天”，肯尼亚等国光伏“愈加璀璨”》，见中国电力网，2013-12-16。
③ 参见《中东北非的能源转型之道》，见和讯网，2013-11-13。
④ 参见《埃及拟大力发展太阳能和风能发电》，见新华网，2013-03-14。
⑤ 参见《谷歌投资非洲首个清洁能源项目》，见新华网，2013-05-31。
⑥ 参见《埃及拟大力发展太阳能和风能发电》，见新华网，2013-03-14。

经成为各大跨国公司企图先抢占的新兴市场，可以预测未来对于非洲可再生领域的投资热仍将升温。

在非洲国家大力开发利用新能源、可再生能源和清洁能源的背后，可以透视出非洲国家独具特色的能源文化在其现代化和经济发展的过程中已初步形成。从根本上解决能源危机，除了促进能源技术研发和产业化之外，还要构建先进的能源文化。传统上先进的能源技术如大型的发电设施需要大量进口昂贵的化石燃料，对于经济刚刚起步、外汇储备有限的国家来说并不现实。需要精心维护的电网也不适合连接分散的村庄和偏远的城镇。非洲广大农村和贫穷的城镇需要廉价的能源，而且不依赖大量进口，分布式的可再生能源发电站因此大放异彩。① 因此，发展清洁能源和可再生能源不仅会给生态环境的维护和经济的可持续发展带来长远收益，也能够解决非洲国家不断增长的能源需求问题从而有利于实现其国民经济的发展，可以说新能源发展在非洲有着得天独厚的优势，非洲国家也形成了优先发展清洁与可再生能源的新能源文化。

(五) 全球经济视角下的非洲能源发展：在全球能源合作中地位提升

从国际能源形势的角度来看，非洲在 2013 年能源生产、消费和种类结构的新发展，将使得非洲在全球能源中的地位变得更加重要，也使得非洲将在全球化相互依赖条件下的国际能源合作议程中扮演更重要的角色。

目前世界能源领域毋庸置疑的趋势是可再生能源、新能源、清洁能源等非常规能源的地位越来越重要，甚至有逐步取代石油、天然气、煤炭等传统常规能源的趋势，而传统能源在短期内并不会退出历史舞台，因此在今后相当长的一段时期内，传统常规能源与非常规能源、可再生能源在国际能源格局中将呈现此消彼长变动不居的态势。而在当今全球范围内能源发生大转型、大变革的情况下，非洲作为在能源领域发展迅速的地区，必然会对全球范围内的能源格局产生至关重要的影响。全球能源经济视角下的非洲国家能源格局可以从两个维度来看待。一方面是非洲国家自身的能源开发、勘探与生产层面。在当前非洲国家普遍存在经济发展水平低、基础设施不完善以及技术落后的情况下，既要发展传统的常规油气资源的开发产业，又要在太阳能、风能等非常规资源和新能源领域有所进展。这使得非洲国家势必要走一条与西方发达国家传统能源发展饱和之后再发展非常规的新能源所不同的近似跨越式发展的道路，这对非洲国家来说既是挑战也是巨大的机遇。另一方

① 参见《肯尼亚的绿色能源经》，见新华网，2013-09-13。

面，对于其他通过投资等方式试图与非洲进行能源国家合作的国家来说，非洲能源领域的巨大生产潜力和广阔的市场资源无疑对资本的流动产生了巨大的吸引力。

目前非洲能源开发将沿着传统油气资源和非传统资源两个方向发展，因此无论是如OPEC国家和俄罗斯这样在传统上以常规油气开发生产见长的国家，还是如美国、加拿大等依靠非常规油气开发崛起的能源大国，或是像中国这样在传统和非传统能源领域都有涉足并且有着巨大能源需求的新兴工业化国家来说，对非洲加大投资力度以获得更多的油气份额以及对可再生能源等非传统能源市场的投资都是有利可图的。所以，从世界能源形势的宏观外部条件来看，非洲在进行国际能源合作、吸引外部大规模投资方面具有良好的前景。在已经具备了优势外部条件的情况下，非洲国家的当务之急在于，一方面进一步加强对国内经济社会生活的管理，在加强经济稳定性和抗风险能力的同时，对货币政策和财政政策进行良性的宏观调控，制定吸引外资的经济制度；另一方面要维持国内政治局势的稳定，防止政治动乱和武装冲突的发生，降低外来投资者的风险预期。

三、2013年中国与非洲能源合作概况与分析

中国发展与非洲国家的能源合作关系，对于缓解未来潜在的能源供给压力以及保持能源安全具有重大意义。而非洲国家也急需合作伙伴来协助其能源生产开发勘探活动，并通过国际能源合作来获得资金与技术支持，从而通过能源领域的发展实现经济增长率的提升和社会政治环境的进一步稳固，使得非洲国家的政治经济更好地步入正轨。因此，中国与非洲在能源合作领域具有实现互惠双赢的潜在互补性。

（一）2013年中国与非洲能源合作概况

中国与非洲在2013年能源合作领域取得了令人欣喜的进展。主要合作领域涵盖煤炭、石油、天然气、新能源等能源种类。

1. 煤炭：合作趋向成熟

煤炭虽为在中国能源使用结构中占比较大比重的一种能源，但近年来中国国内经济结构转型要求降低对煤炭资源的依赖程度，再加上中国国内即易获取价格低廉的煤炭资源，这使得中非在煤炭领域的能源合作无论是频率还是规模都已经远远不及其他种类的资源。但中非在煤炭能源领域的合作发展历史较长，合作形式也趋于

成熟。

2013年中非煤炭能源合作的主要特征是能源合作开展形式多元化。2013年初，北京昊华能源股份有限公司与南非非洲煤炭公司签署协议，昊华公司将出资1亿美元，以每股0.25英镑的价格购买非洲煤炭公司23.6%的股票。非洲煤炭公司将利用收益建设Vele煤矿。该煤矿计划年产原煤700万吨，其中包括100万吨焦煤。① 在2013年内，被中国公司收购的非洲煤炭公司进行经营战略调整，剥离盈利能力不强的纯动力煤矿。2013年2月，国宏国际集团非洲国家投资合作签约仪式在京举行。该公司联手来自美国和俄罗斯的合作伙伴，与刚果（金）、马里、加蓬、科特迪瓦、几内亚五国签署八项资源开发协议，宣布启动非洲投资计划，其中对煤炭能源的开发是该投资计划中的重要项目。②

由此可以看出，中国在2013年与非洲进行的煤炭能源合作中，一方面，出现了经济形式多样化的趋势，既有传统的煤炭国际贸易，又有收购煤炭公司股份等金融行为。另一方面，中国参与非洲煤炭国际合作的主体也发生了变化，越来越多的民营资本进入非洲煤炭市场，实现了不同类型的经济活动主体业务和辅助业务之间相互促进的立体格局。

2. 油气领域：中非能源合作之重点

油气领域是中非能源合作的战略重点。早在20世纪90年代，中非就开始在油气能源领域开展合作。随着石油合作的逐步深入，合作内容也由最初的能源贸易延伸到油气勘探开发，非洲已成为中国第二大石油进口来源地和最大的海外份额油来源地。③ 中国方面对海外油气资源的强烈需求与非洲国家丰富的油气资源形成供需上的互补关系，2013年以来东非新兴能源国家油气资源的顺利开发和西非、北非国家能源结构转型，以及非洲国家试图通过油气领域的国家合作拉动经济增长和产业结构调整的战略意图，都使得中非油气领域的能源合作有了良好的宏观环境条件。总体来说，2013年内中非油气领域的能源合作呈现出良好的趋势。

2013年，中国与非洲国家的油气资源合作仍然沿着投资、并购这个大方向发展，但合作的规模和深度都有了较大提升。首先是中国的大型能源国有企业进一步进军非洲，在油气领域进一步占领非洲市场。如3月，中国石油斥资约255亿人民币（42亿美元），收购了意大利埃尼集团全资子公司埃尼东非公司28.57%的股权，从而间接获得非洲莫桑比克4个区块项目20%的权益，这标志着中国石油进军东非

---

① 参见《中国公司出资一亿美元购买南非非洲煤炭公司股票》，见商务部网站，2013-01-11。

② 参见《国宏国际集团非洲掘金，投资林业矿业》，见华夏时报网，2013-11-24。

③ 参见《中国非洲能源合作状况与前景分析》，见中商情报网，2013-11-19。

的第一步，也是中国迄今为止对海外天然气田最大的一笔投资。中国石油化工集团公司于10月宣布，未来5年中国石化计划向非洲增加200亿美元投资。截至2013年6月底，中国石化在非洲资产总额达220亿美元。[①] 此外，11月，中国石化全资子公司国际石油勘探开发有限公司与美国阿帕奇石油公司联合宣布，前者将收购阿帕奇在埃及1/3的权益，且正式完成交割。这是中国石化在非洲市场的又一次资产布局。[②] 此外，中国公司还越来越多地开展与非洲国家油气基础设施和技术设备领域的合作，比如在10月，中国石油派出中国石油集团最大的铺管船奔赴非洲承担坦桑尼亚海底天然气管道施工任务。[③]

中国公司对非洲油气领域的投资模式已经从简单的直接投资以及并购非洲国家的油气企业，发展到通过间接投资的模式与那些在非洲能源领域控股较多的西方发达国家的跨国公司合作，同时能源合作的领域也逐步扩展到技术和基础设施层面。这无论是对于中国公司在非洲能源市场收益的提高，还是对于非洲国家加快基础设施建设和引进相关的能源生产技术都是有益的，其双赢的结果必然给中非油气领域的未来合作带来进一步的推动力。

随着2013年非洲（尤其是东非）新一轮油气资源的勘探和发现，非洲国家油气资源的前景更加广阔，未来中国势必会进一步扩大与非洲国家在油气领域的合作，因此建立起更为正式的中非油气合作机制以确保合作质量的稳步提升就显得异常重要，这可以通过充分利用现有的地区性国际组织框架来实现。比如可以大力推动与非盟及非洲次区域组织在油气合作领域的基础设施建设、能力建设、机制建设等方面的合作。此外，进行油气合作的形式可以继续拓展，2013年中国对非洲油气基础设施和技术领域的参与使我们看到了这方面的乐观前景，随着未来双方合作过程中新形式的不断引入，可以预见合作的空间也会大大拓展。

3. 新能源：从意向协商走向执行阶段

非洲发展新能源和可再生能源具有得天独厚的条件，再加上非洲地区逐渐形成的利用可再生能源的能源文化，非洲新能源市场呈现方兴未艾的态势。而中国一方面因为其经济结构调整对可再生资源的关注度和需求日益上升，另一方面发展可再生能源的时间长于非洲国家，在技术和开发模式上较非洲国家更为成熟，因此中非在新能源领域的合作也具有相当广阔的前景。

如果说2012年中非双方就新能源领域的合作议程仍然停留在意向协商等起步

---

① 参见《中石化五年内将向非洲投资十万亿非郎》，见商务部网站，2013-11-30。

② 参见《中石化在非洲进行资产布局》，见中国投资咨询网，2013-11-18。

③ 参见《中石油管道局进军海洋管道市场，最大铺管船远航非洲》，见新华网，2013-11-04。

阶段，2013年内双方的合作则开始进入执行阶段，这足见中非双方在新能源合作领域的进展之快。如中兴通讯于10月宣布在太阳能领域与非洲多国实现了项目合作，涉及埃塞俄比亚、津巴布韦、莫桑比克、尼日尔等15个国家和地区。目前，中兴通讯在非洲承建的太阳能项目均运行稳定。这些合作项目覆盖中兴通讯绿色能源领域的多个产品系列和方案，包括太阳能照明系统产品和方案、太阳能移动电源系统产品和方案、通信基站太阳能供电系统产品和方案以及太阳能用户系统产品和方案等。① 又如，10月，中国龙源电力集团股份有限公司成功在非洲中标两个风电项目，成为首个迈入非洲市场的中国可再生能源开发商。这两个风电项目总容量为244.5MW。② 此外中非可再生能源领域的合作也有向金融行业等新兴领域拓展的趋势，如4月中国工商银行与南非标准银行签署200亿兰特（1美元约合9兰特）的协议，联合支持南非开发可再生能源项目。③

中非新能源领域的合作在2013年发展迅速，已经从意向阶段进入实施阶段。中国的投资有力消除了非洲发展可再生能源的两大瓶颈：资金短缺和技术欠缺。中国在非洲可再生能源领域的投资促进了非洲能源安全和技术转让，推动了非洲可再生能源产业发展，促进了非洲能源结构的多元化，减少了非洲对石化能源和波动较大能源的依赖及森林采伐，增强了非洲应对气候变化的能力。可以预测，中非双方对新能源的共同需求，以及中国的新能源技术和资金与非洲国家形成的潜在互补结构会继续作为强大的推动力促进中非新能源合作的进展。

（二）中非能源合作面临的挑战和风险及其应对

从以上分析可以看出，2013年内中非在能源领域进行了富有成效的合作，而且就长期形势来看，中非之间还有更加广阔的合作空间可以挖掘。然而当前中非之间的能源合作仍然面临一些挑战和风险，如何有效地协调合作关系以克服这些挑战、防范这些风险，是中非未来在能源领域合作深入发展的关键所在。

1. 非洲国家的文化传统和历史因素与现代经济条件下的能源合作不相适应

中国与非洲由于在地理上距离较远，在长期的历史发展过程中经济文化交流非常少，双方形成了完全不同的传统文化特征，这种文化上的差异在特定情况下会影响双方经济合作的顺利进行。任何经济合作活动都不是简单的金钱利益交易，在经济合作的背后是商业文化、礼仪文化、法律意识、道德修养、价

① 参见《中兴通讯在新能源领域与非洲多国合作》，见和讯网，2013-10-23。
② 参见《南非：可再生能源发电提速》，见网易新闻，2013-11-26。
③ 参见《中国加大对非可再生能源投资》，见新华网，2013-04-04。

值观念、思维方式和交际能力等。商业文化、礼仪文化时时处处、具体入微地表现在人们的交往中。比如，在本地化用工方面，中国石油在非洲的本地化率超过了80%。非洲在历史上曾经长期作为西方列强的殖民地而受到经济和政治上的剥削和压迫，而殖民主义的一种表现形式就是跨国资本的输出，因此随着中国在非洲投资力度的加大，中国在非洲搞“新殖民主义”的论调在国际舆论中甚嚣尘上。因此，中国企业在同各阶层、各方面的非洲人民打交道的过程中，除了自身要有良好的素质、扎实的修养、过硬的能力和丰富的经验之外，还要尊重非洲社会交往的商业习俗、交往礼仪、风土人情等，创造和谐的人际关系、温馨的社会环境和舒畅的商业气氛，从而获得理想的经济效益和社会效益。积极应对“新殖民主义”所带来的舆论压力，在致力于升级中非经贸关系的同时加强对非援助。2013年以来，中国认真落实中非合作论坛历届部长会议提出的各项举措，在公共福利设施、医疗卫生、气候变化与环境保护，以及人道主义援助等领域积极开展对非合作，加强双方人文交流和科技合作，努力提升非洲自主发展的能力。① 作为政府之外对非援助的生力军，中国在非洲的企业要努力履行企业社会责任。比如中国石化集团公司于10月在肯尼亚发布了第二份社会责任国别报告《中国石化在非洲》，这也是中国石化第一份在非洲地区的社会责任报告。② 这体现了中国企业与非洲国家的共赢合作，用事实反驳了“新殖民主义”的论调。

2. 美、日、欧盟等经济体在非洲能源领域的扩张加剧，中国在非洲的投资面临越来越强劲的竞争压力

非洲国家油气大发现引发了能源领域国际投资热潮，再加上非洲国家经济增长和政治形势逐渐稳定而使得非洲国家投资宏观环境的改善，其结果必然是吸引全世界的资本进入非洲能源市场，这无疑会给中国企业带来较大的竞争压力。有些国家甚至制定了在非洲的国际竞争战略，如2013年5月日本安倍政府推出一项新举措，宣布在未来五年内向投资非洲稀土矿、石油和天然气的日本企业提供2 000亿日元的财政资助。③《日本时报》称，中日两国在非洲的石油、天然气、稀土、碳氢化合物和煤炭资源开发领域都存在激烈的竞争。为了赢得非洲国家的青睐，中日两国分别在2000年和1993年设立了中非合作论坛和东京非洲发展国际会议，以保证本国在非洲的矿产和自然资源开发权。④ 美国《纽约时报》网站6月28日刊发题为“在

① 参见《中国再以实施驳斥对非洲“新殖民主义”论调》，见中国青年网，2013-08-29。

② 参见《中国石化发布首份非洲社会责任报告》，见人民网，2013-10-30。

③ 参见《日本缘何在非洲大把撒钱?》，载《当代世界》，2013（8）。

④ 参见《日媒称日本瞄准非洲资源，同中国激烈竞争》，见环球网，2013-05-30。

非洲，同北京竞争”的文章称，美国总统奥巴马将访问塞内加尔、南非和坦桑尼亚，批评人士指责他没有更早到非洲，并在投资这个大有潜力的大洲方面落后于中国领导人。在访问中，奥巴马强调美国方式强于中国的重商主义，包括推进民主与法治，启发新一代年轻非洲人并帮助他们的国家开发可持续的农业。① 一些跨国公司进入非洲市场势必对中国企业构成竞争，比如德国企业就试图凭借其技术优势抢占非洲市场。近年来非洲国家腐败现象减少、投资风险降低、法律环境不断改善，德国企业获得进入的大好时机。尤其在能源基础设施建设领域，非洲国家凭借原材料开采和销售积累了大量流动资金，到 2040 年该地区拟投资 1 万亿欧元用于能源基础设施建设，将发电量由目前的 125GW 扩容至 700GW，而德国企业有望获得其中 800 亿欧元的市场份额。德国在能源技术和产品方面的优势无人能及，而且除销售产品外，德国企业经营范围覆盖规划、融资、建设、解决方案及服务各个环节，完全有实力与早已在活跃在该地区的中国企业竞争。② 为了应对外部竞争压力，一方面中国企业要提高合作水平、管理和技术水平，在硬实力上保持竞争能力；另一方面，中国政府要制定有效的非洲国际能源竞争战略，创新与非洲国家经济合作的宏观模式，不仅在经济层面要展开广泛的、互利共赢的合作，在社会文化等领域也要加强交流，增强中国的文化软实力，提升中国在非洲的国际形象。

3. *政治、法律和人身风险的存在*

肇始于 2011 年的北非国家政治动乱诱发的新一轮政治风险对中国企业非洲的投资产生了很大程度的负面影响。部分非洲国家政府甚至出台政策限制中国在非投资，或没收中国企业在非资产，比如，到 2013 年 3 月，以中国石油为代表的中国企业因利比亚政局动乱而直接导致其在利比亚大量的已建和在建海外项目终止，损失据统计超过数十亿元。③ 又如，2013 年 2 月 20 日，赞比亚政府吊销赞比亚南部科蓝煤矿的开采执照。④ 赞比亚政府做出此决定的原因除了该煤矿的安全状况和环境要求没有达到标准以外，还包括该煤矿近年来频发的骚乱事件，而这又与赞比亚政治不稳定密切相关。

除政治风险外，中国企业员工在非洲可能遭遇的人身安全和疾病风险也值得关注。多年的战乱和疾病横行是非洲吸引外商投资的大敌，以疟疾为例，这一疾病在

---

① New York Times：“In Africa，Competing with Beijing”，June 28，2013，available from http://www.usc-npm.org/2013/07/01/in-africa-competing-with-beijing/.

② 参见《德国欲凭借其技术优势抢占非洲能源市场先机》，见商务部网站，2013-04-15。

③ 参见《商务部部长陈德铭：中国企业损失严重希望利比亚政府赔偿》，见新浪网，2012-03-08。

④ 参见《中企非洲再起事端科蓝煤矿被吊销执照》，见第一财经网站，2013-02-25。

非洲特别是中南部非洲肆虐，大大降低了人口免疫力，一些国家因为疟疾的影响，居民的平均寿命只有30多岁。很多西方企业因为安全和疾病威胁，断然放弃了一些非洲国家的投资。

非洲大陆国家有被殖民的历史，因此其法律制度比较复杂。中国企业决定在非洲投资前必须熟悉东道国法律，避免不熟悉当地法规导致的负面结果。这类风险可以称为法律法规风险，这方面的例子很多，例如，中国企业投资南非首先要了解南非的“黑人经济振兴政策”（BEE政策），很多企业因为不熟悉或者不重视BEE政策，在南非的业务长期无法正常开展。[①]

基于这些潜在的风险，中国企业应当在与非洲国家进行能源合作之前做好防范风险的管理措施：首先应该清晰分析东道国存在的风险类别，关注国际各大评级机构的报告，然后仔细研究应对这些重大风险的措施，在此基础上，建立全面的非洲投资风险控制体系和防控风险模型，更好地防范中国企业在非洲投资的商业风险，加强中非能源合作的安全。

---

① 参见《中国企业投资非洲风险及其应对》，见和讯网，2013-08-06。

欧洲地区

一、2013年欧洲政治经济形势综述

(一) 欧洲政治稳定性正在不断增强

总体而言，2013年欧洲政治局势平稳，因经济衰退引发的政治动荡随着经济的复苏以及政府对于稳定性的强调而逐渐趋于平静。经济问题仍然是欧洲各国政府的首要关切，也是各国政府当前外交方面的重要着力点。随着政府力量对于经济的干预力度增强，对于欧洲政治协作甚至一体化的要求也在引发更多的关注。当前政治不稳定的主要是经济状况较差的欧洲的边缘国家，欧元区的中心国家仍然保持着较为平稳的政治形势，这种状况有利于欧洲的经济恢复和进一步协作行动。

一方面，自2009年欧洲主权债务危机爆发以来，欧洲地区已有13个国家经历了选举，整体来说政府换届较为平稳。如，在德国大选中，默克尔高票当选，保证了德国政府政策的连续性和政治的稳定性。另一方面，欧债危机爆发五年来，反欧政治在许多欧盟国家如法国、英国、意大利、奥地利、荷兰、芬兰、希腊、葡萄牙甚至德国已经成为一种时尚，这种对于政治制度的不满成为一种破坏性的力量。

就欧盟整体而言，当前欧盟的政策主要偏向于加强市场监管、重视政府对于经济的刺激作用，通过增加就业的政策以强化经济管理和恢复市场信心。因此，政策选择和协调是当前欧盟的主要政治任务。除此之外，由于关切地区安全、能源通道畅通、全球责任及市场信心，区域外的地缘政治事件，如西非海盗问题、乌克兰革命、叙利亚问题、中东北非的动荡等，也是欧盟在全球范围内需

要积极应对的重大政治事件，但是不会出现挑战欧洲内部稳定性的重大地缘政治事件。2014 年将标志欧洲当前政治周期的结束和新政治周期的开始。[①]

（二）欧洲经济完全提振尚待时日

2013 年欧洲经济主要表现为核心国缓慢复苏以及边缘国的衰退减弱两个方面，这两股力量交织在一起，助力了欧元区经济从底部温和回升。预计其将在 2014 年增长 0.9%，2015 年增长 1.5%。2013 年，欧洲经济增长为 0.6%左右。[②] 经过 5 年的危机洗礼，欧盟通过欧洲稳定机制（ESM）和欧洲银行业监管机构等经济和金融改革手段，终于开始摆脱经济衰退。

然而，不少专家和金融机构预测，虽然欧洲国家经济出现明显好转，但是根本问题并未彻底解决，失业率依然很高，欧元区内经济不平衡仍然保持常态，银行业坏账问题仍未彻查，债务问题还在困扰着多国。预计到 2014 年底，欧洲经济整体状况还很难恢复到危机前水平。届时，欧盟经济陷入“无增长”状态将持续第六个年头，重债国如希腊、葡萄牙、塞浦路斯等国的情况可能会持续恶化。

在当前全球化视野下，欧洲的经济恢复将有助于世界整体经济形势的好转，特别是在当前新兴国家的经济带动效应减退的情况下，欧洲经济复苏对于世界的整体发展意义重大。随着地区性矛盾的逐渐缓和，欧洲将会有更多的精力和能力发展对外关系，同时，欧洲的进一步发展所提出的现实需要也将促使欧洲更加深入地融入全球性的交往之中，在国际舞台上焕发出更多的活力。

二、2013 年欧洲能源形势分析

（一）欧洲能源结构继续向低碳化方向发展

德国制定了到 2050 年可再生能源发电比例达到 80%的目标，尽管在推广可再生能源发电方面遭遇了一系列挫折，在降低政府补贴之后可再生能源行业也一度萎缩，但德国国内关于继续发展可再生能源的观点仍然较为一致。除德国之外，西欧各国也不同程度地通过调整电价、推行补贴等方式激励可再生能源发展，并且通过投入巨资研发可再生能源技术，以规模扩大和技术创新降低可再生能源的利用成本。

---

① 参见哈维尔·索拉纳：《欧洲政治的新机会》，见中国新闻周刊，2013-06-10。

② 参见《地区格局悄然变化　增长动力略有增强——2013 年世界经济回顾及 2014 年展望》，见国家统计局网站，2014-02-27。

在福岛核电站事故之后，核电在欧洲的发展一度受挫。尽管德国、瑞士等国家明确表示放弃核电，但作为一种清洁高效的能源，核电在环境友好方面有着无可比拟的优势。2013 年，法国、芬兰、英国和瑞典都重申了致力于发展核电的承诺。在中欧和东欧，波兰、罗马尼亚和捷克在加强了安全评估之后，也都在筹划推进新的机组。核电仍将是欧洲推行低碳策略的主要候选方案。尽管碳捕获与储存（CCS）技术可能会减少对煤炭与天然气的依赖，但该技术仍处于起步阶段，缺少已经投入使用的示范项目。在未来十年，可再生能源也不可能代替核能实现目前如此大规模的能源供应。

就太阳能而言，在经历了 2011 年前后的太阳能快速发展之后，由于经济遇冷，欧洲太阳能光伏生产遭遇了较大的挫折，在 2013 年其市场规模的头把交椅让位于东亚地区（见图 1）。2013 年欧洲太阳能产业发展缓慢，并且有产业重组的迹象。

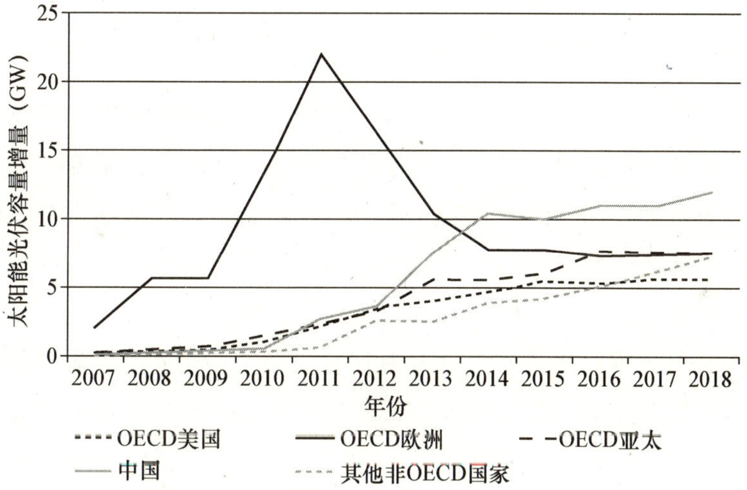

图 1　太阳能光伏容量增量

资料来源：国际能源署。

作为重要的清洁能源，欧洲各国都对太阳能发展给予了政策支持和资金投入，2012 年欧洲的太阳能发电装机容量已经达到 69.1GW，完成了 2002 年制定的 84.8GW 装机容量目标的 80%。到 2013 年，尽管欧洲太阳能产业发展并不突出，但整体还是保持了稳定的发展态势。德国为支持普通家庭采用太阳能取暖，还专门制定了相关的补贴政策，如使用太阳能发电、供暖和照明的家庭每年可以获得 3 000 欧元的补贴。并且太阳能发电网还能享受贷款优惠和高价回收政策。

与太阳能发展较为平稳的情况相比，风能在欧洲的发展较为突出。几乎欧洲各国都在 2013 年出现了风电发展的利好消息，法国政府宣布 2013 年将风力发电能力提高一倍，目标是使法国风能发电量达到1 000kW。2013年全年，西班牙的风力发电量超过核电，成为该国最主要的发电方式。就此，西班牙也成为世界首个一年内风能为最主要电力供应来源的国家。丹麦对可再生能源的投资已经将该国打造成了全球风电界的领导者。2013年全年，丹麦的风力发电量超过了全国发电总量的1/3。据英国可再生能源行业协会发布的数据，2013年12月，英国的风力发电量达到280万兆瓦时。这一整月的风力发电量足够满足英国10%的电力需求。12月21日创下了英国风电单日发电量之最，达到了13.281 2MW。

然而，欧洲经济不振导致低碳能源基础投资减少，影响着产业的进一步发展。根据欧盟2013年3月发布的2050年低碳路线图，如果要在2050年前减排80%，那么在未来的近40年里，欧盟对低碳能源的基础建设投资至少每年要增加2 700亿美元，相当于欧盟成员国国内生产总值的1.5%。

（二）页岩气成为欧洲能源发展新方向

随着北美页岩气革命的深入开展，这一能源领域的重大事件在欧洲也引起了巨大的反响。欧洲地区各国对于页岩气的反应态度不一，从一开始的普遍立法禁止到现在各国程度不一的逐渐开放，页岩气作为一种新能源，其影响力在欧洲地区不断增强的趋势已经非常明显。以英国为代表的诸多欧洲国家已经开始进行页岩气的商业化勘探，并且准备将页岩气作为一种重要的开发能源。

欧洲大约拥有技术可采页岩气2.3万亿立方英尺。① 尽管资源开发的潜力比美国要小，但这些资源一经利用，就会极大提高欧洲国家相关产业的就业率，还可以促进制造业的发展。首先，页岩气作为一种碳氢能源，其清洁度要远高于煤炭、石油等传统能源，与当前欧洲能源产业逐渐向清洁化转向的趋势一致；其次，作为一种储量前景广阔的能源品种，开发页岩气有望极大地增加欧洲地区的能源供给，以减少欧洲对于中东和俄罗斯石油、天然气的依赖，并且减少欧洲在能源方面的大量支出，从而提高欧洲能源的竞争力；最后，开发页岩气在提高欧洲能源自给度的同时有可能给欧洲各国带来巨大的能源开发红利，增加国民收入，创造新的就业机会，有效缓解当前欧洲所面临的经济衰退、就业率降低等社会问题。

虽然页岩气优点很多，但欧洲国家所要面对的问题也不少。不仅是政治问题，还包括欧洲能源行业相关的架构和运营问题、地理问题等。其中，政治因素和地方绿色环保主义者的阻碍是发展页岩气的最大障碍。出于对开发页岩气可能造成的环

---

① 参见《欧洲应奋力追赶页岩气“末班车”》，见新浪网，2014-02-19。

境污染和地理条件变化的担忧，欧洲各国对于开发页岩气的态度仍未达成一致。在法国、荷兰，页岩气遭遇了强烈的抵制，在德国，开发页岩气的内部阻力十分巨大，即使在已经开始开发页岩气的英国、波兰，环境保护组织也时常组织抗议、游行甚至冲击页岩气开发工地。

总体而言，页岩气作为一种优势明显的新能源，其前景与欧洲当前的能源发展需求有着很强的一致性，因此逐渐开始引起欧洲各国的重视和支持，作为一种发展趋势，页岩气将在欧洲能源结构中扮演愈发重要的角色。然而，由于其本身的争议性以及欧洲在推进改革方面的保守传统，对于页岩气的开发仍将充满不确定性，在欧洲各国的发展也将呈现多元化的特点。

三、2013 年中国与欧洲能源合作概况与分析

（一）2013 年中国与欧洲能源合作概况

1. 煤炭领域

因当前煤炭与天然气出现价格差，欧洲国家的煤炭消费量出现暂时性增长，但国际能源署预测，未来 OECD 欧洲国家煤炭消费量将稳步下降（见图 2），而中国和印度的煤炭消费量将会持续上升。其原因在于，一方面，欧洲经济的长期萧条使得欧洲的能源需求量减少，另一方面，欧洲可再生能源发电厂不断增多且欧洲的能源效率不断提高（包括用新煤电厂替代旧煤电厂），这些因素都大大压缩了煤炭的消费空间。

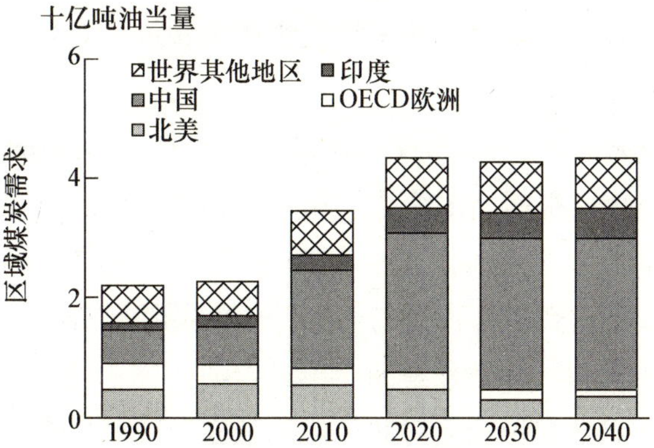

图 2　世界分区域煤炭需求

资料来源：Statoil。

因此，中欧煤炭合作，一方面集中于当前的煤炭供应，另一方面则主要集中于当前中欧共同面临的煤炭行业转型问题。在中欧当前的煤炭领域合作中，煤转换工业作为中国煤炭需求新动力，成为中欧合作的重点领域，特别是在煤转换的融资、环保及水资源以及技术合作方面。

另外，由于煤炭是碳排放量较大的能源，尤其是在中国这样以煤炭为主要能源的国家，大量碳排放不仅造成环境污染，在当前限制碳排放的全球环境下，中国以煤炭能源为主要动力的工业也遭受诸多抑制。而欧洲在减排方面处于领先地位，对于减排有较丰富的经验。所以中欧在煤炭工业的改造以及煤炭使用零排放技术方面也在进行诸多合作。例如，2013 年 8 月，由胜利油田和石油工程建设公司联合申报的《胜利燃煤电厂烟气二氧化碳捕集、输送与驱油封存全流程示范工程预可行性研究》通过专家评审，成为入围中欧 NZEC 合作项目的 3 个项目之一，将获得中欧 NZEC 合作项目组最高 27 万欧元的资助。该项目计划建成 100 万吨/年燃煤电厂烟气二氧化碳捕集、输送与驱油封存全流程示范工程，包括二氧化碳捕集、管道输送、地质封存、驱油、采出液地面集输处理等工程内容。可见在煤炭使用零排放方面，中欧还是做出了很大的努力。

2. 油气领域

油气领域是中欧能源合作的重要领域。道达尔（中国）公司的董事长努北堂在 2013 年三亚·财经国际论坛上表示，中国和欧洲有很多共同利益，中国和欧洲都是缺乏油气的国家，中国依赖石油进口，最近也开始依赖天然气的进口，而欧洲一直以来也依赖石油和天然气的进口，所以中欧的共同利益就是要确保油气供应是稳定的。尤其是在美国天然气独立后，美国将不再依赖石油进口，而是向世界各地进出口天然气，这就意味着中国和欧洲在油气领域更要进行合作，来应对美国甚至是中欧共同的邻居俄国。

中欧在油气领域合作的广度和深度不断扩大，中欧互相的开放程度也不断加大，从而其合作也出现了很多新的变化。中欧合作的特点主要表现在三个方面：

首先，合作重点发生变化。面对当前油气领域出现的新趋势、新方向和新技术，目前双方合作领域重点正在由贸易转向油气能源治理方面，合作范围已经不局限于传统的中欧地区治理，而是外溢到北美、非洲、中东等地区，形成在全球范围内合作的态势。中欧双方在积极应对北美能源独立、缩小大西洋两岸石油交易市场价格差方面正在谋求协调行动，同时对于中东地区由于美国影响逐渐减少形成影响力真空的形势中欧方面也正在积极磋商。2013 年 4 月 17 日，国家发展和改革委员会副主任、国家能源局局长吴新雄会见了英国石油公司首席执行官戴德立。双方就英国石油公司与我油气企业在境内外合作的进展、全球能源发展趋势及未来能源供需格局变化对能源安全的影响等问题交换了意见。

其次，合作呈现机制化、制度化的特征。当前随着中欧能源外交蓬勃开展，油气领域交往机制化、制度化的趋势已经日趋明显。11 月 20 日，第六次中欧能源对话在京举行。国家发展和改革委员会副主任、国家能源局局长吴新雄，欧盟委员会能源委员衮特·厄廷格出席会议并致辞。国家能源局总经济师李冶、欧盟委员会厄廷格委员特别顾问让·阿诺尔德·马克斯共同主持会议。双方代表分别就能源监管体制创新、天然气发展以及能源战略与能源可持续使用等议题进行了对话和交流。

最后，中欧油气领域合作互信增强，开放程度扩大。欧洲能源新技术、能源新领域对中国日益开放，表现出了积极对外合作的态度，也拓展中欧能源合作的可能性。2013 年 3 月 27 日，我国政府已批准壳牌在中国的首个页岩气产品分成合同，该公司将与中国石油在四川盆地富顺—永川页岩气区块共同进行页岩气勘探开发。这也是中国首个正式获批的页岩气产品分成合同。

3. 新能源领域

中国与欧洲在能源领域的合作始于 20 世纪 80 年代，目前双方已在政策层面、双边合作和科技交流方面形成了能源合作机制。近年来，双方更将新能源作为合作的突破口，中欧新能源国际合作领域不断拓宽，合作机制逐步完善。

首先，新能源合作领域不断拓宽。随着全球变暖趋势日益严重，发展低碳经济正逐步成为全球意识形态和国际主流价值观，而且煤炭、石油等传统能源的储量也日益匮乏，发展新能源势在必行。以风能、太阳能、核能、生物质能等为代表的新能源将成为未来能源的发展方向，这已成为中欧新能源界的共识。

风能产业是中欧合作相对比较成熟的领域。欧洲是世界风电制造的重要技术供应商，在整机制造方面，维斯塔斯（Vestas）、歌美飒（Gamesa）、西门子（Siemens）、安纳康（Enercon）等一批世界顶级的风电制造企业都已经以独资或合资的形式在中国落户。随着中国“千万千瓦级风电基地”和“坚强电网”建设的配合，中国风电将在 2020 年达到 1.5 亿千瓦的装机规模。而中欧企业在关键配件、电控系统、整机和电场开发管理相关专业人才培训等方面的合作将随着市场的持续扩大而进一步深入。在生物质能发电领域，丹麦 BWE 公司是全球生物质发电技术的领导者，中国国能生物发电集团有限公司和 BWE 公司于 2006 年起开始在秸秆发电领域的合作，通过引进吸收丹麦的层燃技术和循环流化床技术，取得了很好的社会效益并实现了微利经营。

其次，新能源合作机制逐步完善。中国以加强政治友好为先，重视经济贸易，推动新能源外交机制化，把新能源外交和节能减排相结合，增强中欧的新能源合作，不失时机地吸收和引进国外新能源技术、设备和成果，以不断增强我国在新能源领域的竞争力。新能源合作逐渐体系化、机制化、常态化，成为中欧能源合作的新亮点。在2013年4月，中国与冰岛两国正式签署了《中华人民共和国政府和冰岛政府自由贸易协定》，双方将加强在贸易以及地热利用、油气勘探开发等领域的合作。该协定是我国与欧洲国家签署的第一个自由贸易协定，它不仅仅是一项贸易方面的协定，还是中欧能源合作的新方向。冰岛拥有丰富的地热资源，中国地热资源也分布较广，开发利用增速达12%，但技术尚未成熟，该协定将推进地热等清洁能源开发利用方面的交流与合作。冰岛总理西于尔扎多蒂指出，通过自贸协定，"中国将得以更好地分享冰岛在地热研究和利用中的技术"。

（二）中欧能源合作所面临的挑战和风险及其应对

1. 中欧能源政治合作仍待加强

随着近年来中欧能源合作逐步加强并逐渐向更宽、更多层次的方向复合发展，中欧能源合作过程中因为各种原因产生的冲突与摩擦也逐渐增多并产生越来越大的不利影响，中欧能源政治合作的需求逐渐凸显。

和当前快速发展的中欧能源经济合作、技术合作不匹配的是，中欧能源政治合作水平与当前经济发展需求尚有一段距离。在能源领域，尚未建立或形成政府方面从政府首脑到工作执行层面长期固定的协调机制，针对当前能源合作过程中出现的有重大影响的问题，中欧政府层面缺乏有针对性的协调处理机制，这些都对当前的中欧能源政治合作提出了更高的要求。

随着2013年中欧高层领导频繁互访，双边关系不断改善，双方各领域的合作机制正在逐步建立，双方应当抓紧这一有利时机，推动在既有框架下建立能源相关对话机制，如现在已有的中欧领导人年度会晤机制下创设能源协调机制，又如在中欧工商峰会机制下创设能源相关部门的定期协商会谈机制和重大问题处理机制。

将中欧能源合作过程中所出现的问题和摩擦放在制度框架下解决，有利于促进合作，减少负面事件所带来的不良影响，如针对当前中国在能源技术上的创新能力不足、技术水平无法满足需求的情况下，许多高技术材料和设备仍依赖进口，一些核心、关键、前沿技术尚未突破。中欧能源技术合作的顺畅性就成为中欧合作的重要保障，然而双方对于技术转让和知识产权保护方面缺乏机制和法律法规的协调。通过在能源协调机制下建立双边法律、经贸等部门工作组共同协商，产生有利于解决问题的制度安排。

中国在与欧洲的合作中，要注重欧洲的合作主体多、层次复杂的实际情况，如果既有机制难以形成适宜的制度框架，则应当充分发挥外交自主性，建立多层级多部门的双边或多边能源协调对话机制。

2. 中欧能源合作领域仍待拓展

当前的中欧能源合作更多地集中在传统能源领域，对于新能源的双边及多边合作，也主要集中在核能、太阳能、风能等几个主要的新能源方向。中欧新能源多边合作的经验尚显不足，在新能源运用领域还存在一定摩擦。在应对气候变化的背景下，国际上将新能源视为新的经济增长点，各国战略性地发展新能源，意味着贸易摩擦在所难免。传统贸易战的结果是摩擦国家“双输”，而从全球共同应对气候变化的角度看，新能源产业摩擦国家可能因贸易战而无法兼顾技术进步和发展，甚至导致新能源产业发展停滞。新能源贸易战可能导致“三输”，包括贸易摩擦的双方和全球应对气候变化的努力。因此，中欧能源合作应尽量减少贸易壁垒，在贸易法律法规上，相对于传统能源，对新能源采取更加容忍的态度，给予新能源产业更大的发展空间。①

例如，以光伏“双反”为代表的中欧能源贸易摩擦频发。在太阳能利用领域，受金融危机和欧盟个别成员国政策变化的影响，欧洲地区光伏订单锐减，这对光伏出口大国中国造成了极为不利的影响。欧洲的光伏电池生产商由于制造成本居高不下，无法与亚洲及其他地区的电池厂家竞争而在危机中受到更大冲击。德国光伏企业采取了一系列针对中国光伏企业的激烈措施，如提起反倾销和 O-Cells 的单方面宣布终止与赛维 LDK 的供货合同等，这些措施一方面给中国光伏生产企业出口产品带来了极大的困难，使得中欧光伏产业陷入贸易战，对中欧能源合作造成不利影响。另一方面以出口欧洲为主的中国光伏生产企业在欧洲市场遇冷的情况下短时间内难以调整大量的产能剩余，造成中国光伏生产业萎缩，也给中国的太阳能产业发展带来了消极影响。

就合作品种来看，对于新能源中发展尚在起步阶段的能源品种，诸如潮汐能、地热能等，双方的合作基本为空白，这些都将是中欧能源合作较有前景的拓展方向。从合作领域来看，目前的合作主要集中在经济、技术领域，在能源文化、能源人才交流方面还有较大的发展空间。

因此，实现中欧能源合作的拓展，一方面应当注重拓展交流渠道，促进能源合作形式的多元化、内容的丰富化。另一方面，应当注重新的领域的合作，使中欧能

① 参见林伯强：《深化中欧能源合作从增进互信着手》，载《中国石油报》，2014-04-01。

源合作不仅局限于当前的发展，还要更好地适应当前世界能源逐渐多元化的趋势，充分发挥比较优势，挖掘新能源潜力，积累在技术开发、人才交流、实际应用等方面的经验，推动双方在新能源领域实现互利共赢，推动中欧能源合作向更宽、更深、更长远的方向不断发展。

3. 中欧在气候变化议题上仍待进一步协调

中欧的能源合作内容往往关涉气候变化问题，随着气候变化问题的影响逐渐增加，在某些情况下，气候变化问题甚至成为双方摩擦的主要来源。

在气候变化议题上，一方面，中国正处于快速发展的上升时期，经济规模扩大、产业结构调整难以在短期内完成，碳排放量不断增加；而欧洲的经济增长已经趋于平稳，同时在之前欧洲又经历了较长时间的经济衰退，再加上近年来能源结构不断向绿色化调整，欧洲在应对气候变化问题上负担较轻。中欧双方实际情况不同，因此对于应对气候变化所需承担的责任和义务的认识往往存在分歧；双方当前在应对气候变化的措施、方式、法律法规方面缺乏协调，又导致频繁产生分歧和摩擦。因此，气候变化问题成为中欧双方在能源合作方面亟待进一步协调的问题。2013 年 7 月，解振华代表中国出席中欧气候变化对话磋商的系列活动，中国与比利时、英国、法国进行了会谈，并且与立陶宛、波兰、德国、意大利的代表就联合国气候变化大会华沙会议、2014 年联合国气候峰会、2015 年联合国气候变化巴黎会议、未来国际气候协议、国际航空减排、氢氟碳化物、双边气候变化务实合作等问题交换了意见。

作为一个全球性的政治难题，气候变化对当前中欧关系构成了不小的挑战，同时也成为双方增进了解、促进合作、实现共赢的良好契机。目前，中国已经成立了应对气候变化司等国家级机构，而在欧洲方面也基本形成了国家级的政府主管部门。双方高层互访互动机制的建立也为进一步增进中欧在气候变化方面的合作铺就了坚实的基础，中欧双方应当在已有机制的基础上进一步建立操作层面的政府间正式和非正式协调机制，为理顺相关制度机制，创设应对气候变化的经济、技术合作机遇，汇集各方代表意见，以明晰双方在相关议题上的责任和义务，变挑战为机遇，化纠纷为合作。

在具体操作方面，应尽快在已有的政治合作框架下进一步形成以双方政府主管部门、业界专家及企业代表组成的常设委员会总体负责协调双方在应对气候变化方面的各种问题，定期召开国际协调会议，为双方交流创建可依托平台。广泛探讨协调双方在相关议题上的主张建议，以联合声明、合作协议、备忘录等形式巩固双方合作成果，并通过确立示范性项目的方式推广双方在各个领域的合作成果，创新合作模式。同时建立信息共享制度，创建企业间、学界交流平台，通过多渠道的交流增强互信、消除误解，以最大限度地增加中欧在应对气候变化方面的积极因素。

（三）中欧能源合作未来的发展方向

能源合作一直是中欧经贸合作的重点之一。2013 年 12 月 2 日，中国国务院总理李克强在人民大会堂与英国首相卡梅伦在举行会谈时提出了中英要开展关于核电的实质性合作，中方愿意投资、参股甚至是控股英方的核电建设项目。卡梅伦也表示，欢迎中国的企业赴英投资，支持中国参股甚至控股英国核电建设项目。由此可见，中欧在核电方面的合作已经有了突破性的进展。

为了应对全球范围内气候变化的挑战，中国与欧洲国家有许多共同的利益需要，所以双方应增进理解、广泛开展能源合作。

中东地区

一、2013 年中东地区政治经济形势综述

(一) 政治：中东政治乱局延续，但新变化呈现

2013 年，中东大变局持续深入演化。突尼斯、利比亚、也门等发生政权更替的国家继续艰难转型，沙特阿拉伯、阿联酋、约旦等寻求变革的国家潜在风险继续酝积，伊拉克安全局势继续恶化。此外，域外大国如俄罗斯的日趋活跃和美国的战略收缩，也导致了地区热点问题的新发展和地缘政治力量的重新划分。具体来说，2013 年中东地区政治和安全局势主要有五大特点：

第一，转型国家持续动荡，君主制国家危机暗伏。发端于 2011 年的“阿拉伯之春”持续发酵，导致部分国家局势出现反复。2013 年 7 月 3 日，穆尔西政府被军方废黜，埃及国家转型陷入曲折，可能重返威权政治；叙利亚政府军重占战场优势；突尼斯执政党被迫交权；利比亚政局陷入亚政府状态；也门政治过渡进程遭遇障碍，“基地”组织“阿拉伯半岛支部”趁机作乱。2013 年，随着民选总统穆尔西被推翻和突尼斯复兴运动政府严重受挫，以“基地”组织为特征的激进伊斯兰势力重趋活跃。依靠稳定的石油收入和高福利的民生政策，海湾国家政局相对稳定，但也潜伏着深刻的危机。一方面是在全球经济依旧疲软的形势下，依靠节节增高的政府公共开支向民众分享“石油红利”的维稳举措还能坚持多久存在疑问；另一方面，落后与时代潮流的君主制能否抵挡住周边革命热潮的冲击也尚需继续观察。

第二，巴以和谈、叙利亚危机、伊朗核问题三大热点问题取得积极进展。巴以和谈进程重启，可能取得实质性重大突破。2013 年以来，以色列做出历史性妥协，同意巴勒斯坦建国。7 月，以色列和巴勒斯坦在华盛顿重启直接谈判。叙利

亚危机转向寻求政治解决。由此，叙利亚危机从一度即将爆发的外部军事干预，转变为政府、反对派、伊斯兰激进主义势力三方内部混战的复杂状态。伊朗核问题实现历史性突破。2013 年 11 月 24 日，联合国安理会五个常任理事国加上德国与伊朗达成历史性的第一阶段协议。相应地，六国不再对伊追加制裁，暂停对伊禁运，允许少量伊朗石油出口等。这使得伊核问题朝着政治外交解决方向迈出了重要步伐。

第三，美伊关系“破冰”引发地缘政治天平改变。2013 年新上任的伊朗总统鲁哈尼调整对西方政策，更关注贸易和投资，而不是发展核武器，主张与国际社会发展建设性互动以争取解除严重损害伊朗经济的国际制裁。但是，伊核问题阶段性协议是美伊相互妥协的结果，美伊之间的结构性矛盾并未根本改变。另外，以色列、沙特阿拉伯等已经表示出对美伊关系改善的忧心①。

第四，俄罗斯重返中东步伐加快。除加强同叙利亚和伊朗的关系外，俄罗斯同埃及也“骤然亲近”。11 月 14 日，俄罗斯外长和防长同时访问埃及，同其领导人商讨加强两国经贸和军事合作事宜。与此同时，俄罗斯“瓦良格”导弹巡洋舰到访亚历山大港，这是俄罗斯军舰 20 多年来首次访埃。此外，俄罗斯也加强同以色列和土耳其等国发展双边关系，积极参与中东和平进程。

第五，美国“重返中东”进程缓慢，主导中东地区事务的意愿和能力明显下降。2013 年是美国“重返中东”的一年。随着以色列、沙特阿拉伯等盟友公开流露对美中东政策的不满。有评论认为，世界政治目前正在浮现的最重要主题是，美国正慢慢放弃世界警察的角色。② 美国在中东的战略性收缩直接牵动中东地缘政治神经。伴随美国战略抽身，中东地缘政治态势出现联动，美国在中东的同盟体系也出现松动：沙特阿拉伯拒绝出任安理会非常任理事国；以色列加强与法国等欧洲国家的协调；俄罗斯国防和外交部长在开罗与埃及举行 2+2 会谈。但是，不容忽视的是美国正牵头进行叙利亚和平谈判、伊朗核问题谈判，以及曲折的巴以和谈。现实是，美国仍是中东地区安全的主要保障。③

（二）经济：产油国非石油行业不断发展，地区经济复苏，但经济发展的结构性困境仍然存在

在地区局势逐渐缓和的背景下，中东地区经济有所复苏。具体来说，石油效应

① 参见《美国应反思与沙特的关系》，见金融时报中文网，2013-11-08。
② 参见《美国转向“管好自己的事”》，见金融时报中文网，2014-01-24。
③ 参见《美国要从中东抽身不容易》，见金融时报中文网，2013-11-12。

将缩小地区各国间的差距，石油出口国产油量下降，进口国经济略有回升。本地区石油出口国（如阿尔及利亚、沙特阿拉伯、巴林、阿联酋、伊朗、伊拉克、科威特、利比亚、阿曼、卡塔尔和也门等）2013 年经济增长率降至 3%左右。本地区石油进口国（除叙利亚以外，还有如阿富汗、吉布提、埃及、约旦、黎巴嫩、摩洛哥、毛里塔尼亚、巴基斯坦、苏丹和突尼斯等国）2013 年经济增长率将达到 3%。

海湾国家的经济势头在该地区中依旧突出。2013 年，海湾合作委员会（简称海合会）国家经济增长率达 3.7%，预计 2014 年将达 4.1%。其中，卡塔尔 2013 年经济增长率达 5.1%，位居海合会国家第一；其次是阿曼的 5%；再次是巴林的 4.4%；第四是阿联酋的 4%；第五是沙特阿拉伯的 3.6%；最后是科威特的 0.8%。①

经济复苏率先带动的是中东地区投资信心的增长。安永会计师事务所的一份调查报告显示，2013 年，中东北非地区发生企业并购 442 起，同比增长 11%，并购额达 507 亿美元，同比增长 13%。阿联酋企业表现活跃，占 10 起最大并购案中的 5 起，金额最大的包括 75 亿美元的迪拜铝业与阿布扎比酋长国铝业，以及阿联酋电信企业 Etisalat 以 61 亿美元并购摩洛哥电信等。油气领域仍是地区外企业并购地区内企业的热点，占总并购额的 39%。主权财富基金是当地最大的并购方，参与 19 起并购，涉及金额 145 亿美元，占全年并购总额的近三成。②

2013 年中东地区经济发展最大的亮点是沙特阿拉伯经济异军突起，尤其是非石油经济和私营部门对国民经济的贡献取得了长足进步，反映出经济发展的强大内驱动力。沙特阿拉伯财政部长在内阁会议上公布的 2013 年沙特阿拉伯经济表现的相关数据显示，2013 年沙特阿拉伯财政收入总计超过 1.13 万亿里亚尔（约合 3 013 亿美元），财政支出9 250 亿里亚尔（约合 2 467 亿美元），实现财政盈余 2 050 亿里亚尔（约合 547 亿美元），远远超出年初制定的 80 亿里亚尔的预算盈余。在政府一系列举措的综合作用下，私营部门对国内生产总值的贡献率预计超过 58.75%。非石油部门的国内生产总值增幅将超过 6.99%，而石油行业收入下滑 3.83%，所创造的国内生产总值同比减少 0.61%。③

从上述数据中可以看出，沙特阿拉伯政府在推动经济结构改革、强化私营部门在国民经济中的地位以及降低对油气资源依赖等方面的政策已经初见成效。尤其是

---

① IEA, "World Energy Outlook 2013," available form http://www. worldenergyoutlook. org/media/weowebsite/2013/WEO2013_AnnexC. pdf.

② 参见《2013 年中东北非地区企业并购额增长 13%》，见商务部网站，2014-02-20。

③ 参见《沙特经济在中东异军突起》，见商务部网站，2013-12-31。

2013 年内推出的许多具体计划和措施都对提振私营部门信心、促进经济发展起到了非常重要的作用。沙特阿拉伯的经济结构调整代表了海湾地区国家的自我革新意识。为应对民主化浪潮对君主制政体的冲击，以沙特阿拉伯为代表的君主制国家大幅提高政府公共开支，推出更高福利的民生政策，并推动国内非石油行业的发展，以解决就业问题并降低通胀率。

以另一个君主制国家卡塔尔为例，根据卡塔尔 2030 国家旅游战略规划，到 2030 年卡塔尔政府力争投资 400 亿～450 亿美元用于发展旅游产业，旨在使旅游业成为国家可持续发展的一个有效产业；另外，卡塔尔用于国内基础设施项目的支出达到其每年国内生产总值的 10%。根据其《2011—2016 年国家发展战略规划》，卡塔尔将在基础设施开发领域特别是公路和铁路方面投资 650 多亿美元，其中铁路投资总额达 410 亿美元。①

虽然经济总体有所复苏，一些国家仍须采取措施增加财政收入、减少工资和补贴开支，以控制日益严重的财政赤字风险。然而，由于减少补贴、财政赤字严重，埃及、约旦、摩洛哥和突尼斯或将面临通货膨胀加剧的风险。此外，部分国家安全形势严峻、投资环境较为恶劣。阿拉伯国家面临的共同经济问题，主要是高失业率、低下的社会服务、薄弱的基础设施建设以及政府对经济资源的垄断等，如何创造更多的就业机会、改善人民生活是该地区国家将要面对的共同挑战。

二、2013 年中东能源形势分析

阿拉伯国家油气资源丰富，其原油产量约占全球的 35%，石油出口量占全球的一半以上，是世界石油的主要供应源地。2013 年中东地区天然气勘探成果显著，可采储量大幅增加。据 2013 年 11 月埃及天然气控股公司资料，英国石油公司（BP）在杜姆亚（Dumyat）之北 75 公里的海上尼罗河三角洲深水处发现巨型天然气田，预计储量可达 1.2 万亿立方米。此外，黎凡特盆地发现了巨大天然气田，开发前景极为乐观。但阿拉伯地区缺乏政治、社会稳定的坚实基础。自 2010 年底以来，埃及、利比亚等国发生了政权更迭，“阿拉伯之春”不断蔓延，其对国际能源安全和石油市场造成直接影响，是 2013 年国际石油市场动荡因素之一，也是危及中国海外能源安全的因素之一。

---

① 参见《卡塔尔将国内生产总值的 10%用于开发基础设施项目》，见商务部网站，2014-02-15。

(一) 2013年中东能源发展概况：仍居国际油市核心地位

从油气储量上看，尽管近年来中南美洲地区和非洲等地的油气储量随着勘探和开发大幅增长，但是在今后的相当一段时间内，中东地区仍将是国际石油市场的核心，仅波斯湾沿岸的沙特阿拉伯、伊拉克、阿联酋、科威特、伊朗五国，就集中了全球约28.6%的石油产量（见表1），以及近71.9%的世界探明石油储量。据2013年BP世界能源统计数据，2013年初中东地区的石油探明储量为8 077亿桶，占全球总探明储量的48.4%。其中，沙特阿拉伯的储量最多，为2 659亿桶，占全球总储量的15.9%；随后依次为伊朗、伊拉克和科威特，探明储量分别为1 570亿桶、1 500亿桶和1 015亿桶；阿联酋的石油储量为978亿桶。在全球主要区域，中东石油的储采比最高，达到78.1，其中科威特的储采比最高为88.7，沙特阿拉伯为63.0，阿联酋为79.1（见表2）。中东地区还拥有丰富的天然气资源，2013年初中东天然气探明储量为80.5万亿立方米，占全球总探明储量的43%。其中，伊朗的探明储量最多，达到33.6万亿立方米，占全球的18%；卡塔尔探明储量为25.1万亿立方米，占全球的13.4%。

由此可见，随着中东地区局势的稳定和全球经济的复苏，2013年中东地区仍是全球主要的石油供应基地和大国争夺焦点。

表1　　中东国家石油产量总计　　单位：千桶/日

国家	2006年	2007年	2008年	2009年	2010年	2011年	2012年
伊朗	4 260	4 303	4 396	4 249	4 356	4 358	3 680
伊拉克	1 999	2 143	2 428	2 452	2 490	2 801	3 115
科威特	2 737	2 663	2 786	2 511	2 536	2 880	3 127
阿曼	740	713	759	815	867	891	922
卡塔尔	1 241	1 279	1 449	1 416	1 676	1 836	1 966
沙特阿拉伯	10 671	10 268	10 663	9 663	10 075	11 144	11 530
叙利亚	421	404	406	401	385	327	164
阿联酋	3 099	3 001	3 026	2 723	2 895	3 319	3 380
也门	387	341	315	306	291	228	180
其他	182	190	188	192	192	203	206
总计	25 736	25 304	26 415	24 728	25 763	27 988	28 270

资料来源：2013年BP世界能源统计数据。

表 2　　**2013 年中东国家石油探明量**

国家	单位（10 亿吨）	单位（10 亿桶）	占总量比	储产比
伊朗	21.6	157	9.4%	超过 100
伊拉克	20.2	150	9.0%	超过 100
科威特	14.0	101.5	6.1%	88.7
阿曼	0.7	5.5	0.3%	16.3
卡塔尔	2.5	23.9	1.4%	33.3
沙特阿拉伯	36.5	265.9	15.9%	63.0
叙利亚	0.3	2.5	0.1%	41.7
阿联酋	13.0	97.8	5.9%	79.1
也门	0.4	3.0	0.2%	45.4
其他国家	0.1	0.6	低于 0.05%	8.4
总和	109.3	807.7	48.4%	（平均）78.1

资料来源：2013 年 BP 世界能源统计数据。

2013 年伴随地区局势跌宕起伏，中东产油国的产量增减不一。叙利亚石油产业表现惨淡，由于恐怖分子袭击、西方国家制裁以及外国公司停止其在叙利亚的业务等影响，叙利亚平均日原油开采量在 2013 年仅为 1.4 万桶（在国内冲突爆发前日开采量为 38.5 万桶）。为了保持较高的油价，2013 年初由于核问题而处于制裁之下的伊朗，其石油产量大幅下降。已超越伊朗成为 OPEC 第二大石油生产国的伊拉克 2013 年的石油产量有了强势增长。根据伊拉克石油部发布数据，2013 年全年伊石油出口量 239 万桶/日，石油出口收入 892.2 亿美元。另根据国际能源署统计，2013 年伊石油产量为 307 万桶/日，与 2012 年基本持平。伊拉克石油部长则表示 2014 年伊拉克能够每日出口 340 万桶原油。利比亚的石油生产也有所改善，随着国内各方势力达到平衡状态，利比亚的石油产量可以恢复到每日 150 万桶的水平。伊朗对于未来国际原油市场供给的影响将进一步增加。伴随着 2013 年美伊关系缓和与伊朗核问题走向政治解决，受压制的伊朗原油产能将得到释放。据报道，一旦国际出口禁运被解除，伊朗就可以“立即”每日出口 400 万桶石油。①

如果伊朗、伊拉克和利比亚都增加产量，OPEC 其他成员国就得减少产量，以免油价大幅下滑损害其经济利益。这当中，伊朗的竞争对手沙特阿拉伯将面对

① 参见《两伊计划出口更多原油国际油价明年有望下跌》，见新华网，2013-12-06。

很大的压力，如果要维持油价，沙特阿拉伯就得减产。OPEC最大产油国沙特阿拉伯2014年1月原油平均日产量跌至970万桶，同比平均日减产10万桶。①

2013年，沙特阿拉伯、阿联酋和科威特为弥补OPEC成员国利比亚和尼日利亚产量短缺而努力增产，年度产量已经打破纪录。卡塔尔、科威特、阿联酋和沙特阿拉伯2013年第三季度石油日产总量创历史新高，达到1 640万桶。卡塔尔、科威特、阿联酋和沙特阿拉伯四个海湾国家在6—9月期间，石油出口总值达到1 500亿美元，其中9月出口量占到全球石油需求量的18%。这一石油产量的增长使其能够满足亚洲市场的石油高需求量，特别是满足印度和中国的石油需求。据此，受其他产油国和地区增产影响，OPEC面临在国际石油市场所占份额逐渐下降以及油价持续疲软的挑战，但国际能源署首席经济学家比罗尔认为："尽管出现了页岩气革命，中东在一定时间内仍然是世界石油工业的中心。"②

中东的石油消费迅速增加，使该地区不仅作为生产者，也作为消费者。国际能源署《世界能源展望2013》报告指出，能源需求的重心正在向新兴经济体转移，尤其是中国、印度和中东地区。这些新兴经济体将推动全球能源需求增长超过1/3。BMI研究报告预测，中东地区的石油消费量到2015年将达到873万桶/日。至2015年中东地区石油日消费量将增至873万桶，产量将达2 993万桶，出口量为2 242万桶。虽然中东地区人口有限，但是巨额的燃料补贴和创纪录油价带来的经济繁荣，已经在推动中东能源消费快速增长。

（二）中东能源发展的挑战：地区动荡与美国能源独立趋势

2013年中东能源经济面临的重大挑战，第一个是前文所提及的阿拉伯世界始于2011年的政治抗议活动的影响，第二个是非传统能源开采技术的发展及其在油气生产方面的应用。

联合国《2014年世界经济形势与展望》报告指出，政治局势的变化对于国际能源格局仍将产生重要的影响，尤其在中东地区，地缘政治的紧张局势往往会起到影响能源交易和价格的重要作用。③ 中东以及北非政治动荡的一个重要影响是，产油国政府需要更多收入来支撑那些能够缓解公众不安的社会政策。这需要提高油价。而油价若高到不能接受的地步，则会激起市场的反应。对于产油国而言，必须让本国经济摆脱对石油的依赖、实现经济多样化。长期以来，这一直是一个目标，

① 参见《欧佩克1月份原油产量再创两年多来新低》，见国家能源局网站，2014-02-08。
② 参见《海湾国家石油开采创新高，中东仍是世界石油中心》，见环球网，2013-10-14。
③ 参见《联合国发布〈2014年世界经济形势与展望〉》，见新华网，2013-12-19。

但长期政治动荡使中东国家无法专注于经济结构改革。

另一个重大挑战就是页岩气技术的发展和美国能源独立。美国一直以来都是阿拉伯地区的主要影响力量。近年来，随着页岩气（油）开发技术在美国获得突破，美国已有能力大幅降低对中东石油的依赖，进而在一定程度上放任中东的不稳定性。美国虽仍是阿拉伯地区局势的主导者，但政治热情似有所下降。在页岩气（油）革命的推动下，美国国内石油产量大幅增长，降低了原油进口的需要。国际能源署最近发出警告，称由于海湾地区关键产油国面对美国页岩油产量飙升而推迟投资，采取“观望态度”，这将可能进一步动摇中东能源产量。

（三）中东地区能源文化：追求可持续的能源经济模式

伴随着动荡的地区局势和紧张的国内生态，中东产油各国正在慢慢从“资源诅咒”中挣脱，它们已经意识到依靠资源出口的经济发展模式不可持续，中东国家石油有限、资源有限的危机意识日益增强，开始珍惜它们丰富但有限的自然资源。

近年来随着油价的上升，中东地区，尤其是产油国经济发展迅速。经济的发展和人口的增加直接导致了用电量上升。产油国希望通过发展可再生能源来解决国内的用电问题。目前，中东地区生产电力所需的原料35%来自石油。另外，在阿联酋，国产天然气和低价进口天然气的总量已经不能够满足夏季的电力高峰需求，这导致该国需要使用燃料油和昂贵的进口液化天然气来发电。中东地区内部严峻的能源形势正在塑造其新的能源文化，即寻找可持续的能源经济发展模式。

中东国家目前正在尝试推行节能减排政策。中东几乎所有石油富国在继续维持巨额燃料补贴，在沙特阿拉伯、伊拉克和伊朗等国，有大量的石油和天然气价格补贴。在沙特阿拉伯，每年在汽油、柴油价格方面的补贴约为133亿美元。巨额补贴消除了节能的动力，毕竟在许多中东国家，燃料近乎免费。尽管如此，日益增加的政府燃料补贴的支出和节能带来的诸多收益，也使中东国家开始认真对待节能环保。例如，阿联酋国家质量标准局公布了室内照明新标准，内容包括禁止进口白炽灯，室内照明须使用节能灯（CFL）、LED灯和碘钨灯，灯泡内汞含量水平超过以上三种环保型灯泡的产品也禁止进入阿联酋市场。另外，阿联酋还将投资7.32亿迪拉姆（约合1.9亿美元）用于推行节能灯的使用和新标准的实施。另外，阿联酋正在大量地投资大规模碳捕获、利用和储存（CCUS）工程。这些工程可以捕获发电和工业生产的碳排放，并将捕获的二氧化碳用于提高阿布扎比油田的原油采收率，而不再需要回注天然气。这一工程可以在减少排放的同时，帮助阿联酋在国内和国际油气资源市场上维持供应量。

中东国家还努力提高能源效率。例如阿联酋面临最大的能源挑战之一是空调负荷所引起的电力需求。在阿联酋，70%的电力消费来自空调。为了满足这一消费需求，阿联酋已经实施了本地区第一个空调设备能效标准，为市场设置了最低能效指标。在新标准下，最多将有20%的空调设备需要更换。实施此类监管激励以及新的技术方法将有助于提高空调设备的能效，对于缓解本地区不断增长的电力需求十分重要。①

此外，大力推进可再生能源和清洁能源也成为许多中东国家正在采取的政策措施。在太阳能方面，中东北非地区的太阳能资源技术可开采量最大：该地区每平方公里土地每年接收的太阳能大约相当于150万桶原油。② 例如，迪拜自2012年推出马克图姆太阳能园区计划，预计到2030年发电能力达到1GW，成为地区最大的太阳能园区之一，该项目一期工程已经于2013年三季度建成，发电能力达13MW。2013年底，位于迪拜的世界最大公共绿色建筑对外开放，该建筑实现了美国绿色建筑委员会提出的110项标准中的98项，是迪拜政府发展绿色可持续经济的标志。通过大力发展能源节约项目，迪拜将降低商业和居住成本，增强投资吸引力。③

据安永会计师事务所发布的《中东北非地区清洁技术调查2013》，沙特阿拉伯和阿联酋是该地区最具吸引力的市场，其有巨额资金支持可再生能源投资，其他重要因素包括市场规模、社会政治条件等。该地区其他有潜力的市场包括卡塔尔、科威特、约旦、摩洛哥、埃及。太阳能被视为该地区最具潜力的清洁能源，风能次之。由于气候特点，中东北非地区对发展太阳能信心十足，目前主要采用光伏技术，光热技术（CSP）也同样具备吸引力。例如沙特阿拉伯制订了庞大的阿卜杜拉国王核能和可再生能源城（Kacare）计划，预计到2020年太阳能发电占比将达到10%，2032年装机容量达到41GW、发电占比25%。在核能方面，伊朗核电建设在2013年也取得明显进步，9月23日，俄罗斯正式向伊朗交付1 000MW的布什尔核电站第一机组。中东首座核电站建设历经37年终于画上句号。④

三、2013年中国与中东地区能源合作概况与分析

（一）2013年中东地区仍是中国的最大的能源供应地

2013年，中国超越美国成为世界最大的石油净进口国。这一变化影响着全球

①② 参见《中东北非的能源转型之道》，见和讯网，2013-11-13。

③ 参见《阿联酋可再生能源发展走在中东地区前列》，见商务部网站，2013-03-03。

④ 参见《结束37年建设马拉松中东首座核电站交付》，载《中国能源报》，2013-10-10。

能源地缘政治。中国自1996年成为石油净进口国以来，中东地区始终是我国石油进口的最大来源地。2013年，在中国原油进口的地区结构中，中东、非洲、独联体为三大主要来源地，分别占中国原油进口总量的47.8%、30.1%和10.5%。从国家来看，阿拉伯产油国始终是我国原油进口的主要来源地。中国最大的原油供应国是沙特阿拉伯，提供了中国原油进口总额的近1/5。在过去的10年里，沙特阿拉伯一直是中国最大的原油供应商。2013年初以来，中国持续减少从伊朗进口石油。2013年，中国从伊朗进口石油约2 800万吨，2014年或可达3 500万吨。[①]

2013年，中国从中东进口原油达1.465 4亿吨，增长了8.6%，占到了石油总进口量的52%。2013年，位居前10的中国原油进口国依次为：沙特阿拉伯、安哥拉、阿曼、俄罗斯、伊拉克、伊朗、委内瑞拉、哈萨克斯坦、阿联酋和科威特，其中中东国家就占了8个。[②] 中国与沙特阿拉伯等国的能源合作已发展到通过相互投资保障长期供求关系的较高层次，中国与伊朗的能源合作也在排除干扰、稳步推进，而中国与伊拉克关于开发阿达朴油田的合作已经重启。

（二）2013年中国与中东国家的能源合作概况

中国的国有石油公司产业链中上游在中东的最大项目位于伊拉克和伊朗。中国的石油公司在这两个国家都签署了开发大型油田（包括伊拉克的al-Ahdab，Halfaya and Rumaila油田和伊朗的Azadegan and Yadavaran油田）的服务合同。其中，伊拉克项目的推进速度远远快于伊朗的项目。

2013年，中国与中东地区的能源合作在已有的基础上取得了一些新的进展。在油气领域，11月28日，中国石油收购了艾克森美孚于伊拉克西古尔纳1期技术服务合同25%的权益。2013年5月份，科威特出口到中国的液化石油气（LPG）较去年同期增加了61%，达到15.9万吨，占中国LPG进口总量的43.9%。科威特成为中国第一大LPG供应国，位居其后的是沙特阿拉伯和卡塔尔。

在核能领域，2013年11月29日至12月1日，国家发展和改革委员会副主任、国家能源局局长吴新雄率团访问沙特阿拉伯，会见了沙特阿拉伯石油矿产部部长纳伊米、核能和可再生能源城主席雅玛尼等，就中沙双方进一步巩固和深化能源战略合作，推进油气、核能、光伏领域合作达成多项重要共识。访沙期间，吴新雄与雅玛尼共同签署了《关于加强和平利用核能合作的谅解备忘录》，一致同意建立合作

① 参见《中东地区国际油市核心地位将延续百年》，载《中国经济导报》，2014-02-08。
② 参见《2013年我国石油进口增速放缓进口来源多样化显现》，见东方财富网，2014-02-02。

机制，在联合研究、核电项目、装备制造、人员培训等12个方面开展合作。12月1日，由中核集团承办的“中国能源日”活动在沙特阿拉伯首都利雅得举行。该活动由中国国家能源局和国际能源论坛（IEF）共同主办，旨在推介中国核电产品，开发沙特阿拉伯核电市场。

在机械装备领域，2013年11月，中国石油宝鸡石油机械公司与阿联酋国家钻井公司（NDC）在阿布扎比签订16.1亿元人民币的钻机出口合同。这是双方第二次合作，“宝石机械”成为NDC的首选品牌。按照合同约定，宝石机械将在两年内为NDC设计制造5套5 000米和4套7 000米的沙漠快速移运钻机。2009年，宝石机械与NDC首次签订20亿元订单，成为我国高端石油钻井装备出口史上最大的订单，开启了我国与阿联酋在石油领域合作的序幕。12月10日，渤海钻探与中国海油伊拉克分公司在迪拜正式签署伊拉克米桑油田群钻井总包项目合同。伊拉克米桑油田群由阿布、法祁和布日甘等油田组成，位于伊拉克与伊朗两国交界地区。总包项目主要包括钻机、测井、录井、固井、泥浆和完井等技术服务。

另外，在产品加工领域，2013年1月，中国石化宣布已和沙特阿拉伯国家石油公司签署合资建炼油厂的协议，总投资近100亿美元。这将是中国石化在海外建设的第一座炼油厂。

（三）中国与中东地区能源合作的风险与挑战

首先，中东地缘政治风险可能威胁中国能源安全，乃至整体经济安全。近年来，中东地区各类双边、多边冲突和国内骚乱导致其能源供应中断或价格剧烈波动的可能性一直存在。例如伊核问题攸关霍尔木兹海峡，中国已经无法置身中东纷争之外。其次，中国与中东地区的能源合作受到西方国家的攻击和指责。一方面，要看到这是西方运用“中国责任论”来牵制中国与中东地区经贸合作的发展。另一方面，随着许多全球性问题的凸显，国际社会在人权、劳工、环保、知识产权等方面的法律和规范也在不断发展和完善，而中国公民、企业、法人在中东地区的迅速拓展的经济贸易活动还没有适应这些新情况、跟上这些新发展，由此引起了诸多纷争。从长远看，这对中国与中东地区的经贸合作稳步发展也构成了重大挑战。第三，中国在中东地区面临的竞争加剧。中东地区油气资源对国际能源安全具有十分重要的战略意义，中国与中东地区的能源合作将面临与美、欧、日等国家和地区及其他能源消费国的激烈竞争。日本《读卖新闻》指出，来自海合会国家的石油进口占日本年石油进口总量的70%，自2011年由于地震关闭核电站以来，日本的能源供应就更加紧张。安倍2013年两度出访中东，4月份访问沙特阿拉伯和阿联酋，8

月份访问了巴林、科威特、吉布提和卡塔尔，安倍希望借出访中东能源大国并加强与之关系，来确保日本能源供应的稳定，而中国在中东地区不断加强的存在感是安倍的考虑因素之一。①

尽管如此，中国与中东国家，特别是与石油输出国之间因经济互补性很强，投资、贸易和建筑工程承包继续保持增长的趋势。中国对中东石油进口需求的增长、人民币国际化的进展，以及中东国家的人口增长和经济改革，将进一步推动双方经贸关系的发展。不过，中东国家的安全风险增大、经济增长趋缓，以及加强对本国就业的保护，也给中国与中东国家的贸易提出了新的挑战。因此，中国应加大对中东地区的关注和引导力度。

在页岩气革命的大形势下，美国对中东石油的需求减少，对中东能源的关注度将会降低。美国对中国与中东国家数额巨大的石油贸易的负面态度减少，因为在国际能源市场上，中国石油需求的增加弥补了美国石油需求减少的缺口，维持了国际石油价格的稳定，从而使美国能源企业从中获益。这对中国来说意味着与中东国家有更多的能源合作机会。从短期来看，中东国家更加欢迎中国石油企业对中东的投资，并加大中东能源企业对中国市场的开拓。从长期来看，中国与中东国家能源合作仍将面临激烈的竞争和严峻的挑战。

由于美国逐渐从中东撤出，中国将为了保障能源安全而不得不更多涉足中东地区。2013 年 12 月，中国外长王毅出访巴勒斯坦、以色列、阿尔及利亚、摩洛哥和沙特阿拉伯五国，核心任务就是落实习近平主席在 5 月提出的有关解决巴以冲突的四点主张，为和谈进程取得突破作出中国的贡献。2014 年 2 月，王毅外长出访伊拉克，提出以能源合作为支柱，带动双方各领域务实合作，扩大双方能源领域合作，鼓励中方企业参与伊拉克基础设施建设。外交部长王毅在接受卡塔尔半岛电视台专访时就中国如何在中东地区发挥政治作用表示，中国在中东地区发挥的政治作用只会越来越多。王毅表示，中国对中东地区、特别是对阿拉伯国家不光是经济领域，在政治、安全、军事领域，我们都愿同各国开展互利合作。②

另外值得注意的一点是，随着中东地区能源文化转向可持续发展的能源经济模式，其对可再生能源的重视和投入不断增大，中国应鼓励非油气能源企业进入中东，使中国的能源企业参与中东国家的能源多元化进程。仅仅盯住中东地区的油气生产并不符合增强中国的能源企业国际竞争力的需求。例如，在太阳能、风能等清

① 参见《安倍结束中东行能源经贸政治一箭三雕》，见中国电力网，2013-08-30。

② 参见《王毅：中国在中东地区发挥的政治作用只会越来越多》，见中国新闻网，2014-01-09。

洁能源领域，中国公司开拓欧美市场遇到阻力，意味着它们开始具有了与国际同行业企业竞争的实力。政府外交资源推动这些非油气领域的能源企业进入中东，将有利于密切中国与该地区全面能源市场的联系，也有助于降低蓄意损害中国从该地区顺利进口的企图变成现实的可能性。

附录：2013 中国能源国际合作大事记

亚太地区

1 月 14 日　印度尼西亚能源与矿业部长瓦基克在万隆地热发电站落成仪式上致辞表示，印度尼西亚开发新能源和可再生能源乃当务之急。

1 月 22 日　马拉西亚私人控股公司 MNGV 将投资近 20 亿美金建造包括一座 LNG 气化工厂和 200 个 CNG 加气站。

2 月 14 日　中信资源控股有限公司和母公司中信集团将以 4.52 亿澳元（约合 4.68 亿美元）的价格收购澳大利亚大型氧化铝精炼企业 Alumina13%的股权。

2 月 20 日　中国石油天然气股份有限公司与美国康菲石油公司签署相关协议，中国石油将获取位于西澳大利亚海上布劳斯盆地波塞冬项目 20%的权益，以及陆上凯宁盆地页岩气项目 29%的权益。

3 月 12 日　日本资源能源厅宣布，“地球”号深海探测船当天上午从爱知县附近渥美半岛近海开采出可燃冰。

3 月 27 日　中国国家发展和改革委员会副主任解振华和澳大利亚气候变化、工业和创新部长格康贝在悉尼新南威尔士大学举行中澳部长级气候变化对话会，双方同意在建设碳市场领域加强合作。

4 月 3—5 日　韩国绿色能源展在韩国大邱举办。

4 月 6 日　印度尼西亚投资贸易推介会在陕西省西安市举行，印度尼西亚驻华大使易慕龙先生表示印度尼西亚欢迎来自包括西安在内的广大中国投资者和游客前往印度尼西亚。

4 月 8 日　武钢与中国特变电工能源（印度）有限公司成立合资公司，在印度建硅钢加工配送中心。

4 月 9 日　中国国务院总理李克强同澳大利亚总理吉拉德举行会谈。两国总理出席了双方在可再生能源、融资、禁毒、发展援助等领域合作文件签字仪式。

4 月 10 日　马来西亚石油润滑油国际（PLI）在上海宣布，最新高端产品“欣腾 7000”在中国和全球部分市场同步上市。

4 月 15 日　商务部网站挂出公告，马来西亚国际贸易工业部决定对来自中国的钢绞线产品发起反倾销调查。

4 月 16 日　刘建超大使应邀接受印度尼西亚 MNC 电视台经济频道高端访谈节目“经济问答”专访，表示中国政府鼓励中国企业来印度尼西亚投资。

4 月 17—18 日　第四届清洁能源部长级会议在印度新德里举行。

4 月 22 日　日本政府公布《海洋基本计划》最终草案，称要尽快重启中日“春晓”油气田的“共同开发”谈判事宜。

4 月 25—28 日　澳大利亚总理吉拉德访华，正式启动两国总理年度定期会晤机制，中澳两国政府和企业在可再生能源、融资、发展援助等领域签署了合作文件。

5 月 2 日　中国外交部长王毅与印度尼西亚外长马尔迪在雅加达印度尼西亚外交部举行会谈，表示中方将鼓励中国企业参与印度尼西亚“六大经济走廊”建设，扩大对基础设施、资源能源、制造业、农业等领域投资，加快推进矿产加工产业园建设。

5 月 6 日　中国海洋石油总公司宣布与英国天然气集团签署系列协议，向 BG 集团每年采购 500 万吨的液化天然气，为期 20 年。

5 月 13 日　印度尼西亚油气上游业务监管机构 SKK Migas 负责人 Rudi Rubiandi 表示，印度尼西亚将向中国派出代表团，寻求提高其出口至中国的液化天然气的价格。

5 月 19 日　日本研究人员宣布，他们在印度洋东部的海底发现了含有高浓度稀土的海底泥。

5 月 19—22 日　中国国务院总理李克强对印度进行正式访问，两国发表联合声明，表示在能源方面将进一步加强在节能环保、新能源和可再生能源、高科技等领域的合作，在民用核能领域开展双边合作。

5 月 21 日　澳大利亚北部地区和南澳大利亚州针对中国投资者联合举办的“澳中南北资源投资论坛”在北部地区首府达尔文召开。

5 月 21—24 日　2013 世界水电大会在马来西亚举办。

5 月 21 日　中国国务院总理李克强在孟买出席中印商务峰会晚餐会并发表演讲，鼓励中印企业界扩大合作。印度电力市场最大的 EPC 承包商山东电建三公司的总经理王鲁军代表集团公司应邀参加了此次峰会活动。

5 月 27 日　中国石油公司称其在印度尼西亚苏门答腊岛丹戎加邦区的 14 口油气井被当地政府封锁，无法进行正常的维护和作业。

6 月 18 日　中国海油与印度尼西亚的天然气价格谈判已基本落定，前者答应了后者的部分涨价要求。

6 月 25 日　澳大利亚连续发布了 17 项 TBT 通报，决定将温室气体和能源最低标准转换为国家统一的强制性要求。

6 月 28 日　中国石化集团公司总经理王天普与 SK 集团副会长具滋荣在北京钓鱼台国宾馆签署了武汉乙烯项目合资经营合同。

7 月 5 日　中韩合资北京电控爱思开科技有限公司合资合同在北京签约。

7 月 12 日　中韩两国在长沙举行“第一届中韩核聚变合作共同调整委员会”会议，就如何加强正在开发中的核聚变能源领域的技术合作进行集中讨论。

7 月 19 日　针对近日中国某大型海洋石油开采企正计划向中国政府提出申请开发位于东海海域的 7 个油气田，日本方面向中方提出严重抗议。

7 月 31 日　马来西亚种植及原产业部长道格拉斯近日对媒体表示，马来西亚将从明年起全面推广含棕油生物燃料的生物柴油。

8 月 1 日　日本自民党向政府递交应对方针，要求中国撤除东海“中间线”附近的油气田开采设施。

8 月 8 日　四川天齐锂业股份有限公司称拟通过全资子公司天齐锂业香港收购文菲尔德 58.36%的股权，已获得国家发展和改革委员会核准。

8 月　澳大利亚政府宣布将在国内建设两个太阳能光伏发电站，其中一个 102MW 的太阳能光伏电站将成为南半球最大的太阳能发电站。

9 月 5 日　中国葛洲坝集团在印度尼西亚西加里曼丹省举行巴比巴卢燃煤电站项目开工仪式。

9 月 12—14 日　印度新德里新能源展在新德里诺伊达展览中心举办。

10 月 3 日　中国印度尼西亚两国企业家签署 200 亿投资合作协议。两国发表的《中印尼全面战略伙伴关系未来规划》显示，两国元首同意在新能源、生物技术、航天合作上扩大合作。

10 月 9 日　马来西亚首相纳吉布在与加拿大总理哈珀会面宣布，将投资 360 亿加元在加兴建液化天然气厂以及输送管道。

10 月 13—17 日　第 22 届世界能源大会在韩国大邱市举办。

10 月 16 日　韩国首尔国际能源展览会在首尔 COEX 会展中心拉开帷幕。

10月22—25日　印度总理辛格访问中国，两国签署了包括能源合作内容在内的9个文件。

10月23日　东莞九丰原本从大型LNG运输船上接收LNG的中转站，近期成功直接从马来西亚进口了两船LNG。

10月24日　第十四届西博会“中日低碳社会研讨会”在成都举行。

10月25日　日本经济产业相茂木敏充在内阁会议后的记者会上强调，将在3年内设定出能源结构目标。

10月28日　印度政府将首度邀请私有公司通过竞争性投标申请采煤许可证。

11月10日　日本前首相小泉纯一郎反对安倍内阁发展核电事业的政治主张。近日，日本首相安倍晋三第一次公开对小泉的“零核电”主张作出反驳。

11月20日　一批来自马来西亚的11万吨燃料油，近日卸往中国石化（香港）洋浦保税油库。这是洋浦口岸首次入境保税油品。

11月29日　日本经济产业省宣布，首次确认在日本海一侧广泛存在可燃冰，而且属于表层分布的类型。

12月1日　中国洛阳栾川钼业集团股份有限公司以8.2亿美元的总资金成功完成对力拓集团下属的澳大利亚北帕克斯铜金矿主要股权的收购。

12月12日　第七届中日石油市场研究成果交流会指出，中日两国有望在制衡天然气“亚洲溢价”上联合作战。

12月16日　德国环保组织“德国观察”发布了全球58个国家应对“全球变暖”问题的最新排名。中国从48位上升至46位，超过日本。

12月19日　日本东京电力公司社长广濑直正式向福岛县知事通报，将废弃福岛第一核电站所有机组。

12月21日　澳大利亚政府已经批准由中国国家电网公司对该国电力公司价值高达50亿澳元（折合44亿美元）的股份购买。

12月22日　雅加达市政府日前表示将于明年开始实施整改垃圾场计划，以解决城市垃圾带来的卫生和环境问题。

12月　日本经济产业省发布消息称，位于日本海一侧的日新潟县和石川县附近海底很可能藏有225处可燃冰矿。

俄罗斯和中亚地区

1月5日　俄罗斯核动力局副总经理洛克申日前在中国江苏省田湾核电站第二阶段开工仪式上表示，中俄愿一同建设游动核电站，中国将负责为核电站建设拖船，俄罗斯负责电站的建设。

1 月 9 日　中国石油公司与俄罗斯石油公司进行供油谈判，主要讨论沿阿塔苏—阿拉山口石油管道经哈萨克斯坦从俄罗斯向中国供油的可能性。

1 月 15 日　中工国际（香港）有限公司宣称将以 480 万美元的价格购买特颖投资有限公司及萃协有限公司 16%的股份。

1 月中旬　长城钻探包揽阿塞拜疆陆上深井作业。

1 月 17 日　乌克兰能源与煤炭工业部长爱德华·斯塔维茨基表示，乌克兰与中国石油天然气集团公司谈判参与国内建设液化天然气终端的问题。

1 月 29 日　阿塞拜疆工业和能源部门宣布将投资 89 亿美元到可再生能源行业。

1 月 29 日　中国驻格鲁吉亚大使陈建福拜会格鲁吉亚副总理兼能源与自然资源部长卡拉泽。卡拉泽表示，新政府上台后继续欢迎中国企业对格鲁吉亚投资。

1 月 31 日　中亚能源公布与卖方订立收购谅解备忘录，拟全购哈萨克的一家石油及天然气勘探及生产公司。

2 月 23 日　中国煤炭科工集团公司总经理王金华会见乌克兰能源与煤炭工业部第一副部长波波维奇·伊戈尔带队的乌克兰访华团。

2 月 26 日　特变电工新能源公司承建的 500kW 电站在哈萨克斯坦国家电网稳定运行，该电站是哈萨克斯坦建成的第一个光伏并网电站。

2 月 26 日　尚德电力控股有限公司正计划耗资 1 000 万美元（约合 740 万欧元）在乌兹别克斯坦建造一座光伏组件工厂。该公司已与乌兹别克斯坦国有能源企业 Uzbekenergo 签署了一份谅解备忘录，双方将在纳沃伊免费工业级经济特区成立一家合资企业。

2 月 27 日　乌克兰的一名高级能源官员在基辅表示，乌克兰希望每年从中欧进口 80 亿立方米的天然气。

2 月 28 日　英维思运营管理宣布已经成功完成位于俄罗斯库兹巴斯地区克麦罗沃市新兴建的 Yaysky 炼油厂主自控承包商项目的第一阶段工程。

3 月 1 日　俄罗斯石油公司与中国方面将签订的一组协议大幅增加俄罗斯对中国的石油供应。

3 月 8 日　格鲁吉亚能源与自然资源部拍卖锰矿勘探开采权。

3 月 18 日　乌能源公司和中国西安西电国际工程有限责任公司就在乌发展风电签署谅解备忘录。

3 月 18 日　国电电力总经理冯树臣、独立董事胡上平、副总经理伍权在公司本部会见到访的乌克兰共和国燃料与能源部代表团，就开展双边合作进行了洽谈。

3 月 20 日　乌兹别克斯坦经济部副部长米拉扎马赫姆多夫·儒拉贝克率考察团

来山东能源龙口矿业集团有限公司，双方签订能源合作开发备忘录。

3月22日　国家电网公司与俄罗斯统一电力国际公司签署《关于开展扩大中俄电力合作项目可行性研究的协议》。

3月23日　中国石油天然气集团公司与俄罗斯天然气工业公司签署备忘录，就俄罗斯向中国输送天然气管道项目达成谅解。

3月　中俄两国签署了增加将俄罗斯对华原油供应的政府间协议。

3月　俄气与中国石油总裁于3月份签署了通过东线管道对华供应天然气项目的谅解备忘录。

4月5日　吉尔吉斯斯坦财务部长称，随着新疆喀什格尔铁路站点与吉尔吉斯斯坦、乌兹别克斯坦边境城镇Kara—Suu的铁路对接项目逐步深入，吉尔吉斯斯坦将不断增加对我国新疆地区炼焦煤的出口。

4月15日　格鲁吉亚能源部长Kakha Kaladze称，对格鲁吉亚能源产业来说，目前最重要的事情是制定一项长期的发展战略，确定未来的优先发展方向。

4月18日　由中国国际贸易促进委员会与阿塞拜疆出口与投资促进基金会联合举办的“2013中国—阿塞拜疆经贸洽谈会”在巴库举行，双方签署《关于建立中阿企业家理事会合作备忘录》。

4月29日　由陕西煤业化工集团控股企业中亚能源有限责任公司投资的吉尔吉斯斯坦中大中国石油公司80万吨/年炼油项目火炬塔装置顺利吊装对接。

5月8日　中国台湾威奈联合科技公司计划在哈萨克斯坦南部地区江布尔建造一座CIGS薄膜太阳能制造工厂和一座5MW的光伏电站。

5月13日　哈萨克斯坦“萨姆鲁克—卡泽纳”国家基金董事会副主席比希姆巴耶夫称，萨姆鲁克—卡泽纳投资公司、奥基谢投资集团公司和中国中盛光电集团公司拟投资1亿美元在克孜勒奥尔达州建设太阳能电站。

5月13日　第四届“中亚太阳能开发利用技术国际培训班”在新疆乌鲁木齐市开班。

5月14日　乌克兰能源部长斯塔维茨基表示，乌克兰希望成为中欧天然气枢纽，并且对此非常重视。

5月17日　黑龙江电科院首次中标俄罗斯火电工程项目。

5月20日　中国和塔吉克斯坦在北京发布关于建立战略伙伴关系的联合宣言。双方将积极扩大能源资源领域合作。

5月21日　中国石油与塔吉克斯坦能源和工业部签署了进一步深化油气合作的框架协议。

5 月 25 日　由杰瑞集团自主研发制造的 2 000 型成套压裂车组登上土库曼斯坦，在现场作业高温 40 摄氏度以上的沙漠环境下，成功进行了首次酸化压裂作业。

6 月 4 日　哈萨克斯坦运营商建立第一座太阳能和风能基站。

6 月 13 日　中国台湾太阳能公司 ErgonSolair 为格鲁吉亚建造的光伏电站的规模快接近 1GW。公司获得建设投资额达到 15 亿美金的项目。

6 月 13 日　中国石化与俄罗斯第二大天然气生产商诺瓦泰克公司进行协商，参加后者运营的位于北极亚马尔半岛的 200 亿美元液化天然气项目。

6 月 20 日　俄罗斯总统普京会见中国副总理张高丽。普京表示，俄罗斯未来 25 年每年将向中国供应 4 600 万吨石油，将逐步增加对亚太市场的液化天然气出口量。

6 月 20 日　广汇能源中哈萨拉布雷克至吉木乃跨境天然气管线正式投产通气，8 月进入全面生产阶段。

6 月 21—23 日　陕西省省长娄勤俭率团访问哈萨克斯坦，在清洁能源方面与哈方达成多项合作共识。

6 月 21 日　中国石油天然气集团公司与塔吉克斯坦能源工业部、道达尔公司、克能石油公司在塔吉克斯坦首都杜尚别共同签署塔吉克斯坦伯格达区块项目油气合作交割协议。

6 月 21 日　在俄罗斯圣彼得堡国际经济论坛上，中国石油天然气集团公司与俄罗斯石油公司签署了一项长期石油供应协议，俄拟于 25 年内对华供应石油约 3.65 亿吨，交易额预计 2 700 亿美元。

6 月 28 日　光伏项目开发商 MartiferSolar 在乌克兰建设一座 5MWp 光伏发电站，这是在该国为 RengyDevelopment 建设的第三个项目。

6 月　俄罗斯诺瓦特克公司与中国石油签署了一份年供气量不少于 300 万吨，合同有效期不短于 15 年的合作意向书。

7 月初　由中国装备业龙头企业特变电工承建的吉尔吉斯斯坦南部电网工程项目一次送电运行成功。

7 月 9 日　开都河公司实地考察了格鲁吉亚水电项目投资环境。

7 月 16 日　中塔政府间经贸合作委员会中国新疆—塔吉克斯坦分委会第三次会议在乌鲁木齐市召开。双方达成将在能源等领域内进一步加强合作。

7 月 24 日　俄罗斯石油公司和中国石油天然气集团公司在无需海关补充文件和国家杜马批准的情况下正在执行向中国补充供应石油的协议。

7 月 26 日　中亚投资贸易有限责任公司拟与自然人卡雷姆萨科夫在哈萨克斯坦

共和国阿拉木图市共同投资设立中亚油气有限责任公司，投建天然气加注站。

7月29日　俄罗斯石油公司开始向中国额外出口石油。

8月1日　由中国特变电工股份有限公司承建的中吉两国政府之间迄今为止最大的能源合作项目达特卡—克明500千伏输变电项目开工奠基仪式在吉东北部楚河州克明区举行。

8月2日　经济发展和贸易副部长 Saidrahmon Nazriyev 称塔吉克斯坦将撤销世界贸易组织的煤炭出口禁令。

8月9日　国家发展和改革委员会副主任、国家能源局局长吴新雄在京会见俄罗斯新任驻华大使杰尼索夫，双方就中俄能源各领域合作广泛交换了意见。

8月21日　2013乌兹别克斯坦绿色新能源及环境展览会在塔什干市贸易展览中心举办。

8月25日　乌克兰国家石油天然气公司与中国国家开发银行签署了36.56亿美元贷款协议，以落实乌国煤炭替代天然气计划。

8月29日　中俄珲春—马哈林诺铁路正式恢复运营，进口俄罗斯煤炭。

9月3日　中国阿塞拜疆计划提高其可再生能源装机量。该国政府已经下令国家科学院地理研究所在明年7月前绘制一份太阳能与风电地图。

9月3日　中国国家主席习近平和土库曼斯坦总统别尔德穆哈梅多夫在阿什哈巴德签署了两国关于建立战略伙伴关系的联合宣言。双方将加强在能源领域的合作。

9月3日　中国石油天然气集团公司与土库曼斯坦天然气康采恩签署年增供250亿立方米的天然气购销等协议，双方同时签署一项工程设计、采购、施工合同。

9月3日　俄罗斯六家知名油服公司齐聚中国烟台，参加杰瑞集团针对俄罗斯能源开发举办的第二届油气装备产品研讨会。

9月4日　中国石油承建的土库曼斯坦复兴气田南约洛坦年100亿立方米产能建设项目竣工投产。

9月5日　中国国家主席习近平与俄罗斯总统普京举行会谈，共同见证了能源、航空、地方合作等领域合作文件的签署。

9月6日　山东电建公司与 AES 公司签署了哈萨克斯坦乌斯克门项目 EPC 合同，标志着该公司正式进军中亚及独联体市场。

9月6日　塔吉克斯坦驻华大使拉希德·阿利莫夫表示，塔方不仅希望与中方在勘探和开发天然气领域扩大合作，还希望在煤炭气化项目上寻找合作机会。

9月7日　中国与哈萨克斯坦宣布就中国石油购买里海大陆架卡沙甘油田项目股份达成协议。

9月7日　中哈两国元首签署《中华人民共和国和哈萨克斯坦共和国关于进一步深化全面战略伙伴关系的联合宣言》。双方将在能源领域进一步深化合作。

9月9日　中哈天然气管道二期第一阶段巴佐伊－别伊涅乌段竣工通气。

9月9日　中国国家主席习近平和乌兹别克斯坦总统卡里莫夫签署了《中华人民共和国和乌兹别克斯坦共和国关于进一步发展和深化战略伙伴关系的联合宣言》。双方将继续扩大能源合作。

9月9日　中国发展和改革委员会主任徐绍史和乌兹别克斯坦第一副总理阿济莫夫代表两国政府签订《关于建设和运营中乌天然气管道的原则协议第二补充议定书》。

9月9日　中石油集团董事长周吉平与乌国副总理伊布拉吉莫夫签署《关于乌兹别克斯坦白松和苏尔汗区块油气地质勘探和开发可行性研究谅解备忘录》及《关于成立合资公司补充勘探和开发卡拉库里投资区块油气田的原则协议》。

9月9日　中石油集团董事长周吉平会见乌国油公司董事会主席费祖拉耶夫，双方签署《新丝绸之路石油天然气有限责任公司创建协议》和《新丝绸之路石油天然气有限责任公司章程》。中乌双方代表还和 INDORAMA（新加坡）公司代表签署了关于三方共同在乌石油姆巴列克天然气处理厂建设天然气化工厂的谅解备忘录。

9月10日　乌兹别克斯坦建立油页岩加工外国经验研究组，计划赴中国考察学习。

9月10日　特变电工的代表与吉能源和产业部就比什凯克热电厂现代化项目的实施进行谈判。

9月11日　中国国家主席习近平和吉尔吉斯斯坦总统阿坦巴耶夫签署了《中国和吉尔吉斯共和国关于建立战略伙伴关系的联合宣言》。双方愿继续加强能源领域合作。

9月11日　中国石油有意出资至少100亿美元购买俄罗斯天然气工业公司和俄罗斯石油公司联营的西伯利亚东部一天然气田的少数股权。

9月12日　土库曼斯坦“电力工业主要发展方向”国际展在首都阿什哈巴德的展览中心开幕，中工国际、新疆特变电工等中国企业参展。

9月14日　唐军会见阿塞拜疆工业和能源部长阿利耶夫，希望阿利耶夫部长为大连企业到阿塞拜疆投资发展提供更多支持。

9月15日　吉尔吉斯斯坦能源和工业部长 Osmonbck Artykbaycvi 与国家发展和改革委员会主任徐绍史签署合作协议，旨在共同建设和运营土库曼斯坦—中国天然气管道吉尔吉斯斯坦段。

9月18日　中国石油天然气集团公司与俄罗斯Novatek公司表示，双方已签署协议，获得Novatek主导的俄罗斯北极项目Yamal LNG 20%的权益。

9月25日　乌克兰第一副总理与中国企业家圆桌会谈在钓鱼台国宾馆隆重举行。

9月29日　俄罗斯联合冶金公司称，公司已全面完成“中亚—中国—3”管道项目大口径管道供应合同义务。

10月9日　俄罗斯能源部长在俄新社举行的新闻发布会上表示，东西伯利亚—太平洋石油管道向中国方向扩建项目的实施将不取决于冻结俄罗斯石油管道运输公司价格的决定。

10月11日　全球领先的一站式太阳能电力解决方案提供商——中盛光电集团宣布其4.2MW乌克兰光伏电站项目已顺利竣工。

10月11日　俄罗斯石油公司和俄罗斯石油管道运输公司共同签署了扩大向中国出口石油的协议。

10月14日　国家能源局副局长张玉清与俄罗斯能源部副部长亚诺夫斯基在北京共同主持召开中俄煤炭领域合作工作组第二次会议，签署《中俄煤炭领域合作工作组第二次会议纪要》和更新的《中俄煤炭领域合作路线图》。

10月14日　俄罗斯最大的独立石油公司卢克石油总裁瓦吉特·阿列克佩罗夫表示将加大向中国出口油气的数量。

10月15日　俄罗斯东方能源公司宣布对华电力出口量将增至33.5亿千瓦时。此外，统一电力系统公司表示计划在阿穆尔州建设燃煤电站，进行对华电力出口。

10月16日　俄罗斯天然气工业公司与中国石油天然气集团公司关于天然气供应协议的谈判进入最后阶段，预计将在年底之前敲定供气协议。

10月16日　满洲里市与哈尔滨铁路局就合作建设俄罗斯进口液化石油气专业货场项目进行正式会谈并达成合作意向。

10月17日　中国石油集团董事长周吉平与俄罗斯石油公司总裁谢钦签署扩大东西伯利亚上游项目合作谅解备忘录。

10月17日　俄石油公司与俄石油管道运输公司就向我国增供石油运输问题达成一致并签署共同融资原则协议，双方将合作扩建斯克沃罗季诺——漠河石油管道（东西伯利亚——太平洋石油管道支线），逐年扩大向我国的输油量。

10月18日　中国石油天然气集团和俄罗斯石油公司发公告称双方将组建一家合资企业，共同开发东西伯利亚和远东油田。该企业51%的股份属俄罗斯石油公司，中国石油持股49%。

10 月 18 日　俄罗斯最大的独立石油公司卢克石油总裁瓦吉特·阿列克佩罗夫表示，希望进一步提升对华石油和天然气的出口。

10 月 19 日　俄罗斯 TVEL 核燃料公司与中国多家公司签署了向田湾核电站第三和第四机组供应核燃料的合同，合同总额超过 10 亿美元。

10 月 22 日　中国石油集团董事长周吉平与俄罗斯石油公司总裁谢钦签署关于天津炼厂投产进度和供油主要条件的文件，即在 2017 年完成最终投资决策并同时确定供油条件和方案。

10 月 22 日　中俄敲定天然气定价公式，西线供气谈判将启。两国企业还就共建热电站、水电站项目签署了合作备忘录。

10 月 22 日　中俄企业就东线管道供气协议的实际操作问题进行谈判。两国企业还就共建热电站、水电站项目签署了合作备忘录。

10 月 22 日　中国石油集团董事长周吉平与俄罗斯诺瓦泰克公司总裁米赫尔松签署亚马尔公司 LNG 购销框架协议。

10 月 22 日　中俄两国总理在会晤期间双方企业代表签署年 300 亿立方米供气合作协议。

10 月 22 日　中国华能集团公司总经理曹培玺与俄罗斯恩佳集团总裁兼 CEO 杰里帕斯卡签署《中国华能集团公司与俄罗斯恩佳集团战略合作框架协议》。

10 月 23 日　中国核能协会副理事长赵成昆介绍，中俄两国在核电领域深化合作将在技术研发、设备制造等领域进一步推动中国核能事业发展。

10 月 28 日　乌克兰天然气银行董事会副主席斯塔尼斯拉夫·施拉巴克会见湖北银行董事长陈大林率领的代表团。双方商定就湖北银行向乌克兰天然气银行直接提供贷款额度开始谈判。

10 月 29 日　黑河口岸首次大批量从俄罗斯进口燃料油，装载着 18 个集装箱 205 吨燃料油的驳船停靠黑河码头。

10 月 31 日　俄罗斯能源部长诺瓦克称，俄罗斯石油股份公司与哈萨克斯坦石油天然气公司正在就通过哈萨克斯坦阿塔苏——阿拉山口石油管道向中国出口石油问题进行磋商。

10 月 31 日　俄罗斯杜马能源委员会主席格拉乔夫表示，俄中两国在煤炭领域合作潜力巨大，希望双方能在煤炭交易、建立发电站、技术引进等领域增进合作。

11 月 6 日　俄罗斯燃料元件公司为田湾核电站 1 号发电机组第七次换料大修提供 TVS-2M 型核燃料。双方还签署一项俄方为田湾核电站 1 号机组供应改性型燃料的合同。

11月9日　中国石油分别就亚马尔公司LNG购销、天津合资炼厂事宜，与俄罗斯诺瓦泰克公司和俄罗斯石油公司达成进一步的合作协议。

11月11日　俄罗斯石油公司就有关通过哈萨克斯坦向中国出口原油的基本原则达成协议。

11月12日　来自黑龙江省电力公司的消息称，前十个月该省通过三条对外输电线路进口结算俄电电量29.54亿千瓦时。

11月13日　俄罗斯政府监督外国投资委员会于13日批准了中国石油收购诺瓦泰克股份公司所持有的亚马尔液化天然气公司20%的股份。

11月13日　中国石油天然气集团公司和吉林昊融有色金属集团在俄罗斯的大型投资项目已获批准。

11月15日　哈萨克斯坦阿克纠宾国际油气公司总经理参加湖南新能源新材料产业联盟国际对接会，表达了与湖南企业开展新能源新材料国际合作的意愿。

11月20日　中广核集团公司副总经理谭建生出席中国和乌兹别克斯坦政府间合作委员会能源合作分委会第一次会议，报告中乌双方在铀资源领域合作的重要进展，表达了希望进一步加强清洁能源等领域合作的愿望。

11月21日　中国石油、中国石化、山东科瑞、中工国际、新疆华油五家中资企业参加土库曼斯坦2013国际油气展。

11月22日　俄罗斯石油公司与中国石化签署了价值850亿美元的石油合同，未来10年内每年将向中国增供原油1 000万吨。

11月23日　国网疆南供电公司调度下令对卡拉苏35千伏输变电工程主变三次冲击后，设备运行正常，标志着中国唯一与塔吉克斯坦陆路通商口岸正式接入大网电。

11月25日　俄罗斯联邦能源部长亚历山大·诺瓦克认为，俄罗斯天然气工业股份公司与中国石油天然气集团公司的对华供气合同准备程度很高，将在近期签署。

11月26日　亚洲开发银行将帮助乌兹别克斯坦建设一个100MW的太阳能项目，这是该国首座公共事业规模太阳能发电站。

11月29日　中哈天然气管道二期工程（哈南线）天然气管道工程项目，经过验收组严格评审，顺利通过哈萨克斯坦国家验收。

11月29日　中国国务院总理李克强在塔什干与乌兹别克斯坦总理米尔济约耶夫共同出席双边能源合作文件的签字仪式。

12月2日　中核集团副总经理曹述栋参加了中哈能源合作委员会第七次会议，

并与哈萨克斯坦原子能工业公司签署了《CNNC与KAZATOMPROM关于落实核能领域战略合作协议共同行动的议定书》。

12月3日　正和股份发布公告，拟定增募资31.2亿元哈萨克斯坦共和国滨里海盆地的石油开发企业马腾公司95%的股权。

12月4日　中国神华集团拟投资80亿美元用于在哈萨克斯坦境内的煤炭生产。

12月4日　中国石油天然气集团公司宣布与土库曼斯坦天然气康采恩签署年增供250亿立方米天然气购销等协议。

12月5日　甘肃市市长袁占亭会见由哈萨克斯坦国地区发展部区域合作与经济区划司副司长汝曼巴耶夫·耶拉瑟尔，双方表示要加快沟通合作步伐，促进兰州与哈萨克斯坦能源与资源开发利用的合作。

12月5日　外洽办与乌克兰第六届国际能源展达成合作。

12月5日　中国国际能源集团党委书记、董事局主席吴国迪会见乌克兰总统维克托·亚努科维奇，希望双方开拓新能源和"生态城"方面的合作。

12月5日　中乌两国元首共同签署了《中华人民共和国和乌克兰友好合作条约》和《中华人民共和国和乌克兰关于进一步深化战略伙伴关系的联合声明》。

12月6日　中核集团与哈萨克斯坦签署核能合作协议，双方将落实在铀资源开发、核燃料加工、天然铀贸易、过境运输、核电站建设等方面的一揽子合作方案。

12月6日　乌克兰能源和煤炭工业部、中国化学工程集团公司和中国化学工程麾下全资子公司武汉工程有限公司计划在乌克兰建造合成天然气生产厂。

12月7日　上海合作组织一些成员国、观察员国及伙伴国就组建能源俱乐部达成协议。

12月9日　第十二届中国企业实施"走出去"战略论坛海外项目发布会在北京举行，并签署"哈萨克斯坦西哈省阿亚茨克铁矿投资入股开发"项目。

12月11日　中国庆华集团拟投资80亿美元在哈萨克斯坦加工煤炭。

12月11日　俄罗斯能源巨头En+集团宣布，其子公司Vostsbiugol与中国最大煤矿生产商神华集团各出资50%成立的合资企业Razrez Ugol LLC已成功购入许可，将在靠近中俄边境的外贝加尔地区勘探和开发Zashulanskoye煤矿床。

12月18日　中国石化拟收购俄罗斯UDM项目47.6%的权益。

12月19日　国家发展和改革委员会核准中国石化收购哈萨克斯坦CIR项目50%权益。

12月27日　中国石油天然气股份有限公司考虑在乌克兰投建一个石油精炼厂。

12月　吴新雄与阿克楚拉科夫签署了《中哈能源合作分委会第七次会议纪

要》，并确定双方能源领域合作优先工作方向。

美洲地区

1月9日　汉能控股集团在京宣布，以自有资金完成对美国硅谷光伏企业MiaSolé公司的并购。

1月10日　中化集团下属中化石油勘探开发有限公司位于哥伦比亚CR区块的Vigia-Sur1井，在UNE层测试获日产原油600多桶。

1月24日　中国海油宣布，已与雪佛龙中国能源公司就南海东部珠江口盆地的两个区块签订了产品分成合同。

1月30日　中化集团和美国先锋自然资源公司签署油气资产收购协议，由中化集团旗下全资子公司中化美国石油有限合伙公司购买美国先锋公司持有的折合权益内净租面积约20.7万英亩的油气区块Wolfcamp层40%的权益。

2月26日　中国海油对加拿大尼克森公司所有流通股中的普通股和优先股，以现金形式完成收购，其交易总价达到约151亿美元。

3月20日　国家发展和改革委员会批准中国石油天然气集团公司收购加拿大阿萨巴斯卡油砂公司多佛油砂区块40%权益项目，中国石油将全资控股此油砂项目。

4月1—5日　由英国励展集团与Alcantara Machado联合主办的2013年第27届巴西国际电力工业展览会在巴西圣保罗安年比国际展览中心举行，200多家中国展团参加了展会。

4月6—8日　2013年博鳌亚洲论坛在中国海南举行，墨西哥国家石油公司与中国石化签署了两年期的供油协议，每天将有至少3万桶墨西哥原油出口中国。

4月11日　环境保护部部长周生贤在北京会见了来访的美国加利福尼亚州州长杰瑞布朗一行。双方就共同关心的话题交换意见并签署《中华人民共和国环境保护部与美利坚合众国加利福尼亚州关于在空气污染防治领域加强合作的协议》。

4月13日　由中国产业海外发展和规划协会与中美能源合作项目（ECP）共同主办的中美能源合作对话在北京召开。

4月16日　加拿大贸易部长法斯特访问北京时表示，加拿大对中国能源企业未来赴加进行收购交易持开放态度。

4月22日　新任美国国务卿克里在中美能源合作对话研讨会上发表演讲，指出中美能源合作瞄准可再生能源。

5月7日　第三届中美石油企业合作论坛在休斯敦成功举行，中美两国企业家和能源领域嘉宾约100人出席。

5月9日　中国石油集团拟斥20亿美元（约156亿港元）收购巴西石油公司

Barra Energia。

5 月 27 日　中化集团下属中化石油勘探开发有限公司与哥伦比亚国家石油公司在北京签署协议，双方将合作开展 Nogal、Cardon 和 Manzano 三个新区块的勘探作业。

5 月 28 日　巴西石油管理局日前宣布，将于 10 月中下旬拍卖位于巴西东南部海域桑托斯盆地的里贝拉（Libra）区块，是全球迄今为止单次拍卖储量最大的石油区块。

5 月　委内瑞拉石油公司与雪佛龙石油公司签署了 20 亿欧元的贷款协议，以增加两家企业在委内瑞拉西部地区的合资企业的石油生产能力，将石油日产量从 10.7 万桶增加到 12.7 万桶。

6 月 4 日　中国国家主席习近平同墨西哥总统涅托会谈，中墨关系由战略伙伴关系升为全面战略伙伴关系。

6 月 5 日　中化石油美国有限公司与美国先锋自然资源公司（PioneerNatural-ResourcesCo.）完成 Wolfcamp 页岩油气项目交割。

6 月 7 日　中国石油化工集团公司董事长傅成玉与两位美国能源巨头在 2013 成都财富全球论坛的分论坛上，围绕“中国走向创新和可持续发展的路径”展开讨论。

6 月 8 日　中美两国领导人在美国加利福尼亚州安纳伯格庄园举行非正式会晤时，就两国在气候变化领域的合作达成突破性协议：中美将加强合作，逐步淘汰氢氟碳化物（HFCs）的使用。

6 月 13 日　委内瑞拉石油公司与中国石油集团公司签署 40 亿美元贷款协议，计划将委中合资企业的石油生产能力从现在每天的 14 万桶增加到今年年底的 16 万桶。

6 月 20 日　中海化学加拿大控股公司出资 3 197 万加元完成了认购 West-ern-PotashCorp. 增发的 4 504 万股普通股（约占该公司已发行流通股的 19.9%）的交割工作。

6 月 25 日　由武昌船舶重工有限责任公司承制的 Sapinhoa-LulaNEBSR 水下浮体和深海锚座交付世界第三大石油公司巴西国家石油公司。

6 月 29 日　中国石化集团与美国切萨皮克能源公司就密西西比灰岩油气资产 50%的权益转让项目顺利交割。

7 月 1 日　委内瑞拉总统马杜罗在莫斯科举行的第二届天然气输出国论坛峰会上提议成立天然气信贷基金。

7月11日　为期两天的第五轮中美战略与经济对话在美国首都华盛顿闭幕。双方签署了《美国能源监管委员会与中国国家能源局加强能源监管合作谅解备忘录》。

7月31日　国家能源局和美国能源部在上海共同举办第三届中美可再生能源产业论坛。论坛就在中国目标城市开发清洁能源技术的前景和发展计划进行了综述。

8月14日　巴西国会下院批准了一项石油矿区使用费法案，来自新发现油田的所有矿区使用费将预留给教育和健康计划。

8月15日　世界最大的能源勘探和生产博览会——北美油气勘探博览会在美国休斯敦举行。

8月16日　巴西石油公司宣布，公司董事会已批准了将其在巴西东南部圣埃斯皮里图州南部距离海岸线100公里、俗称“贝壳公园”的BC-10区块的股份转让给中化集团公司，价格为15.43亿美元。

8月30日　中国石油化工集团公司宣布，其全资子公司国际石油勘探开发有限公司已与美国阿帕奇石油公司签署协议，由中国石化收购阿帕奇埃及油气资产1/3的权益，收购价格31亿美元。

9月5日　巴西国家石油管理局（ANP）总干事MagdaChambriard在北京推介该国最近发现的特大油田，向中国推介石油及天然气招标项目。

9月6—7日　由世界工程组织联合会能源委员会主办，中国电机工程学会和中国南方电网有限公司承办的2013年发展中国家可持续能源工程国际会议在广州召开。

9月9日　“中加投资政策高层论坛”在北京举行，如何加强能源领域双边合作成为论坛核心话题。

9月9日　由商务部投资促进事务局、华南美国商会、厦门市投资促进局共同主办的“中美企业投资合作论坛——能源与绿色创新”在厦门国际会展中心观海厅成功举办。

9月16日　中国商务部发布公告，初裁决定对原产于美国的进口太阳能级多晶硅实施临时反补贴措施。

9月18日　中国海洋石油有限公司在加拿大多伦多证券交易所以美国存托凭证（ADR）形式挂牌交易，交易代码为“CNU”。

9月22日　中国与委内瑞拉合作文件签字仪式在人民大会堂举行，在习近平主席与马杜罗总统的见证下，中国石化集团公司副总经理张耀仓与委内瑞拉石油矿产部部长兼委内瑞拉国家石油公司总裁拉米雷斯共同签署相关合作文件。

9月25—26日　由国家能源局与美国能源部、商务部联合主办的第十三届中美油气工业论坛在西安举行。

9月27日　在中国、日本等天然气消费大国支撑之下，亚洲 LNG 需求将保持旺盛态势。随着未来美国 LNG 出口不断扩大，亚洲天然气市场高溢价的局面有望缓解。

10月7日　加拿大不列颠哥伦比亚省能源厅长里奇·科尔曼宣布将前往包括中国在内的三个亚洲国家，希望推销该省的天然气资源。

10月15日　在以“中国和美洲：全球能源市场的合作伙伴”为主题的 2013 年 ILAS-IOA 国际研讨会上，来自中国、墨西哥等七国的政界学界人士，围绕全球能源格局及变化、拉美能源利用与开发形式、美国页岩气革命等议题展开对话。

10月16日　加拿大自然资源部长乔·奥利弗（Joe Oliver）在中国、日本和韩国等亚洲国家进行访问，为开发国内能源储备用于出口寻求海外投资。

10月17日　国家发展和改革委员会副主任、国家能源局局长吴新雄会见加拿大自然资源部部长乔·奥利弗，双方就扩大双边能源合作等事宜交换了意见。

10月19日　加拿大总督约翰斯顿访华时说道，加拿大将继续欢迎中国投资，也已经采取了具体的措施帮助资本流入来进一步加强与中国的经济相互依存关系，尤其鼓励对加拿大能源产业的入境投资。

10月21日　国家发展和改革委员会副主任、国家能源局局长吴新雄在京会见美国通用电气公司董事长兼首席执行官杰夫·伊梅尔特。双方就能源工业互联网、天然气和页岩气发展等事宜交换了意见。

10月23日　美国等 50 多个国家已确定参加将于 12 月在北京展览馆召开的对外投资洽谈会，本届对外投资洽谈会将举办“页岩气交易平台的建立与拓展”专题论坛。

10月23日　由中国石油、中国海油与另外三家外国石油企业组成的联合体中标全球最大的海上油田——巴西外海利布拉区块油田。

10月25日　中国石油化工集团宣布将出售其在加拿大的两个最大的页岩气田——Montney 和 Duvernay 的半数股权，以分摊成本并加速公司发展。

10月30日　美国国际环保公益机构——可持续发展社区协会在广州首次发布与广州市建筑科学研究院有限公司联合编写的《广东省公共机构合同能源管理项目实施指南》。

11月4日　阿纳达科石油公司（NYSE：APC）目前正在考虑出售其在中国持有的价值约为 10 亿美元的油气项目，该公司称此举旨在向美国市场提供资金。

11月6日　加拿大西部不列颠哥伦比亚省政府发布报告称，该省天然气总储量为2 933万亿立方英尺。

11月6日　美国维德路特（WEEDER-ROOT）公司宣布智能型液位监测系统TLS4液位仪进入中国市场。

11月7日　墨西哥新任驻华大使胡利安·本图拉（JulianVentura）十分鼓励中国企业来墨“淘金”，墨西哥希望成为中国油气资源的主要供应国。

11月13日　中国海油公司宣布，其全资子公司尼克森能源公司与加拿大英属哥伦比亚省签署了专营协议，对在哥伦比亚省鲁珀特王子港附近的格拉西角建造液化天然气处理厂及出口终端进行可行性评估。

11月14日　江苏省常州市的武进国家高新区，与美国能源部指定并资助的普尼太阳能签订合作备忘录，计划在该高新产业区建立可再生能源商务区项目。

11月14日　中国石油表示将向巴西国家石油公司购买三处秘鲁油气田的权益。

11月17日　广东省省长朱小丹在广州会见美国华盛顿州州长杰伊·英斯利率领的商务代表团一行，广东省与华盛顿州共同签署了发展交流与合作关系备忘录。

11月18日　中国国家主席习近平在人民大会堂会见美国前总统克林顿，指出要共同应对气候变化、能源安全等挑战。

11月19日　美国霍尼韦尔公司宣布，其旗下特性材料和技术集团将在江苏省张家港建立生产基地，以满足亚洲市场对能源技术和高性能材料的需求。

11月20日　中国外交部部长王毅在北京会见厄瓜多尔外长帕蒂尼奥，共同主持两国外交部第七次政治磋商。中厄在石油项目上保持密切合作，厄瓜多尔称中企油气项目符合规则。

11月21日　中国国家能源局与美国贸易发展署在成都签署了《中国国家能源局和美国贸易发展署关于支持中美能源合作项目的谅解备忘录》。

12月5日　中美双方通过中美战略与经济对话框架下经济对话，发布《关于加强中美经济关系的联合情况说明》，就能源和气候变化、创新和食品药品安全有关问题议定并取得成果。

非洲地区

1月7日　由中国电建集团所属河南院设计、水电十三局承建的安哥拉梅农盖紧急燃油电厂项目举行了竣工典礼仪式。

1月11日　北京昊华能源股份有限公司与南非非洲煤炭公司签署协议，昊华公司将出资1亿美元，以每股0.25英镑的价格购买非洲煤炭公司23.6%的股票。

1月14日　随着中国与坦桑尼亚政府间贷款协议的签署，坦桑尼亚天然气管道项目正式启动。

1月31日　保威新能源在南非电站项目中获得94.5MW的地面电站项目订单，为电站提供太阳能支架和安装服务。

2月27日　中国化工集团公司购买了3月的安哥拉原油，在其小型炼油厂提炼。

3月4日　苏丹新任驻华大使欧玛尔·伊萨在采访中谈及中苏双边合作时表示，中国和苏丹在过去几十年的合作逐步从能源领域扩展到农业、动物资源、采矿、工业等。

3月14日　中国石油宣布与意大利石油巨头埃尼公司签订合作协议，中国石油将收购埃尼集团全资子公司埃尼东非公司28.57%的股权，从而间接获得莫桑比克4个区块项目20%的权益。

3月21日　来自加纳能源部、能源委、科学与工业研究理事会、清洁能源炉灶联盟、UNDP中国、UNDP加纳等机构的代表访问中国21世纪议程管理中心，探讨了在南南合作框架下加强“中国—加纳可再生能源技术转移”合作项目建议。

3月22日　第三届安哥拉国际环境技术展中国推介会在北京举行。

3月26日　中国石油化工集团公司与南非国家石油公司达成合作框架协议，将推动双方合作的位于南非伊丽莎白港的库哈工业园区的世界级规模的穆托姆博炼油项目的开展。

3月26日　中国和南非发表联合公报，提出了进一步加强两国在贸易、投资、基础设施、能源、通讯、农业、人力资源开发等领域的合作。

3月26日　长城钻探录井公司海外业务阿尔及利亚市场取得重大突破，成功中标阿尔及利亚国有能源巨头SONATRACH公司四台录井仪三年的工作量。

3月27日　中国国家开发银行与南非标准银行在比勒陀利亚签署《关于就提供能源融资开展合作的协议》，融资额度10亿美元。

3月28日　中国国家主席习近平在南非德班会见莫桑比克总统格布扎。莫方希望中方更多参与规划和实施农业、电力、能源、交通基础设施建设等项目。

3月29日　在莫桑比克总统阿曼多·埃米利奥·格布扎和中国驻莫桑比克大使李春华的共同见证下，杜至刚总经理助理代表公司与中国国家开发银行、莫桑比克能源部共同签署《莫桑比克电力项目开发和投资谅解备忘录》。

4月3日　中国石油与马来西亚石油公司均正与顾问研究，计划竞购马拉松石油（Marathon Oil）旗下两个安哥拉离岸油气田的权益。

4月3日　中国工商银行与南非标准银行日前签署200亿兰特（1美元约合9

兰特）协议，联合支持南非开发可再生能源项目。

4月3日　金洲管道发布公告称，中国石油技术开发公司分别与下属子公司管道工业、沙钢金洲就“坦桑尼亚天然气处理厂及输送管线项目”中“从 Songo Songo 和 Mtwara 到 Das es Sallam 的管道 EPC 项目”所用的螺旋管及 LSAW 管签署合同。

4月11日　中国第三大石油公司中国海洋石油有限公司与公司总部设在英国的著名油气勘探公司图洛石油公司签署了一项协议，中国海油将以 14.67 亿美元的价格获得乌干达境内 3 个勘探区的 1/3 的权益。

4月14日　由中国山东省青岛市商务局组织的商务代表团在开罗与埃及商会联合会及其下属的索哈杰省商会联合会举行会谈并签署合作协议。

4月22日　驻埃及大使宋爱国拜会埃电力和能源部长艾哈迈德，就中埃能源合作进行深入交流沟通。

5月3日　中国水利水电建设股份有限公司承建的加纳布维水电站首台机组并网发电。

5月13日　中国国家主席习近平会见来华出席太湖文化论坛第二届年会的莫桑比克总统格布扎。习近平强调，中莫要抓好基础设施建设、能源、农业、渔业等领域重点项目合作。

5月14日　安哥拉石油部长表示，因安哥拉出口到美国的原油量减少，安哥拉的石油销售越来越依赖于中国。

5月22日　中国和阿尔及利亚政府可再生能源研修班换文仪式在阿尔及利亚能矿部举行。

5月28日　来自埃及 ECDC 的技术人员在南阳二机石油装备集团公司对该公司生产的 3 000 米车装钻机进行验收。

5月28日　中国公司宣布承建尼日利亚宗盖鲁水电站。该项目由中国电力工程有限公司和中国水利水电建设股份有限公司（中电工—中水电联合体）承建。

6月13日　驻莫桑比克大使李春华会见莫桑比克能源部长南布雷特，就加强两国新能源领域合作交换了意见。

6月18日　中国—安哥拉石油公司（Sonangal Sinopec International Limited）与美国马拉松石油公司（Marathon Oil Company）签署协议，收购马拉松石油公司所持安哥拉 31 区块 10%的油气勘探开发权益，收购价格 15.2 亿美元。

6月19日　天津港二公司优质接装一批中国石油集团坦桑尼亚天然气输气管道项目物资，主要包括天然气输气管道工程所需的机械车辆、配件、输气管材、钢材等。

6月26日　苏丹全国大会党副主席、总统助理纳菲阿在第四届“中国—西亚北非中小企业合作论坛”中国—苏丹企业家经贸洽谈会上表示，期待与中国中小企业展开更多农业、矿业、太阳能、能源开发等多方面的合作，尤其希望借鉴中国的先进经验发展其能源产业。

7月3日起　乌干达政府总理姆巴巴齐对中国进行了约一周的访问，中国公司将承担乌国家所有基础设施项目的合同，双方将进行“石油换基建”的合作。

7月5日　尼日利亚博尔诺州州长卡西姆谢蒂玛表示，希望同中国太阳能发电企业加强合作，以解决博尔诺州农业现代化过程中面临的电力问题。

7月9日　尼日利亚总统古德勒克·乔纳森按计划开始对中国进行为期4天的国事访问，能源是此访最为重要的方面。

7月16日　长城公司代表中国航天与尼方签署在尼日利亚建设系列电力基础设施的项目合同，总金额达1.7亿美元。

7月16日　由中国电力投资股份有限公司投资在坦桑尼亚建设60万千瓦天然气电站项目谅解备忘录签字仪式在坦桑尼亚能矿部举行。

7月29日　由中国电建集团所属中国水电股份公司投资建设的安哥拉梅农盖社会住房回购协议签字仪式在宽多省省会城市梅农盖举行。

8月8日　坦桑尼亚总统基奎特会见中国海油代表团。会见前，中国海油代表团与坦桑尼亚矿部长举行了会谈，就双方在坦油气领域开展合作进行了深入交流。

8月12日　乌干达总统穆塞维尼出席在该国中西部基里扬东戈区举行的一个水电站项目的动工仪式。该项目由中国公司承建。

8月19日　中国石油天然气集团公司董事长周吉平与肯尼亚能源与石油部长奇尔奇尔在人民大会堂共同签署《中国石油天然气集团公司与肯尼亚政府能源与石油部关于促进肯尼亚地热开发和发电的谅解备忘录》。

8月30日　中国石油化工集团国际石油勘探开发有限公司与美国阿帕奇石油公司（Apache Corporation）宣布双方签署协议由中国石化收购其埃及油气资产1/3权益，收购价格31亿美元。

9月3日　中国石油技术开发公司坦桑尼亚天然气处理厂及输送管线项目的钢管，正在坦桑尼亚姆特瓦拉港接卸。

9月10日　来自埃及、利比亚、突尼斯、阿尔及利亚、苏丹等阿拉伯国家和地区的学员来到甘肃兰州参加太阳能风能应用技术培训班。

9月16—25日　全国人大常委会委员长张德江应邀对乌干达等国进行正式友好访问，提出要着力加强能源资源开发、基础设施建设等领域的大项目合作。

9月17日　中国外长王毅与安哥拉外长希科蒂举行会谈，声明两国在农业、能源、基础设施建设等领域的合作取得显著成效，有力促进了双方共同发展。

9月17日　在首届中阿博览会中阿能源合作论坛上，在新能源领域，中阿企业广泛交流，来自埃及、沙特阿拉伯、摩洛哥等阿拉伯国家的政府官员、商业人士对本国发展新能源项目的情况进行了推介，并希望能与中国在资金、技术等方面展开合作。

欧洲地区

1月4日　挪威创新署和中国资源综合利用协会可再生能源专业委员会在北京联合召开近海风能高级研讨会。

1月24日　英国研究理事会与中国科技部日前共同公布了中英重点领域战略合作计划资助项目，计划资助项目将包括老龄人口健康、能源和粮食安全三大主题领域。

2月18日　欧洲第三大能源公司法国道达尔与中国的合作伙伴签署协议，计划于亚洲国家勘探及开采页岩气。

2月28日　欧委会发布公告称，基于欧盟光伏玻璃协会的申诉，对原产于中国的光伏玻璃发起反倾销调查。

3月6日　欧盟对产自中国的光伏产品实施进口登记。

3月12日　中国电科院—法国电力集团研发中心电力技术研讨会（CEPRI-EDF R & D Workshop on Electric Power Technologis）在北京成功举行。

3月27日　我国政府已批准壳牌在中国的首个页岩气产品分成合同，该公司将与中国石油在四川盆地富顺—永川页岩气区块共同进行页岩气勘探开发。

4月15日　由中国环境保护部、瑞典环境部、瑞典外交部和瑞典企业、能源与交通部共同主办的中国—瑞典环境技术与可持续发展研讨会在北京举行。

4月17日　国家发展和改革委员会副主任、国家能源局局长吴新雄会见英国石油公司首席执行官戴德立，双方就英国石油公司与我油气企业在境内外合作的进展，全球能源发展趋势及未来能源供需格局变化对能源安全的影响等问题交换了意见。

4月25日　中广核集团与法国阿海珐集团以及法国电力集团签署了长期合作联合声明。

4月26日　科菲利（COFELY）公司日前与重庆生产热力系统节能设备的专业企业智得热工签约组建合资公司。

4月29日　中国国家开发银行与葡萄牙电网签署总额为4亿欧元（约合5.2亿

美元）的再融资协议。

5 月 22 日　中国机电商会代表中方业界向欧盟委员会提交价格承诺谈判方案，但欧委会直接回绝了方案，也未回应谈判工作组提出的问题和解释。中欧围绕欧盟对华光伏“双反”的价格承诺问题首轮谈判宣告破裂。

5 月 23 日　中国商务部率团紧急赴欧，向欧委会就价格承诺问题再次进行磋商。欧盟成员国内部就欧委会对华光伏征税建议案投票表决结果出炉，有 17 国反对对华光伏“双反”议案。

5 月 25—27 日　中国国务院总理李克强访德期间，两国发表《中德关于李克强总理访问德国的联合新闻公报》，中德相关部门签署《中华人民共和国发展和改革委员会与德意志联邦共和国联邦经济和技术部关于在节能和提高能效领域加强合作的联合声明》。

5 月 26 日　中国国务院总理李克强在访问德国时强调，近日欧盟拟对华光伏产品和无线通信设备产品发起“双反”调查，中国政府表示坚决反对。

6 月 1 日　中国、德国等 10 个国家在德国柏林共同创立可再生能源俱乐部。

6 月 4 日　欧盟委员会宣布，欧盟将从 6 月 6 日起对产自中国的光伏产品征收 11.8%的临时反倾销税，如果双方未能在 8 月 6 日前达成妥协方案，届时反倾销税率将升至 47.6%。

6 月 7 日　国家电网公司与葡萄牙国家能源网公司（REN）在里斯本正式启动国家电网公司—葡萄牙能源网公司能源研究中心，并签署了《风电咨询服务协议》。

6 月 8 日　国家能源局副局长史玉波会见了德国经济和技术部国务秘书卡普费雷尔，双方就中德两国能源合作交换了意见。

6 月 21 日　第 27 届中国—欧盟经贸混委会在北京举行，此次会议的一大议题就是中欧光伏产品贸易摩擦问题。

6 月 26 日　上海市市长杨雄会见德国拜耳集团全球董事会主席马尔金·戴克斯一行，并期待与拜耳拓展医药、可再生能源等领域的合作。

7 月 5 日　苏格兰对外事务和国际发展大臣哈姆扎·尤萨夫访华，开启了苏格兰与中国 3 个全新合作计划，苏格兰能源顾问公司峰能斯格尔公司与中国能源建设集团广东省电力设计研究院签署合作协议。

7 月 26 日　国家能源局副局长张玉清在北京会见英国驻华大使吴思田，双方就拟于下半年召开的“中英能源对话”筹备工作、中英核能和海上风电合作等事宜交换意见。

7 月 27 日　中国机电产品进出口商会等 5 个行业组织发表《关于中国输欧光伏

产品贸易争端达成价格承诺的联合声明》称，中国光伏产业代表与欧委会就中国输欧光伏产品贸易争端达成价格承诺。

7月30日　欧盟驻华代表团团长艾德和大使表示，欧盟将带来更多企业参与新疆乌鲁木齐的清洁能源开发利用，其中包括欧洲投资银行将投入5 000万欧元贷款。

8月9日　英利集团与英国得可（DEK）公司旗下的得可太阳能公司签署合作协议，双方将依托英利光伏材料与技术国家重点实验室，成立联合研发中心。

8月17日　中国海油此前收购的挪威钻井公司CDE涉及的税务争议，CDE公司共需补缴所得税约1.73亿挪威克朗，折合人民币约1.81亿元。

8月23日　德国能源机构Deutsche Energie-Agentur GmbH（Dena）与中国可再生能源学会和中国国家电网能源研究院签署合作协议，以改进可再生能源与中国电网系统的并网问题。

8月26—30日　“2013年上海交通大学与瑞典皇家理工学院能源材料暑期学校（SJTU-KTH Summer School on Materials for Energy）”在上海交通大学闵行校区开学。

9月24日　驻德国大使史明德应邀出席“2013国际智能电网论坛”晚宴并致辞。

10月11日　广东省省长朱小丹会见荷兰喜威（SHV）集团执行董事会主席帕特里克·肯尼迪。

10月11日　国家发展和改革委员会副主任、国家能源局局长吴新雄在京会见瑞典信息技术与能源大臣安娜—卡瑞哈特，双方就两国在智能电网、可再生能源等领域开展合作交换意见。

10月16日　财政部公布了第五次中英经济财金对话政策成果，双方重申在包括能源、交通和可持续城市发展等领域的基础设施伙伴关系十分重要。

10月18日　荷兰能源研究中心首席运营官罗伯特·克里伯等一行访问河北省科技厅，双方就新能源领域进一步合作进行了座谈交流。

10月21日　英国政府批准了中国核工业集团公司与中国广核集团参与投资欣克利角（Hinkley Point）核电站的计划。

10月22日　上海创新节能技术促进中心联合英国威尔士政府、上海绿色建筑技术产业基地管委会共同举办了2013中外绿色建筑节能技术应用交流会。

10月24—26日　湖北省委书记、省人大常委会主任李鸿忠与法国外交部中国事务特使马蒂娜·奥布里，生态、可持续发展和能源部部长菲利普·马丁，就推动鄂法合作进行会谈，并签署关于共建中法可持续生态新城项目的会谈纪要。

10 月 30 日　英国驻广州总领事馆贸易投资总署在广州富力君悦酒店举办了第一届中英清洁和能效生产研讨会。

11 月 4 日　由湖南省贸促会、欧洲企业服务网络华中中心、英国投资贸易总署东北区联手发起的 2013 湖南—英国中小企业（长沙）对接洽谈会在长沙举行。

11 月 11 日　苏州欧姆尼克新能源科技有限公司宣布其在荷兰 Naarden 城设立的服务中心正式启用。

11 月 20 日　洛阳市与意大利都灵市签署关于在中国—欧盟城镇化伙伴关系发展框架下的合作协议。

11 月 20 日　第六次中欧能源对话在北京举行，双方代表分别就能源监管体制创新、天然气发展以及能源战略与能源可持续使用等议题进行了对话和交流。

11 月 20—21 日　第十六次中国欧盟领导人会晤在北京举行，双方共同发表《中欧合作 2020 战略规划》，实施中欧能源合作路线图，推动双方在能源立法、政策和标准制定领域加强交流与合作。

11 月 22 日　广东省省委常委、常务副省长徐少华在广州会见参加 2013 广东经济发展国际咨询会的顾问法国电力集团高级副总裁、亚太区总裁马识路。广东省将积极支持法国电力集团与中国广核集团合作建设台山核电站项目，将继续推动与法国电力集团合作开发利用清洁能源。

11 月 25 日　晶龙集团光伏产品成功打入英国市场，其旗下晶澳太阳能公司已经向英国太阳能可再生能源公司（British Solar Renewables）出货 30 兆瓦光伏组件。

11 月 26 日　光伏发电产品制造商中国英利绿色能源控股有限公司宣布，将向英国 Solarcentury 控股有限公司提供 15.194 兆瓦多晶光伏组件。

11 月 29 日　德国拜尔能源集团与甘肃省甘南藏族自治州某企业共同签署关于在甘南藏族自治州进行光伏项目开发的土地租赁协议。

12 月 2 日　湖北代表团访葡萄牙，强调深化能源矿业等领域合作，通过举行湖北—葡萄牙经贸合作推介洽谈会，成立湖北国际合作葡语国家（里斯本）工作站。

12 月 2 日　欧盟委员会表示，欧盟针对从中国进口太阳能电池板的反倾销税将从 12 月 6 日开始征收，期限为两年，该举措已获得成员国的支持。

12 月 5 日　欧盟对原产于中国的晶体硅光伏组件及关键零部件作出反倾销终裁，并接受 121 家中国企业的价格承诺。

12 月 8 日　法国总理 Jean-MarcAyrault 在中国外交部副部长翟隽、中国国家原子能机构副主任王毅韧、中广核董事长贺禹等陪同下，前往中广核台山核电站进行参观访问。

12月9日　法国能源公司Areva与中国广核集团签署再生能源商业合作协议，聚焦于海上风电。

12月10日　英国能源与气候变化部负责能源事务的国务大臣迈克尔·法伦接受《泰晤士报》专访时说，英国允许中国公司在英国本土建设和运营核反应堆。

12月12日　欧盟能源部长理事会在布鲁塞尔举行，会议批准理事会对外能源政策报告的修订，更新对外能源关系进展，重点是欧盟与东部和南部伙伴以及中国的关系。

12月13日　中国正泰集团公司兼并德国Conergy的光伏生产厂。

12月16日　中集集团近日顺利完成与瑞典BASSOE TECHNOLOGY AB公司的股权交割，收购BTAB公司90%的股权。

中东地区

1月12日　中国国家副主席习近平在人民大会堂会见了来访的卡塔尔副首相兼能源、工业大臣阿提亚。

1月13日　国际可再生能源机构（IRENA）第三次全体会议在阿联酋首都阿布扎比召开，中国以观察员的身份参加此次会议。

1月15日　中国石化宣布已和沙特阿拉伯国家石油公司签署合资建炼油厂的协议，总投资近100亿美元。

2月15日　第六届世界未来能源峰会暨首届国际水峰会在阿联酋首都阿布扎比的国家展览中心开幕，主旨是继续推进联合国秘书长潘基文在上届会议上提出的“人人享有可持续能源”的倡议，并为可持续能源领域的投资和就业创造机会。

3月24日　卡塔尔与美国大陆菲利普斯公司（康菲公司）就如何加强两家公司之间天然气业务活动以及他们现有天然气联合计划一事举行会谈。

4月25日　中国石油天然气集团公司董事长周吉平在北京会见伊拉克石油部部长阿卜杜克里木·卢艾比。

5月　科威特出口到中国的液化石油气（LPG）较去年同期增加了61%，达到15.9万吨，占中国LPG进口总量的43.9%。科威特成为中国第一大LPG供应国，位居其后的是沙特阿拉伯和卡塔尔。

7月29日　受经济制裁的影响，出口中国的数十亿美元原油收益无法以资金形式回到伊朗，伊朗当局因此决定向中国换购315节地铁车厢，用以货易货的手段解决资金转移的难题。

9月12日　中国石油天然气集团公司、卡塔尔石油国际公司及壳牌集团等三方联手在浙江台州打造的、总投资 800 亿元的炼化一体化工厂计划已被搁置。

9 月 16 日　中国—科威特合作论坛暨项目对接会在银川召开。

9 月 17 日　“中国·阿拉伯国家能源合作论坛”在银川举行，会议围绕新能源及绿色经济可持续发展合作领域展开热烈讨论，并宣布成立中阿能源合作联盟。

11 月 2 日　中国与伊朗达成协议，同意为伊朗的多个发展项目提供 220 亿美元资金，通过这种方式来“偿还”被滞留在中国的石油款。

11 月 4 日　首座独资炼油厂泉州炼油厂正式投产，中国中化（SINOCHEM）2014 年将成为伊拉克石油的最大买家。

11 月 18 日　中国石油宝鸡石油机械公司与阿联酋国家钻井公司在阿布扎比签订 16.1 亿元人民币的钻机出口合同。

11 月 26 日　中国石油管道应急抢险中心中标 BP 公司水管线项目，正式进入 BP 公司伊拉克开孔封堵业务市场。

11 月 28 日　中国石油收购艾克森美孚于伊拉克西古尔纳 1 期技术服务合同 25%的权益。

11 月 29—12 月 1 日　国家发展和改革委员会副主任、国家能源局局长吴新雄率团访问沙特阿拉伯，会见沙特阿拉伯石油矿产部部长纳伊米、核能和可再生能源城主席雅玛尼等，就中沙双方进一步巩固和深化能源战略合作，推进油气、核能、光伏领域合作达成多项重要共识，签署《关于加强和平利用核能合作的谅解备忘录》。

11 月 30 日　美国解除对包括印度和中国在内一些国家进口伊朗石油的制裁。

12 月 1 日　由中核集团承办的“中国能源日”活动在沙特阿拉伯首都利雅得举行，旨在推介中国核电产品，开发沙特阿拉伯核电市场。

12 月 2 日　宝石机械公司出口阿联酋国家钻井公司（NDC）的第 11 套钻机在 BAO 基地顺利起升。

12 月 2 日　沙特阿拉伯基础工业公司（SABIC）在上海举行庆祝仪式，宣布沙特阿拉伯基础工业公司上海研发中心正式落成启用。

12 月 10 日　渤海钻探与中国海油伊拉克分公司在迪拜正式签署伊拉克米桑油田群钻井总包项目合同，总包项目主要包括钻机、测井、录井、固井、泥浆和完井等技术服务。

后　记

进入 21 世纪，中国能源对外国际合作发展日益迅猛，成为中国整体国际合作的最重要组成部分，取得了很大的成就，但也存在许多问题，面临十分严峻的挑战。中国人民大学国际能源战略研究中心尝试在这个研究领域做一些梳理和长期跟踪性的工作。

2009 年，中国人民大学设立了明德研究品牌计划，资助范围包括基础研究项目、跟踪调查与评价项目，还有决策支持研究和基础积累项目等。国际能源战略研究中心以“中国能源国际合作的理论与实践”为题获得了学校的立项资助。在项目的基础上，中心每年推出一部《中国能源国际合作报告》作为项目的代表性成果。自 2012 年起，《中国能源国际合作报告》被纳入中国人民大学系列报告，公开出版发行。

本报告绝大多数资料来自国内外能源公开专业网站和学术期刊，如所引数据及信息与事实有所出入，敬请读者谅解。在此感谢这些网站和期刊提供的信息。我们希望通过整合各种信息的办法提供给读者一个整体的年度国际能源发展形势和国际能源合作概貌，作为进一步比较研究的基点。

由于本报告是对中国能源国际合作的实践做一种尝试性的梳理，限于资料和能力的局限性，不足之处在所难免，我们的目的是抛砖引玉，敬请读者批评指正。我们将努力在今后的报告中弥补并修正这些不足。

让我们为中国能源的对外合作和中国能源发展事业共同努力。

感谢中国人民大学国际关系学院陈岳院长作为本报告的总主编，一直以来对报告的关心和指导。同时，感谢中国人民大学出版社对本报告的大力支持。

中国人民大学“中国能源国际合作的理论与实践”课题组

2014 年 4 月

图书在版编目（CIP）数据

中国能源国际合作报告. 2013～2014/许勤华主编. —北京：中国人民大学出版社，2014.8
（中国人民大学研究报告系列）
ISBN 978-7-300-19893-4

Ⅰ.①中… Ⅱ.①许… Ⅲ.①能源经济-经济合作-国际合作-研究报告-中国-2013～2014 Ⅳ.①F426.6

中国版本图书馆 CIP 数据核字（2014）第 192821 号

中国人民大学研究报告系列
中国能源国际合作报告 *2013/2014*
——能源文化的国际视野比较
主　编　许勤华
副主编　刘　旭
Zhongguo Nengyuan Guoji Hezuo Baogao 2013/2014

出版发行	中国人民大学出版社		
社　　址	北京中关村大街 31 号	**邮政编码**	100080
电　　话	010－62511242（总编室）		010－62511770（质管部）
	010－82501766（邮购部）		010－62514148（门市部）
	010－62515195（发行公司）		010－62515275（盗版举报）
网　　址	http://www.crup.com.cn		
	http://www.ttrnet.com（人大教研网）		
经　　销	新华书店		
印　　刷	北京宏伟双华印刷有限公司		
规　　格	185 mm×260 mm　16 开本	**版　　次**	2014 年 9 月第 1 版
印　　张	12.25 插页 1	**印　　次**	2014 年 9 月第 1 次印刷
字　　数	211 000	**定　　价**	46.00 元